Drawn from
the fragments

獻給皇帝的禮物

WEDGWOOD瓷器王國與漫長的十八世紀

溫洽溢◉著

A PRESENT TO THE EMPEROR

The Rising Story of Wedgwood and the Long 18th Century

以驚奇震撼世界

約書亞・瑋緻活

目錄

前言

二〇〇八年金融海嘯席捲全球，各國經濟陷入蕭條，英國也沒有幸免於難。二〇〇九年，就在英國名瓷「瑋緻活」（Wedgwood）即將歡慶成立二百五十年前夕，這家英國百年公司卻因資金周轉不靈突然宣布破產，當時，英國人以「國難」來形容瑋緻活的重創，認爲這是英國的一場「悲劇」。「瑋緻活」究竟是一家什麼公司，爲何英國人會把它視爲國運的象徵，爲它申請破產保護由政府接管而一片哀嚎。

瑋緻活的創辦人約書亞・瑋緻活（Josiah Wedgwood）[1]，是英國陶瓷設計大師、實業家，十八世紀英國工業革命與時尚文化的代表性人物。他富有實驗精神，勇於技術創新，把科學理論應用到工業生產，締造了現代化的工廠制度。約書亞・瑋緻活深諳他所謂「品味立法者」（legislator of taste）之貴族的消費嗜好，他將古希臘、羅馬的美學元素，融入產品設計，帶動了英國社會新古典主義時尚的潮流。約書亞・瑋緻活不僅專精生產技術，還是一位市場行銷的天才，擅長透過靈活新穎的廣告手法，爲他的產品造勢。他所創辦、以自己的名字爲名的陶瓷公司「瑋緻活」，擁有兩百年以上的歷史，是「漫長的十八世紀」英國工業創新與美學資本主義的象徵。根據經濟史學家弗里斯（Peer Vries）的解釋，對英國而言，所謂「漫長的十八世紀」，是指一六八八年至一八四九年，也就是說隨著光榮革命，英國國家組織方式的諸多重要變革開始制度化，迄至廢除《航海條例》，解除貿易限制，開啟了新經濟政策的時代；正是在這段期間，英國經濟起飛，躍升成爲世界第一個工業化國家。[2]

本書講述的是約書亞·瑋緻活與其產品的故事。約書亞·瑋緻活擁有一般成功企業家的特質。他全心全意投入研發新技術，追求產品的完美；他行事風格一絲不苟，令下屬敬畏；面對市場瞬時萬變的效率環境，他懂得通權達變。他的目光高瞻遠矚、充滿雄心壯志、擁有決斷魄力。尤其是，藉由「社會動力學」(social dynamics)[3]的方法，即透過勾勒約書亞·瑋緻活生活世界的家庭史、他的宗教信仰、他的價值觀、他的社會地位、他的交友關係等等，我們還可以進一步看到他與衆不同的一面。約書亞·瑋緻活的人際關係網絡與社交生活，就如同英國小說家狄更斯（Charles Dickens）筆下的主人翁，常常令人驚嘆。醉心都市題材的狄更斯，小說中的主角，總會在劇情的末尾，顯示出階級結構最不可能在一起的成員，實際上是彼此相互聯繫。[4]約書亞·瑋緻活也有相同的本領與特質，他的人際關係網絡往往超越階級結構的限制。

就社會地位、宗教信仰、教育背景等範疇來看，約書亞·瑋緻活都是隸屬英國社會的邊陲，但他總能夠超越英國社會嚴格的階級結構藩籬，與上流菁英和知識階層交往、交流。約書亞·瑋緻活出入宮廷，是王室御用的陶匠。他與才華橫溢的班特利（Thomas Bentley）結交、建立事業夥伴關係，優游在班特利所隸屬的「文人共和國」(Republic of Letters) 圈子。約書亞·瑋緻活還定期出席由他與伊拉斯謨斯・達爾文（Erasmus Darwin）、博爾頓（Matthew Boulton）等實業家、科學家共同組成的「月光社」（Lunar Society）聚會；「月光社」擁抱盧梭的思想，可以說是英國「工業啓蒙」（industrial enlightenment）與科學文化傳播的典範。約書亞・瑋緻活和月光人高談闊論科學知識與科學實驗，他甚至還成爲英國皇家學院的會員。大蒐藏家漢彌爾頓爵士（Sir William Hamilton）、畫壇巨擘雷諾茲（Joshua Reynolds）從不吝於和約書亞・瑋緻活分享美學理論，甚至出借珍貴的骨董供約書亞・瑋緻活摹製。約書亞・瑋緻活可以超越社會階級的鴻溝，同時輕鬆自如地在科學與藝術、創作者與實業家之間轉換身分，即使是在今天，這種身分的區別不像十八世紀英國那麼壁壘森嚴，也仍然讓人驚嘆不已。

這種社交往來是英國社會的重要特徵，對約書亞・瑋緻活來說，從來都不僅只是「空虛」的閒散，而是社會學家齊美爾（Georg Simmel）所描述的：

> 政治也好，經濟也好，出於某種目的組成的社會還是社會；但只有「社交性」（sociable）群體才是一個沒有適當形容詞加以修飾的社會，因為它自己已經體現出了形式的純粹、抽象的一面，而消除了任何片面的、修飾性的社會內容。[5]

約書亞・瑋緻活正是寄情這種最純粹的、最抽象的遊戲形式，從中獲得自我滿足感；同時通過相互交叉、延展的社交網絡，孕育啓蒙理念，滋養美學品味，進行科學觀念與科學實驗的公共交流。約書亞·瑋緻活經由層層交織的社交網絡與社會互動，被鑲嵌在十八世紀英國工業革命的技術創新，以及消費革命和商品美學的生活世界，爲他提升雄厚的社會資本（social capital），奠定事業版圖的堅實基礎。目前，經濟史學界對於促成十八世紀英國工業革命進程，究竟是因爲自由市場出現造成喪失土地的無產階級大量湧現，或者法律制度與產權觀念的變化，抑或者科學革命與技術創新的成果，存在著詮釋典範（paradigm）[6]的競爭，我們可以拋開社會科學理論的曲折深奧，從約書亞·瑋緻活的生活世界觀看、理解英國工業革命與科學傳播的面貌。或許，約書亞·瑋緻活的生活世界與成功事業，是我們窺探「工業革命爲什麼發生在英國」、「中西大分流」歷史之謎的一道窗口。

「人」有傳，「物」也可以有自己的傳記，本書也是有關「物」或「商品」的故事。當前，學界對「物質文化」[7]的興趣與日俱增，認爲許多微不足道的東西，如棉花、糖、咖啡、香辛料、茶，也包括本書所觸及的陶瓷器，都有自己的生命史要訴說，它們不僅僅只是被動的物品，它們不再緘默不語。[8]

然而，一提到「物」或者「商品」，總不免有放縱戀物貪欲之嫌，從而召喚出馬克思的幽靈，增添道德倫理的負荷。

確實，馬克思在《資本論》提到資本主義社會商品拜物教的神祕性：

> 桌子一旦做為商品出現，就轉化為一個可感覺又超感覺的物。它不僅使用它的腳站在地上，而且在其他一切商品的關係上用頭倒立著，從它的木腦袋裡生出比它自動跳舞還奇怪得多的狂想。[9]

馬克思認爲，在資本主義的商品世界，人與人之間的社會關係成爲物的關係，處於他所謂「商品拜物教」（commodity fetishism）的狀態下，「在生產者面前，他們的私人勞動的社會關係就表現爲現在這個樣子，就是說，不是表現爲人們在自己勞動中的直接的社會關係，而是表現爲人們之間的物的關係和物之間的社會關係。」[10]爾後，西方馬克思主義者盧卡奇（Georg Lukács），把馬克思的商品拜物教概念融入社會學家韋伯（Max Weber）的「理性化」（rationalization）詮釋架構，得出以下的結論：「在資本主義社會，物化已然成爲人類的『第二自然』——所有參與資本主義生活方式的主體，必然習慣成自然地、以看待無生命之模式看待自己以及周遭的一切。」[11]盧卡奇對這種資本主義物化的病態剖析，開啓了法蘭克福學派（Frankfurt school）對資本主義商品社會與消費文化的批判。

不過，近來許多歷史學家、社會學家和人類學家都強調，「物」有自己的生命，熱衷探索阿帕杜萊（Arjun Appadurai）所謂的「物的社會生活」[12]，認爲物隨著由生產者端經過商人中介，抵達消費者端，物在社會中的意義和角色已經改變。在物的交換中，藉由追尋物的流動路徑，可以做爲連結各社會、大陸之間的方法。就像學者西敏司（Sidney W. Mintz）對「糖」這一產品的歷史探索，爲歷史學家建構了商品的傳記模式。[13]

隨著對物與商品視野的拓展，學界對消費現象的分析也有了不同的觀察角度。例如，儘管法蘭克福學派的阿多諾（Theodor W. Adorno）、霍克海默（Max Horkheimer），延續馬克思主義傳統的分析，認爲資本主義商品的大量生產，創造了驚人的文化消費，讓文化平庸化、同一化，公式化的電影、流行音樂、廣告，成爲布爾喬亞社會將其商品化生活方式擴散至全社會的一種媒介。結果，造成了生活世界的標準化、麻痺和順從，想像力與自發性的退化。[14]然而，對人類學家瑪麗·道格拉斯（Mary Douglas）與伊舍伍德（Baron Isherwood）來說，欲望的生產，已經從生產者、廣告人轉向消費端，消費者自己可以創造符號與價值的意義，並且從中建構自我認同，[15]甚至如范伯倫（Thorstein Veblen）、布迪厄（Pierre Bourdieu）所做的分析，商品與消費也是一種社會權力與社會地位的展示。[16]

所以，爲物做「傳」，根據社會學家科普托夫（Igor Kopytoff）的闡釋，可使本來曖昧不明的東西慢慢浮現出來，揭示豐富的文化訊息。[17]就像英國詩人布萊克（William Blake）的著名詩句，「一沙一世界」，即使細微的沙粒，都能自成一個世界，蘊藏宇宙的浩瀚。瓷器也是如此。一只瓷器：它是如何被製造，它採取什麼原料製造，裝飾哪種圖案紋樣，消費者如何購買它，消費族群是哪些人，消費者購買它的用途是什麼，在什麼場合使用它。這種種看似枝微末節的問題，卻共同交織出十八世紀英國工業革命的技術創新、科學知識的傳播與流通、商業文明、消費革命、審美資本主義、美學情趣、社交禮儀、社會階級結構以及洲際貿易等大歷史的場景，這些也全都是約書亞·瑋緻活生活世界不可或缺的重要面向。

從全球史的角度來看，瓷器曾經是重要的全球化商品。藉由瓷器的貿易，將西太平洋、印度洋，乃至大西洋連成一個流動空間，串聯了歐亞大陸之間的貿易往來。這也就是布勞岱爾（Fernand Braudel）所強調的，商品、特別是像瓷器這類奢華商品的流動，在資本主義形成過程中所扮演的角色。[18]然而，這一空間，既有商品的運動與交易，也是人的遷徙流動、社會文化的交流、美學品味相互滲透所構築的空間，從中孕育了全球化的「初始」階段。當然，人、物、觀念的交流，也會醞釀與滋生誤解、齟齬、矛盾、競爭、衝突，而推動了歷史的意外進展。

在這個瓷器商品的流動空間，中國曾經扮演重要的角色，主宰了瓷器燒製的工藝技術、左右了瓷器的美學品味與藝術價值，中國瓷器在歐洲成爲一種象徵身分地位的流行奢華。約書亞·瑋緻活本人便透過各種管道熱切關注來自東方的技術訊息，也渴望他的產品能以優異的工藝技術與優雅簡約的美學品味征服中國市場，建立他的全球瓷器王國。

我對約書亞·瑋緻活的好奇，最早來自從事翻譯工作查找資料時，意外發現一七九三年英使馬戛爾尼（George Macartney）率領浩浩蕩蕩使節團前往清中國向乾隆皇帝賀壽，在英國使節團爲乾隆皇帝壽辰精心籌備的賀禮之中，就有一件約書亞·瑋緻活燒製的作品，約書亞·瑋緻活的產品與清中國產生了連結，英國使節團為何會在承擔重要外交與貿易使命的場合，挑選約書亞・瑋緻活的產品做為禮物？約書亞・瑋緻活送給乾隆皇帝的瓷器究竟是什麼樣的款式、質地？中國當時是世界最主要的瓷器製造與出口國，瓷器工藝技術精良，瓷器珍品品項繁多，乾隆皇帝身為瓷器大蒐藏家，眼界品味想必不凡，他對瑋緻活瓷器會有什麼樣的觀感和評價？這是我個人對瑋緻活瓷器興趣和探索的開始，也是本書故事的起點。

序幕：圓明園獻禮

英國使節團正使馬戛爾尼參觀完圓明園後，認爲正大光明殿建築格局富麗堂皇、氣派非凡、視野寬敞，是大清帝國「觀瞻所繫，面積又廣大異常」[1]，最適合用來陳列英國使節團隆重爲慶賀乾隆皇帝壽辰所籌辦的珍貴禮物。

擁有「萬園之園」美譽的圓明園，它的結構布局匯集了中國明清林園設計之大成，更兼容西洋建築美學特色，是「大清帝國的一顆燦爛明珠」，「中國歷史上最偉大、也是最有名的大型宮殿式御園。」[2]在這座美侖美奐的宮苑裡，尤以正大光明殿最引人注目。它就坐落在二宮門內正中央位置，名稱意指「胸襟開闊和崇高」，用以匹配偉大的統治君王，格局完全依據紫禁城內主殿太和殿複製而成。親臨參觀圓明園的馬戛爾尼副使斯當東（George L. Staunton），他筆下的正大光明殿呈現出「莊嚴偉大」的面貌：

大殿之前有三個四合院，周圍由許多不相連的建築環繞著。奠基在四呎高的花崗石平臺上。突出的殿頂由兩根粗大的朱紅木柱支著。柱頭上是油漆成鮮豔顏色的雲頭和花紋，特別是五爪金龍……大殿的飛檐和椽條外面由一層不容易看出來的鍍金絲網罩著，使鳥不能棲在椽條

> **中損害建築。大殿內部至少一百呎長，四十呎以上寬，二十呎以上高。殿內南部有一行木柱，柱與柱之間安置窗櫺，可以任意開闔。**[3]

早在英國使節團出使中國之前，即一六五五年，荷蘭人曾致書剛剛建立滿清的順治皇帝，希望能在中國取得通商特權；爲此，荷蘭人表示願意支付二萬克朗（crown），「購買」在中國的貿易權利。清廷拒絕荷蘭的這一提議，反而要求荷蘭東印度公司商人呈送適當禮物，做爲通商的條件。清廷寧可捨棄國庫收入、只想要禮物的理由不難理解：如果接受荷蘭人的金錢交易，即等於表示中、荷雙方是處在交易的對等關係。而收取禮物，則是要把荷蘭納入臣屬的朝貢架構，主導並控制與荷蘭的貿易協議，從而暗示雙方不對等的商業關係。

一個世紀之後，馬戛爾尼自然非常明白，中國期待的是禮物，以及禮物所蘊含的不對等朝貢關係。既然中國只收取適當的禮物，馬戛爾尼就必須決定什麼樣的禮物才能取悅中國皇帝，讓中國皇帝感到新鮮有興趣，並且符合中國文化所珍視的高價值，讓中國人能夠以互惠對等的原則接受使節團的要求和條件。同等重要的是，英國人準備的禮物，還必須能夠展示英國工藝的精湛技術，彰顯英國的國力與國威。英國使節團行前耗費巨資，不憚遠洋運送的風險成本，費心籌備送給乾隆的禮物，顯然是「期待這方面的損失，可以從在中國取得更多通商港口和建立更多商行獲得足夠的彌補」。同時，選擇拜壽的名義送禮，也有助於掩飾淡化背後自利、商業利益的現實動機。[4]

在英國使節團精心爲乾隆壽辰所籌辦的豐盛禮物，斯當東在回憶錄裡提到，主要是以精密的天文科學儀器和雅致的瓷器爲主。根據法國歷史學家佩雷菲特（Alain Peyrefitte）的考據，馬戛爾尼所攜帶的瓷器是由英國陶藝大師約書亞・瑋緻活推出的「巴貝里尼瓶」(Barberini Vase）複製品，原件是一款著名的古代玻璃器皿，底色爲深藍色，浮突的人物則是用白色玻璃製作而成。[5] 這件具有復古精神的巴貝里尼瓶複製品，就是讓約書亞・瑋緻活引以爲傲、帶動十八世紀英國新古典主義藝術風格的「波特蘭瓶」(Portland Vase）。這款瓷器堪稱英國瓷器工藝史上的里程碑，不論對約書亞・瑋緻活的個人事業，或者英國人的美學品味，都有深刻、長遠的影響。

古羅馬波特蘭瓶，現藏大英博物館

來源：Wikimedia Commons

瑋緻活復刻版波特蘭瓶

來源：UW Digital Collections

一七八三年，英國駐那不勒斯大使、大蒐藏家漢彌爾頓爵士買下巴貝里尼瓶，將之帶回英國後又再轉售給波特蘭公爵夫人；爾後，隨著公爵夫人過世，該只花瓶於一七八六年拍賣會上又由夫人的兒子三世波特蘭公爵標得，並將這個瓶子託付給約書亞．瑋緻活以他新開發的「浮雕玉石」(Jasper) 工法仿製。當時，英國畫壇巨擘雷諾茲讚揚約書亞．瑋緻活摹製的作品說：「這是一件最微妙的、細部都唯妙唯肖的精緻仿製品。」[6]

當然，波特蘭瓶不單純只是一種古希臘羅馬瓶子的模仿而已，它蘊含了技術的發現和革新。以新古典主義古風設計，包裝新的技術創新，強調古典藝術風格的重新發現，不張揚技術的革新，正是約書亞．瑋緻活開拓市場的行銷策略，他要讓消費者感受濃濃的希臘羅馬古風，不刻意凸顯技術的創新，以博得市場的青睞；也是因爲這股懷古情愫，使得約書亞．瑋緻活以古代義大利半島中部的一個城邦「伊特魯里亞」(Etruria) 命名他的工廠。[7]（**關於波特蘭瓶，詳見第二章**）

一七八七年，新古典主義畫派健將韋斯特 (Benjamin West)，受託爲溫莎堡 (Windsor Castle) 的后閣 (Queen's Lodge) 設計天井畫。在他題爲〈不列顛製造廠〉(British Manufactory) 的作品中，把約書亞．瑋緻活的伊特魯里亞廠轉換成古代世界的場景，畫面中依稀是「古典」作坊的前方，女性裝飾師身穿羅馬婦女般的服飾，在瓶子旁邊擺出慵懶的古典姿態，有位裸體小男孩用手環抱約書亞．瑋緻活燒製的波特蘭瓶仿製品。於是，波特蘭瓶從一種代表英國人追逐新古典時尚品味的狂熱，躍升成爲英國整體工藝技術鬼斧神工的驕傲形象，象徵這個國家的現代化工業與文化，已經有能力讓古典世界的偉大成就恢復勃勃生機。[8]

在所籌辦的禮物中，英國人選擇天文科學儀器做爲賀禮比較容易理解，因爲這有前例可循。自從西洋傳教士利瑪竇（Matteo Ricci）以自鳴鐘爲禮物，讓萬曆皇帝龍心大悅，開啓在中國傳教的契機，爾後直到清初，以洋傳教士爲媒介，大量歐洲精緻的科學儀器流入紫禁城的後宮，幫助皇帝精準制定曆書，建立統治天命的正當性，同時也滿足了皇帝對西洋科學的個人癖好，洋傳教士成爲大清國認識西方科技文明的獨特窗口。

然而，正如研究中國科技史的英國學者李約瑟（Joseph Needham），對馬戛爾尼選用瓷器做爲賀禮發出的質疑，「在乾隆的眼中，英國瓷器與當時的中國瓷器相比，可能還太原始、太粗糙了」[9]，英國使節團爲何會選擇以本國瓷器做爲禮品？尤其送禮的對象是像十八世紀中國這等的瓷器大國？這就比較令人費解。從瓷器發展的歷史來看，中國是瓷器的原鄉，瓷器做爲一種全球化商品，一直由中國人獨領世界瓷器市場的風騷。中國出口的瓷器，壟斷了歐洲市場。在瓷器燒製工法方面，幾百年來歐洲各國的技術都無法和中國相提並論，想方設法要破解中國瓷器製造的祕方。在美學方面，中國瓷器的品味情趣同樣主宰了歐洲人的文化生活與流行時尚。所以，當時的歐洲，中國瓷器價值連城，向來就是社會地位和奢華精品的象徵，也就自然成爲國際間外交場合競相選擇爲禮物的珍貴物件：

外交禮物是近代早期的一種流通貨幣，每一位統治者都迫切需要特殊的物件（例如他自己製造的產品）當作禮品使用。這可以是一種天然的產物，比方說俄羅斯的沙皇送毛皮，或者漢諾威選侯培育特種的馬匹；要不然就像法國人那般，使用工坊裡打造出來的奢侈品。布蘭登堡選侯甚至有兩項獨特物品可做為珍貴禮物：他們在波羅的海沿岸發現的琥珀，以及從十七世紀下半葉開始有辦法提供的**中國瓷器**。[10]

馬戛爾尼此行肩負英國政府重要的外交和貿易使命，使節團爲何對約書亞・瑋緻活的瓷器有如此信心，而在這麼重要的場合選擇他的產品做爲國禮？對這一困惑，從約書亞・瑋緻活建立他的事業王國，以及成功摹製波特蘭瓶贏得文化菁英、王公貴族的讚賞，自然可以獲得解答。

韋斯特，〈不列顛製造廠〉 來源：Cleveland Museum of Art

第一章 瑋緻活王國崛起

以驚奇震撼世界

約書亞．瑋緻活

事業開端

約書亞．瑋緻活的出生地斯塔福德郡（Staffordshire）伯斯勒姆（Burslem），[1]這個地方在十八世紀的英國，怎麼看都不像是孕育天才大師的風水寶地。一七三〇年，整個伯斯勒姆只有一頭驢子、一頭騾子，一七六〇年全區人口僅六千餘人，燃料用的煤主要都是靠人力馱負。即使有車子，但因爲道路狀況不佳，難以通行，其實也無用武之地。

根據法國經濟史家芒圖（Paul Mantoux）對英國前工業革命時期交通狀況的描述，英國「道路確實不少，但是，大多數幾乎是難以通行，人們既不會把它們修築好，又不會把它們保養好」，道路泥濘，再加上雨水、洪流、潮水（如果附近有海水），就會使之成爲一條河流，特別是「英格蘭中部的黏土地帶……車輛成爲很慢、很貴、不實際的運輸工具，商人通常寧願用馱獸而不用車輛」。英國不像舊法國、德國存在種種人爲的壁壘，但英國各郡卻處於長期隔絕的狀態，芒圖認爲「唯一的原因就是交通困難」。[2]這也是斯塔福德郡的寫照。在交通惡劣的條件下，斯塔福德郡這片偏遠地帶幾乎與英格蘭及其他地區相互隔離，難以接觸到外來和南部的文化。

伯斯勒姆當地人桀驁不馴和舉止粗鄙，歷史早有記載。「衛理公會」（或稱「循道宗」，Methodism）創辦人衛斯理（John Wesley），十八世紀中葉正往來伯斯勒姆附近尋找能夠對他的靈魂講述生活意義的人，早已有切身的體會。一抵達他所形容「山頂上錯落的小鎮，居民全都是陶匠」，衛斯理發現一處空地，他放下臨時演講臺，開始向「一群人」傳教。「每個人臉上流露出專注的神情，儘管同時也透露出茫然無知」，衛斯理在日記裡提到，「不過，只要心向上帝，假以時日，他們便能豁然理解。」但是，很快的，衛斯理就發現，這恐怕還需要好長一段時日。隔天，星期日，清晨五點，他又回到這片空地，開始傳教，隨後就開始出現騷擾，「我開始傳教後，五六個人一直說說笑笑」，有個小伙子向衛斯理丟了一坨泥巴，「命中我的後腦杓」，但他還是設法鎮定，若無其事繼續講道。

然而，對於窮鄉僻壤的伯斯勒姆，上帝卻賜與當地人謀生方式的必要資源。該地區蘊藏豐富的煤和黏土，使得包括瑋緻活家族在內，當地居民世世代代以陶瓷業爲生。斯塔福德郡土質屬紅色黏土，即地質學家所稱的「伊特魯里亞層」（Etruria Formation），形成了英格蘭中部特有的地貌。十六世紀末，來自荷蘭臺夫特的艾爾斯兄弟，約翰·菲利浦·艾爾斯（John Philip Elers）和大衛·艾爾斯（David Elers），就是看中這種紅色黏土材質，追隨奧蘭治王子前往英格蘭，在斯塔福德郡偏僻的布萊德威爾（Bradwell）設立陶瓷廠。

當時，英國飲茶時尚風行，但伯斯勒姆生產的器具質地粗糙，遠遜於荷蘭，艾爾斯兄弟認爲在英國發展陶瓷業可以創造龐大商機；同時，艾爾斯兄弟又透過化學家波以耳（Robert Boyle）的徒弟德懷特（John Dwight），發現了獨特的紅色黏土原料。艾爾斯兄弟引進「鹽釉工法」，[3]而斯塔福德郡的紅色黏土很適合這種新工法。這種黏土仔細磨光，塗上優質釉彩，所生產的紅色陶器類似中國的宜興紫砂壺，質地硬實，設計精妙，大幅改善、精進英格蘭的陶瓷藝術。

艾爾斯兄弟的陶瓷工坊爲了防患技術外洩，是在完全祕密的狀態下從事陶瓷燒製。他們的陶瓷工坊嚴禁陌生人進出，窗戶全都密封，涉及關鍵性技術的腳動陶車，全都僱用傻子操作，而聘僱的工匠即使不是傻子，也都必須發誓保守燒製工法的祕密。他們上工時全身都銬上鎖鏈，離開時也都必須經過仔細地搜身檢查。艾爾斯兄弟處心積慮預防工藝機密外洩，以確保自身的商業利益，然而，所謂「百密一疏」，屢見不鮮。

艾爾斯兄弟工坊嚴格保密的措施引發了伯斯勒姆陶匠的側目與好奇。其中，阿斯特伯里（Astbury）裝瘋賣傻假裝是傻子，受僱於艾爾斯兄弟從事腳動陶車操作的工作。爲求扮演逼眞，他甚至經常故意出錯，默默忍受其他工匠對他的拳打腳踢。但阿斯特伯里全神貫注觀察整個工法的施作流程，翔實記錄下每一個細節。如此工作兩年，阿斯特伯里已經徹底掌握了艾爾斯兄弟工法的訣竅。儘管並非以光明磊落的手段取得艾爾斯兄弟的工業機密，阿斯特伯里其實是一位具有發明才能和原創力的工匠，他率先在罐體內外塗上白陶土（pipeclay），且無意間發現可以在燒製陶瓷時運用燃燒過的燧石（flint）。日後，這位陶匠的兒子薩繆．阿斯特伯里（Samuel Asturby）娶了約書亞．瑋緻活的姑姑伊莉莎白．瑋緻活（Elizabeth Wedgwood）。

除了阿斯特伯里，還是陸陸續續有人試圖竊取艾爾斯兄弟工坊的工業機密並且成功得逞，結果包括瑋緻活家族在內的伯斯勒姆匠人，漸漸洞悉艾爾斯兄弟的工法和流程，艾爾斯兄弟惱怒在伯斯勒姆所受的對待，終於在一七一〇年選擇離開，遷移到切爾西（Chelsea），和白金漢公爵主導的威尼斯玻璃製造商合作，重啓瓷器事業，直到約書亞．瑋緻活建立他的瓷器王國，艾爾斯兄弟燒製的瓷器還是獲得了極高的評價。

約書亞．瑋緻活是這個家族的么兒，在九歲生日前一個月，他便頂著蕭瑟寒風，出席父親湯瑪斯．瑋緻活（Thomas Wedgwood）的葬禮。可以想見，哀戚的愁緒是如何瀰漫在這一家人之間。畢竟葬禮太過頻繁。母親瑪麗（Mary）已經爲她兩個女兒、兩個兒子豎立過墓碑，這時候又得要強忍哀傷的情緒、打起精神和八個子女朗誦悲愴的讚美詩，感謝牧師如長輩般慈祥地給予安慰。

對於那個時代的英國人，死亡司空見慣，正如歷史學家勞倫斯．史東（Lawrence Stone）所形容的，「死亡居於生命的中心，就像墓地居於農村的中心一樣。」[4]父親去世後，由長子湯瑪斯．瑋緻活（**與父親同名**）繼承談不上鉅額的家產和陶瓷事業，供養母親和人丁旺盛的一家人。

瑋緻活家的婚生情況頗符合一般英國人晚婚、多生育的家庭模式。由於十八世紀中葉之前英國人的死亡率極高，尤其是一到五歲的兒童死亡率高達十八%，所以爲了延續家族的血脈，只能靠多生小孩，寄望其中有人能活到結婚生子的年齡，來延續家族香火。但另一方面，爲了完整保有家族遺產，避免分割零碎，就必須仰賴嚴格的長子繼承制度來維繫。像約書亞．瑋緻活這樣的么兒，由於成人的高死亡率，所以對父親或母親的情感往往比較淡薄；同時，基於立業的經濟因素，通常都比較晚婚，平均是三十到三十五歲之間。[5]這樣的人口統計數據，確實也是約書亞．瑋緻活個人和其家族生活以及家庭結構的寫照。

英國人當時晚婚的重要理由之一，是把小孩送去當學徒，學習一技之長，做爲謀生的依靠，[6]約書亞．瑋緻活也走上這條漫長的學徒之路。十四歲，約書亞．瑋緻活就在母親簽署契約之下，當了哥哥湯瑪斯的「學徒」。[7]根據桑內特（Richard Sennett）的解釋，大體上，歐洲的行會制度是由學徒、見習工、師傅三個等級所構成，學徒爲期通常是七年，期間學習各項基本技能，七年期滿，學徒必須提交一件「傑出作品」，通過考核，就晉升爲見習工。隨後，必須再熬五到十年，直到他提交一件「最傑出的作品」，證明他有能力取代師傅的位置。在評審和擢升的過程，師傅擁有絕對的權威，學徒和見習工沒有上訴的機會。師傅在收學徒時，必須發誓保證傾囊傳授技能給學徒，相對的，學徒也必須發誓絕不會洩漏師傅技能的獨家絕密。行會是各行業「知識資本」傳承的重要制度。[8]

但是，有別於傳統學徒制的七年期限，約書亞．瑋緻活的學徒契約是五年。[9]他若想成爲一位陶瓷大師，首先就必須學會、精通「旋製」(throwing) 的技藝和訣竅。這一技術，需要腦力、手力和腳力的充分協調。當時，瑋緻活家總是用兩隻腿轉動輪子來從事旋製的工作：一隻腳支撐身體，另外一隻腳（通常是右腳）操作腳動陶車。然而，不幸的是，天花肆虐伯斯勒姆，幾乎奪去了約書亞．瑋緻活的生命，葬送他的職業生涯。

十八世紀的英國，天花是相當普遍的傳染疾病，感染者的死亡率高達十六%，即使沒有死亡，也可能全盲，或者終生留下瘢痕和殘疾。正因爲天花疾病的可怕威力，所以有時甚至找不到願意主持葬禮的牧師，謹愼的家庭也不會僱用尙未感染天花和還沒種痘的佣人。[10]

約書亞．瑋緻活熬過天花傳染病，但後遺症卻使他的右腿失去了功能，無法操作陶車，繼續專注在旋製技藝，然而，這卻是約書亞．瑋緻活生涯的轉捩點。根據約書亞．瑋緻活傳記所引述的感性說法：「那時流行天花，造成他右腿下肢疼痛，甚至最終進行截肢，導致他終生殘疾……但彷彿是上帝神奇的眷顧，這場苦難的疾病，卻是他日後卓越不凡的原因。感染天花，雖然讓他當不成技巧熟練的工匠，無法擁有健全的四肢，自如地發揮它們的功能，卻使約書亞．瑋緻活去思考他從未思考過的問題，他可以有獨特、偉大的作爲，讓他更傾聽內在的聲音，驅使他調和技藝的規律和奧祕，結果，孕育了非凡的洞察力。」[11] 約書亞．瑋緻活忍受右腿的痛楚，繼續精進他的技藝，由於已經無法從事旋製工藝，他轉向塑模 (moulder) 部門的工作，更注重細微的小節，比較、分析各種黏土成分，隨著經驗豐富起來，他開始研發、探索新的燒製方法，已經流露出實驗精神。

匪夷所思的是，瑋緻活的家人並沒有特別看重他的毅力和創造力的價值，也沒有預見到這個行業的未來榮景，繼承父親衣缽的湯瑪斯．瑋緻活，只是一味地拘泥傳統工藝和經營模式，約書亞．瑋緻活只好在家族之外尋找賞識他天分的伯樂。學徒期滿又爲哥哥工作兩年之後，二十二歲的約書亞．瑋緻活離開家族企業與哈里森（John Harrison）合夥。哈里森不是陶匠出身，但有個零售店，他提供資本，約書亞．瑋緻活貢獻腦力。這種合作模式僅維持了兩年，想要分得更大比例利潤的哈里森退出合夥關係，由惠爾頓（Thomas Whieldon）接手頂替。

惠爾頓本人是傑出的陶匠，事業有成，他卓越的技藝和經商能力，自然對約書亞．瑋緻活未來事業的拓展有極大的裨益。他們的合夥關係從一七五四年開始，總共持續了五年。從惠爾頓角度來看，他必須讓他的產品能夠維持高的品質，同時也需要新穎、創意的點子，他同意與約書亞．瑋緻活合夥，主要也是因爲他需要新血以及實驗精神，來繼續推動他的事業。從約書亞．瑋緻活的角度來看，他注意到惠爾頓的事業發展已經遇到了瓶頸：「『白色陶』是我們的主力商品物件，但這類產品已經出產很長一段時間，價格低得無法再低，陶匠都不願再爲這類產品進行改良」，而下一個產品是模仿自玳瑁，雖然爲惠爾頓贏得讚譽，但銷售量也在下滑，理由並不神祕：「國人已經厭倦這類產品，儘管爲了增加銷售量，不時調降這類產品的價格，但這種價格策略還是無法奏效。」[12] 惠爾頓的事業需要新點子，而約書亞．瑋緻活則有能力點燃創意火花。

爲了改進產品，約書亞．瑋緻活把工坊的廚房改造成實驗室，自一七五九年二月十三日起，開始不斷進行實驗，並且詳細記載實驗過程和結果。這類實驗過程自然很耗時。約書亞．瑋緻活把不同成分的化學物質相互混和，並把調製而成的釉料塗抹在小件素胎樣本上，悉心觀察其間的變化。根據他記錄的「實驗筆記」（Experiment Notebook），在一七五九年三月二十三日的第七次實驗，結果讓約書亞．瑋緻活感到雀躍：「綠色的釉彩塗在白色陶器上」，這一時刻，這種情緒，正是約書亞．瑋緻活渴望得到的。不過，令人氣餒的是，惠爾頓似乎對他獨特的綠色釉彩創意無動於衷，這不免讓約書亞．瑋緻活懷疑續弦之後生活舒適的惠爾頓，對事業是否已經感到意興闌珊了。這時，對技術愈來愈有自信的約書亞．瑋緻活，覺得應該是到了自立門戶的時候了。

創業維艱

一七五九年，約書亞．瑋緻活在伯斯勒姆開辦自己的工坊「常春藤之家」（Ivy House）。約書亞．瑋緻活馬不停蹄生產經過市場考驗、容易銷售的產品，例如常見的瑪瑙陶器、刀柄和其他器具的把手、磁磚，以及用他和惠爾頓合作生產的鉛釉，燒製的玳瑁和大理石盤子。另外，約書亞．瑋緻活也開發新的蔬果陶器，如甘藍、花椰菜、瓜果、蔬菜造型的茶壺和器具，塗上這時堪稱他代表標誌的草綠色釉彩。蔬果陶器相對比較容易燒製，因爲產品少許的瑕疵和不規則也不會讓蔬果的造型看起來顯得怪異。約書亞．瑋緻活還開發出橘黃色釉彩，結合草綠色的「葉子」，燒製出鳳梨造型的茶壺。這種水果造型茶壺很受富人的歡迎，他們認爲這橘黃色和綠色的色調十分搭配。約書亞・瑋緻活的事業蒸蒸日上，到了一七六二年，他又把工坊遷移到「磚房」(Brick House)。

約書亞・瑋緻活在產品的開發上從不懈怠，一七六三年，他又精益求精、成功改良奶油色的陶器。這款「奶油陶器」(Cream Ware)，形體精美耐久，塗上豐富明亮的釉彩，能夠經得起溫度冷熱的變化，同時燒製過程並不費工，生產成本低，可以說是物美價廉，深受市場的好評和青睞。這種陶器的成分，主要來自多塞特（Dorset）、德文（Devon）、康沃爾（Cornwall）出產的白色黏土，混入定量的燧石。胎體必須經過兩次的窯燒：第一次入窯時像處理瓷器一樣先上釉彩，使用的釉彩含有燧石等玻璃成分，加入白鉛予以熔化，成形之後的陶器表面像似包覆一層燧石玻璃，呈現出光澤。

工欲善其事必先利其器。傳統陶匠使用的車床都相當簡陋，僅用於磨平器體的表面。約書亞・瑋緻活從法國專家布魯梅爾（Charles Plumier）的著作《車工的藝術》(*L'Art de Tourner*) 得知新型的車床機器，可以用來處理木頭、象牙、金屬。約書亞・瑋緻活於是找人翻譯了這本著作，並洽商伯明罕的技師模仿打造這部機器。這部機器成爲約書亞・瑋緻活手中最重要的利器。另外，約書亞・瑋緻活還得知利物浦的工匠沙德勒（John Sadler）和葛林（Guy Green）開發出「轉印」技術，可以用來大幅改善他產品的裝飾紋樣，他也前往利物浦與兩人協議合作，取得這項技術。

隨著事業的拓展，需要僱用更多工匠，這也給約書亞・瑋緻活帶來管理、訓練工匠的難題。

惠爾頓風格陶器

來源：The Metropolitan Museum of Art

鳳梨造型咖啡壺

來源：Detroit Institute of Arts

沙德勒、葛林與瑋緻活合作製造的茶葉罐

來源：Los Angeles County Museum of Art

奶油陶器搭配轉印技術

來源：Los Angeles County Museum of Art

事實上，在整個十八世紀，雇主都不斷抱怨勞工態度懶散、行爲不檢、不懂得儲蓄；伯斯勒姆當地的陶瓷工匠，尤其嗜好上酒館、鬥雞、鬥牛等娛樂活動，工作態度散漫。我們從約書亞．瑋緻活日後伊特魯里亞廠規定的罰則，大致看出當時工廠管理所遭遇的種種紀律問題：「凡攻擊或虐待監工的工人，解職；凡在上班時間攜帶麥酒或烈酒前往製造廠的工人，罰款（若干）；凡在裝有窗戶的牆上玩手球的人，罰款（若干）……」[13]所以，誠如英國史家E. P.湯普森（E. P. Thompson）的分析：「向成熟工業社會的過渡必須有某種勞動習慣的劇烈重建——新的紀律、新的刺激和這些刺激可以有效地攫住某種新的人類本質的產生和相互協調」[14]，然而這種新的勞工習慣和勞動紀律又是如何才能被建構和養成？

社會學家韋伯在他那本討論資本主義與新教倫理親緣性的經典著作中，特別關注勞工的工作紀律問題。在韋伯對所謂前資本主義時代「傳統主義」的探討中，他提到，「人並非『天生』希望多多掙錢，他只是希望像他已經習慣的那樣生活，掙到爲此目的必須掙到的那樣多錢。無論如何，只要現代資本主義開始通過提高勞動強度而提高人的勞動生產率，就必然遭遇到這一來自前資本主義勞動主要特徵極其頑固地抵抗。」所以，就韋伯看來，提高或扣減工資的利益誘因，並無法有效抑制前資本主義時代勞工散漫放任的工作態度。而要勞工養成工作紀律，韋伯認爲，「勞動本身必須被當作一個無條件的目的來完成，當作一項天職」，使得無論是企業家或是勞動者，「自覺接受這些道德箴言乃是當今資本主義能夠繼續持續下去的條件。對於人來說，如今的資本主義經濟就是他生活在其中的廣袤宇宙，是他必須生活在其中的不可更改的秩序。只要他置身市場關係的制度中，這個秩序就會迫使他遵守資本主義的行動準則。」[15]

韋伯認爲新教倫理是工人勞動紀律的內在驅力，但約書亞．瑋緻活吸引工匠「皈依」的方法不是憑藉宗教信仰，而是透過控制勞動時間來約束工作節奏，也就是法國歷史學家勒高夫（Jacques Le Goff）所形容的，把《聖經．新約》的「教會時間」，轉化成理性化、世俗化的「商人時間」框架，使時間成爲可以計量的對象；[16]這種時間的控制和工作節奏，可以說是「泰勒主義」（Taylorism）、「福特主義」（Fordism）現代管理制度的遙遠開端。

約書亞．瑋緻活首先有別於當時使用號角，他在工坊豎立一口鐘，用鐘聲來規定勞動時間和節奏，使得工人不會與其他工坊的號角互相混淆。所以，街坊鄰居都戲稱他的「磚房」是「鐘聲工坊」（Bill Works）。後來，約書亞．瑋緻活也實施類似現代的打卡上班制度。這一切就是要透過對勞動時間的控制，養成勞工的工作紀律。[17]控制勞動時間，將勞工鑲嵌在工作流程之中，使之成爲生產的一部分，這種時間框架，或許是最貼近韋伯對現代性的著名比喻：理性的「牢籠」。儘管約書亞．瑋緻活的工廠管理，儼然就像是一位君臨天下的統治者，但事實上他還是另有人道主義寬仁的一面。譬如，他會爲工人設置傷殘救助基金、開設圖書館、開辦公共學校等社會福利措施。

另外，降低原料運輸成本也是約書亞．瑋緻活有待克服的難題，這方面自然涉及到交通運輸條件的改善。工坊燒製上等陶器的主要原料都是從遠方運送而來，例如，燧石是來自英格蘭西南部，上等瓷土是來自德文和康沃爾。燒製的成品同樣要經由運輸渠道，送達消費市場或者供應出口。然而，誠如前述，當時英國道路狹窄、路況惡劣，英國農業經濟學家阿瑟．楊（Arthur Young），往來各地進行農村考察，從利物浦前往威根（Wigan）的路上，對英國道路品質惡劣的憤怒溢於言表：「在全部的詞彙裡，我找不到相當有利的詞來形容這條鬼路……我要鄭重提醒一切可能要在這可怕地區旅行的旅客們，都要像避開魔鬼那樣地避開這條路；十分之九百九十九的機會是他們要在那兒撞壞頭顱和四肢。」[18]由於路況不佳，連帶也導致運輸成本十分高昂，根據法國經濟學家芒圖的記載，從倫敦到伯明罕，每噸的運費是五英鎊；短程的運費價格更高，從利物浦到曼徹斯特距離約三十英里，每噸的運費至少四十先令。[19]交通惡劣、運輸困難，各種商品原物料的運輸成本高昂，不僅局限了約書亞．瑋緻活的事業開拓，也成爲英國整體商業發展的障礙。

道路建設原屬公共事業，約書亞．瑋緻活懂得透過政治遊說的方式來解決自身商業經營的困境，也連帶造福了英國其他工商業的發展。一六八八年光榮革命與一六八九年《權利法案》（*Bill of Rights*）的頒布，基本上剝奪了英國皇室的特權，議會成爲最高權力機關。但由於「腐敗選區」、「口袋選區」（pocket borough）等制度的採行，英國議會仍不具備職位輪替的基本民主原則，十八世紀六〇年代，英國下議院大體上還是由貴族所控制。[20]然而，根據英國歷史學家狄金森（H. T. Dickinson）對當時英國「大眾政治」（The Politics of the People）的分析，英國社會商業部門的崛起、城市文化的欣欣向榮、宗教信仰的寬容等因素營造出一種充滿活力的政治文化，非貴族菁英還是有能力和管道參與政治，左右議會的決策。當時，許多工商業鉅子形成利益集團和壓力團體，透過良好的組織動員，以及凝聚輿論、印刷宣傳品、請願書、鼓動風潮等宣傳活動，遊說土地貴族控制下的議會通過有利地方商業和經濟的法案。

例如，英格蘭西部和西北部製造蘋果酒的地區，就成功組織動員阻擋了《一七六三年蘋果酒貨物稅法》。[21]狄金森進一步論證，這類議案多由地方特殊經濟利益團體提出，議案通常都是與經貿和商業發展有關的公共建設：修建收費公路、開鑿運河、改良港口、疏濬河道、鋪設照明、清潔街道等。根據統計，從一七六〇至一七七四年這段期間，英國議會便通過了至少四五二項有關道路建築和保養的法令。[22]當時，就政策與階級利益的關係來說，套用英國左翼歷史學家的說法，「工業利益已能夠左右政府政策」。[23]

約書亞．瑋緻活在創業之初便十分關注交通運輸的狀況。一七六二年，他發起、領導向議會請願修繕並拓寬從切西爾郡的羅頓（Lawton），通往斯塔福德郡克利夫堤岸（Cliff Bank）的道路，讓當地的陶瓷工坊可以利用收費公路。可想而知，要遊說通過這項法案困難重重，因爲這條道路如果建成，勢必會影響到當地馱運業的生計，客棧的店家也可能因爲交通順暢而導致住宿生意一落千丈，所以這項法案遭逢相當大的阻力。然而，在約書亞．瑋緻活大力奔走之下，這項法案最終還是獲得議會的通過。對約書亞．瑋緻活來說，這樣的結果無疑是一大斬獲，但隨著他事業的蒸蒸日上，這樣的成果還是遠遠不夠。

一七六五年，約書亞．瑋緻活又領導其他工業團體進行政治動員，敦促英國議會批准在特倫特河（Trent River）和默西河（Mersey River）之間開闢一條運河。爲了克服運輸業、客棧業和拒絕被徵收土地地主對這項計畫的反彈、阻攔，約書亞．瑋緻活還聯合友人撰寫了《關於內河航運優勢的意見》小冊子，[24]並且將運河的規畫發表在倫敦、利物浦、伯明罕、諾丁漢等重要市鎮的刊物上，爭取輿論支持。另外，約書亞．瑋緻活還陪同開鑿運河的工程師布林德利（James Brindley）[25]前往倫敦，在負責初步勘查的議會委員會上作證，聲明這條運河不僅有利於斯塔福德郡的陶瓷業，也會讓運河沿線的冶金業受惠，因爲冶金業是一種高耗能的產業，需要廉價的煤炭做爲能源，而開鑿運河有助於降低運輸煤炭的交通成本。若是沒有這條運河便利交通、降低運輸成本，可預期這些工業都會萎靡不振。[26]這條運河「大幹線」（Grand Trunk）於一七六六年開始施工，全長一百四十英里的河道直到一七七七年才全線通航。

支持約書亞．瑋緻活這項遊說案的工商業鉅子，如伯明罕的嘉貝特（Samuel Garbett）、瓦特（James Watt）、博爾頓（Matthew Boulton）等，都明智預見運河航線的擴張對他們事業發展可能帶來的正面效益，也前仆後繼鼓吹遊說開鑿運河。長期以來支離破碎的交通運輸網和相互割裂的國內市場，因而暢行無阻地貫通。[27]在一七五九年之前，英國沒有任何一條運河河道，比起法國的運河開鑿整整晚了一百五十年。然而，隨著像約書亞．瑋緻活這類實業家團體的倡導遊說，籌資設公司冒著風險開鑿，十八世紀末英國湧現出一股「運河熱」的現象，這樣的交通建設熱潮，足以和下個世紀西歐的「鐵路熱」相提並論。

在十八世紀的英國，存在各式各樣的遊說團體與組織，透過遊說活動以達到政策目的是一種常見的現象。例如，十八世紀中葉，一群愛丁堡商人便聘請代理人，遊說修改破產法與度量衡標準化的相關法律。十八世紀中葉之後，新興工業家紛紛成立較爲正式的遊說組織，以反映工業革命興起後所創造的工商利益。其中，勢力最龐大的是由約書亞・瑋緻活與製鐵業鉅子嘉貝特共同發起組織的「製造業總商會」(General Chamber of Manufactures)，他們聘請律師、議會官員爲他們訴求的案子撰寫、散發請願書，一旦他們覺得自己的訴求未能獲得認同，他們便轉而鼓動媒體，影響公眾的輿論走向。這種遊說現象，反映了十八世紀英國大眾政治的生態。同時，爲促進地方經濟發展所進行的遊說，可想而知，總不免雜揉個人私利的計算。譬如，斯塔福德郡陶匠利益的最有力支持者高爾伯爵（Earl Gower）格蘭維爾・李文森（Granville Leveson），是約書亞・瑋緻活的好友，他個人在斯塔福德郡擁有龐大地產，他的地產價值也因斯塔福德郡蓬勃陶瓷業所帶動的經濟發展而水漲船高。[28]這種現象，似乎印證了亞當・斯密的理論，人的自利動機創造了公共利益。

進入班特利的「文人共和國」

隨著市場蒸蒸日上，倫敦與利物浦兩地對約書亞・瑋緻活的事業發展愈來愈重要。爲了滿足日漸增長的市場需求，約書亞．瑋緻活在倫敦開設辦公室，委由他的哥哥打理所有商務。另外，他也在利物浦派駐商務代表，幫忙採買多塞特郡、德文郡出產的燧石。約書亞．瑋緻活自己頻繁前往利物浦，目的除了要與工匠沙德勒和葛林會晤，商討「轉印」技術之外，他還必須與當地商人洽談產品出口至美洲新大陸的事宜，所以前往利物浦對約書亞．瑋緻活的事業發展有絕對的必要性。對英國的貿易來說，當時利物浦的重要性與日俱增，誠如歷史學家威爾森（Ben Wilson）的解釋，因爲它擁有「所有的貿易要素，而且它們全都近在咫尺」。[29]利物浦的後方是世界工業腹地蘭開夏郡（Lancashire）與約克郡（Yorkshire），前臨大西洋，全世界的貿易都從這裡流向歐洲市場，同時它就位於英格蘭、愛爾蘭、蘇格蘭的交會點上。不過，礙於前述道路路況惡劣，旅程往往並不是那麼愜意舒適。

就在一次前往利物浦的旅途，約書亞．瑋緻活的馬車行至沃靈頓（Warrington）附近、阿瑟．楊所形容「最惡名昭彰」的道路上，他駕駛的馬絆倒，約書亞．瑋緻活從馬車上墜落，猛烈撞擊到原本就十分脆弱的腿。約書亞．瑋緻活強忍肉體的疼痛，繼續行程，最終抵達目的地。住進客棧後，心急如焚的店家請來醫生透納（Matthew Turner）爲他治療。

透納的年齡與約書亞．瑋緻活相仿，在宗教信仰上和約書亞．瑋緻活一樣都屬不奉國教派（Dissenters），政治上是輝格黨（Whig）的堅定支持者。他是一位醫術高明的醫生，也是專精的解剖學者、實用化學家、古典學家。在交談中，透納提到他即將到約書亞．瑋緻活發生事故地點附近剛成立的沃靈頓學院（Warrington Academy）教授解剖學；而這所學院主要是爲不奉國教派信徒和類似宗教信仰的業餘人士設立的教育機構。約書亞．瑋緻活聽得心往神迷。約書亞．瑋緻活的家人也都屬不奉國教派，早在與惠爾頓合夥時期，他就曾經動過念頭想要推動類似的教育計畫。同時，約書亞．瑋緻活也熱衷從事化學實驗。約書亞．瑋緻活和透納志趣相投，話題漸漸從醫療轉向智性的交流。

隨後，在透納引薦下，約書亞．瑋緻活又認識了利物浦的商人班特利，這可以說是約書亞．瑋緻活人生和事業的另一重要轉折點。班特利年紀大約書亞．瑋緻活幾個月，但出身較爲優渥的社會條件，他的父親是地主紳士，雙親都屬不奉國教派。他們把這位獨子送到長老會學院（Presbyterian Collegiate Academy）就學，悠閒讀了六年的書。班特利具備博雅的教育訓練：他研究希臘、羅馬的古典學，學習義大利文、法文，練習譜曲、數學計算，正是有這樣廣博的學識背景，使得他在管理沃靈頓學院財務時，有能力協助其他年輕人接受同等的教育訓練。班特利也有靈活的生意頭腦，十六歲完成學業後，他的父親就把他送到曼徹斯特的紡織廠去當學徒，在七年的學徒生涯期間，班特利學會會計和經商之道。二十三歲，班特利完成遠赴義大利、法國的「壯遊」（Grand Tour）後，在利物浦租了一間辦公室爲紡織廠從事船務代理的工作，並和友人合夥開了一間羊毛倉庫。

班特利個性極富魅力，做事穩重，深受朋友的信賴。他可以毫不費力和約書亞．瑋緻活數小時侃侃聊天，話題天南地北無所不談：輪船、陶器、文學、教育、宗教和政治。約書亞．瑋緻活發現，班特利的觀點帶有濃厚的自由派傾向，他致力於解決與他事業有關的奴隸買賣問題，反省商業活動有時會滋長的獸性是如何泯滅人性的良知。另外，他也得知班特利正在爲利物浦草擬一個宏偉的計畫，試圖仿效倫敦的文化制度如大英博物館，促進利物浦的發展。突然間，約書亞．瑋緻活覺得這趟利物浦之行，儘管旅途並不舒適，甚至還給他的肉體造成創傷，但一切都值得了。班特利擁有豐富的從商經驗，並且認識許多值得約書亞．瑋緻活結交的奇人異士。沃靈頓學院的學人如艾金（John Aikin）、謝頓（John Seddon）、懷科（John Wyke）等人，經常在班特利漂亮的宅邸聚會，等到約書亞．瑋緻活身體康復，班特利家裡的座上賓又增加了一位新的成員。

約書亞．瑋緻活在班特利的「文人共和國」認識了年輕的普里斯特利（Joseph Priestley）。普里斯特利是英國化學家、自然哲學家、神學家。在宗教信仰方面，和約書亞．瑋緻活一樣，都否認正統基督教聖父、聖子、聖靈三位一體的神學理論，主張「上帝一位論」（Unitarianism）。一位論派的信仰對科技抱持樂觀的態度，堅信機械與工程可以促進人類的進步，雖然這一教派自十六世紀以來從未得到政治的認可，但有許多英國實業家都皈依這一教派。爾後，這一教派在英國廣設技術學校，其宗旨在於主張以科學和工業增進公衆福祉。[30]普里斯特利在不奉國教派創辦的學院學習洛克（John Locke）、牛頓的理論，掌握了推動英國啓蒙運動的經驗主義、自然哲學、自然神學知識基礎。旅行巴黎期間，普里斯特利認識了法國化學家拉瓦錫（Antoine Laurent Lavoisier），拉瓦錫就是經由普里斯特利水銀燃燒實驗的啓迪而發現了「氧氣」。普里斯特利在政治和宗教方面擁護啓蒙運動，在科學方面則是傾向於實驗主義、經驗主義。約書亞・瑋緻活和普里斯特利都嗜好科學實驗，有著共同的話題，兩人相談甚歡，時常進行科學知識的交流。

班特利學識淵博，遊歷各國，又廣泛瀏覽各種理論，他引領約書亞・瑋緻活涉獵啓蒙運動的思想，開啓他對政治和社會議題的批判眼界。班特利十分推崇湯姆森（James Thomson），他的史詩般長篇巨構〈四季〉（The Seasons）和〈統治吧，不列顛尼亞〉（Rule, Britannia）膾炙人口，成爲當時英格蘭的文學經典。班特利更讓約書亞・瑋緻活領略湯姆森長詩〈自由〉（Liberty）的人道主義關懷和啓蒙精神，並在他往後的生涯發酵茁壯。

除此之外，啓蒙運動思想家標榜言論自由的天賦人權，挑戰權威的教育模式，導致他們的作品受到禁止，譬如盧梭（Jean-Jacques Rousseau）的《愛彌兒》（*Emile*），也引起關心教育的約書亞・瑋緻活的重視。

盧梭在這本書中顚覆了有關兒童天性和兒童教育的傳統方法，提出許多激進的主張。盧梭認爲，除了笛福（Daniel Defoe）的《魯賓遜漂流記》（*Robinson Crusoe*）能夠教導兒童學會生存技能和自給自足之外，兒童應該遠離包括《聖經》在內的所有書本。另外，盧梭還認爲孩子成長過程根本不需要教士，只要透過他所謂「內在之光」（inner light）的內省和自我檢視，便可以親近上帝。在宗教眞理面前，教士與常人無異，不該擁有特權；在發現宗教眞理的道路上，教士只不過是絆腳石。[31]盧梭有關教育的「異端邪說」遭到法國大主教的嚴厲譴責，《愛彌兒》一書則被公開燒毀。

盧梭不僅得罪教會勢力，就連強烈批判教會、宣揚科學和理性的百科全書派，也與他發生齟齬，雙方唇槍舌劍、你來我往。盧梭鼓吹隱逸生活，卻受到友人狄德羅（Denis Diderot）的揶揄諷刺，在他的劇本《私生子》（*Le Fils naturel*）中影射盧梭與世隔絕並批判：「問問你自己的良心，它會告訴你，好人生活在社會裡，只有壞人才形單影隻。」[32]結果，盧梭同時開罪了法國當時激烈對立的「聖」、「俗」兩界。一七六六年，透過英國哲學家休謨（David Hume）的居間協助，盧梭流亡英國。

盧梭流亡英國期間，曾定居在約書亞．瑋緻活家鄉斯塔福德郡的伍頓莊園（Wootton Hall），並在此完成他的自傳《懺悔錄》。[33]當地盛傳伊拉斯謨斯．達爾文與盧梭會晤的一段軼事。伊拉斯謨斯．達爾文就是提出進化論的查爾斯．達爾文（Charles Darwin）的祖父，也是約書亞．瑋緻活的至交好友，查爾斯．達爾文娶了約書亞．瑋緻活的孫女艾瑪，兩家更進一步結成姻親關係。

很快的，盧梭就成爲約書亞．瑋緻活圈子裡最爲仰慕的思想家，他們是《愛彌兒》最早的英國讀者群之一。在《愛彌兒》書中，盧梭的教育理念主張兒童天性善良，成人應該「鼓勵遊戲，促進兒童歡樂溫和的本能，藉由兒童本身的經驗而非外界指導的方式來進行學習」。約書亞．瑋緻活對盧梭教育理念的服膺，也遺傳給了他的兒子約書亞二世，他全盤依據盧梭的教育方法來養育子女。至於其教育效果，據其友人對瑋緻活家族教育方式的觀察，約書亞．瑋緻活孫女艾瑪和她的姐姐「快樂、爽朗、友善、識大體，還有……在學習方面不是特別有活力」。[34]

盧梭不像他的同胞伏爾泰（Voltaire）是個「英國癡」。[35] 身爲法國啓蒙運動的重要思想家，伏爾泰出身巴黎資產階級，他的龐大財富主要來自定期的收益和投資。一七二六年五月，伏爾泰前往倫敦，一直待到一七二八年秋天。置身歐洲強大商業力量中心的伏爾泰，在他的《哲學書簡》（*Lettre philodophique*）第十篇盛讚道：

在英國，貿易使國民富庶，因而它促進了國民的自由。這種自由反過來又加快了貿易的擴張，由此實現了國家的強大。英國人通過貿易逐步建立了海軍，當上了海上霸主……

伏爾泰對英國的禮讚，自然和他的社會出身有關。就像法國思想家托克維爾（Alexis Henri Charles Clérel de Tocqueville）的《論美國的民主》（*De la démocratie en Amérique*），表面上長篇大論美國民主存在的社會經濟條件，但實質上是在對比、闡釋法國政治，伏爾泰藉由英國的自由貿易政策，頌揚英國的個人自由，目的是藉英國的經濟和政治現況，抨擊法國的君主專制政治制度和重商主義經貿政策，對個人自由和商業自由的干預。但正如法國歷史學家羅什（Daniel Roche）的評論，伏爾泰對英國的讚美是「眞誠的」。[36]

然而，盧梭對流亡落難時伸出援手收容他的英國卻迭有批評，實在很難想像約書亞．瑋緻活和其友人們會如此推崇盧梭的思想，他們大概沒讀過盧梭在《社會契約論》（*Du contrat social ou Prin-*

cipes du droit politique）書中批判英國代議制民主政治的幻象：「英國人以爲他們是自由的，他們是大錯特錯了。他們只有在選舉國會議員的期間，才是自由的；議員一旦選出之後，他們就是奴隸，他們就等於零了。」[37]約書亞．瑋緻活他們或許還忘了《愛彌兒》對瓷器這個行業似乎存在偏見。盧梭在書中建議愛彌兒學一門職業時，應該學習有助魯賓遜荒島求生的那種實用性手藝，「我願意他去修馬路而不願意他在瓷器上繪花卉。」[38]況且，盧梭讚美自然狀態，否定現代文明，標榜隱逸生活，追尋自我的存在感，這種生活理念和約書亞．瑋緻活他們開啓工業革命，樂於享受思想交流的機鋒和睿智，顯然背道而馳。盧梭攻擊科學和藝術促長奢侈之風，造成道德的墮落；[39]約書亞．瑋緻活他們致力將藝術品味融入工業科學，雙方也顯得格格不入。而盧梭認爲財產權裂解自然狀態的靜謐生活，這樣的觀點恐怕也會讓像約書亞．瑋緻活這類的實業家們感到刺耳。

根據歷史學家波特（Roy Porter）的研究，到了十八世紀末，啓蒙運動的參與者大致上可以分爲上層社會與平民階層，前者以精於世故的伏爾泰爲守護神，後者則以批判上流社會的盧梭爲代表，菁英主義的啓蒙運動與大衆文化之間開始出現互動，甚至關係趨向於緊張矛盾。[40]實在很難想像，約書亞．瑋緻活和其友人所傾慕的啓蒙思想家會對上流社會的階級與文化抱持敵意，鄙視英國的政治制度。不過，在實踐啓蒙運動理想、追求事業發展與治理企業時，約書亞．瑋緻活或許應該會對《社會契約論》開宗明義的那句名言「人生而自由，卻無時無刻不在枷鎖中」感到心有戚戚焉，有刻骨銘心的體會。[41]

王后御用陶器

約書亞．瑋緻活一方面拓展陶瓷事業，一方面忙著開鑿「大幹線」運河工程，因此時常有機會與擁有連結曼徹斯特和利物浦這條布里奇沃特運河的所有權人布里奇沃特公爵（Duke of Bridgwater）會晤，並爲布里奇沃特公爵燒製奶油陶器。能爲布里奇沃特公爵這樣有名望的王公貴族燒製陶器，對約書亞．瑋緻活自然是無上的光榮，但他的目標是要爲大不列顛最有權勢的人服務，那就是之後派出馬戛爾尼使團的英王喬治三世及其妻夏綠蒂王后（Queen Charlotte）。一七六五年，約書亞．瑋緻活經由斯塔福德郡的黛博拉．切特溫德（Deborah Chetwynd）獲得王室的第一張訂單。切特溫德是貴族之後，品味高雅，她以這位同鄉的陶匠大師爲榮，樂於向王后推薦約書亞．瑋緻活的奶油陶器。

約書亞．瑋緻活的奶油陶器雖然才剛實驗成功，但夏綠蒂王后一收到成品便表示滿意，於是進一步表達希望能夠擁有同樣質地的全套餐具組。約書亞．瑋緻活又進呈了幾件不同款式的陶器，經過完善後，最終獲得王后的高度讚賞。夏綠蒂王后主動提議這套餐具以「王后御用陶器」（Queen's Ware）爲名，而燒製這套餐具組的工匠應被授予「王后御用陶匠」（Potter to Her Majesty）的稱號。在夏綠蒂王后這位強而有力的買家推波助瀾之下，這款陶器立即湧現在王公貴族、名人雅士的餐桌上，贏得市場的好評，廣爲使用。於是其他陶匠也紛紛群起仿效，使得「王后御用陶器」成爲英格蘭最重要的陶器產品。就在「王后御用陶器」即將完工，喬治三世也爲自己訂製了類似的餐具組，但並沒有給予特殊的標籤和名號，而稱作「皇家式樣」（The Royal Pattern）。

喬治三世的人格特質和嗜好，套用歷史學家奧蕭內西（Andrew Jackson O'Shaughnessy）的說法，「似乎具備了我們認爲屬於啓蒙時代的修養、胸懷和好學。」[42]這位伊莉莎白一世之後在位期間最久、評價兩極化的英國國王，對科學的興趣超越任何一位先輩。他熱衷天文，蒐集許多科學儀器，建立天文觀測所，贊助赫歇爾（Friedrich Wilhelm Herschel）的天文觀測活動，後者發現了天王星，改變了人類對太陽系的認識。國王同樣追逐機械裝置，尤其鍾情鐘錶，是個精通的行家。另外，有心重樹君王權威的喬治三世，十分明白如何「結合個人的節儉和公開場合的富麗堂皇，從而在海外令人敬畏和尊重，在國內受人愛戴。」他擴建皇家林園邱園（Kew Gardens），延攬植物學家班克斯（Joseph Banks）主持這座林園的研究工作。國王還雅好藝術，創辦皇家藝術學院，啓用新古典主義畫家韋斯特爲溫莎城堡繪製一系列大幅歷史壁畫，以禮讚英國和神化英國的歷史。喬治三世透過美學品味來營造、追逐流行時尚，畢竟「以帝王金碧輝煌的寒意，平衡家庭壁爐的溫暖」[43]，最能激發公衆熱烈的反應。而約書亞．瑋緻活的作品，正符合國王伉儷希望讓漢諾威王朝（House of Hanover）吸引人、打動人的高雅需求。

有了國王、王后的惠顧採用，引起了公衆對瑋緻活家鄉斯塔福德郡陶器的吹捧和追逐，爲相關產業的許多人創造財富，也進一步打開斯塔福德郡陶器的國內外市場。一七六九年，約書亞．

瑋緻活接受高爾伯爵等友人的強烈建議，在倫敦開設一間展示廳，展覽他的「王后御用陶器」、仿伊特魯里亞的瓶甕，以及其他實用性和裝飾性作品，並發出豪言壯語宣稱他要成爲「全世界瓶甕的總製造商」。到了一七七四年，約書亞．瑋緻活進一步又把展示廳遷移至空間更爲寬敞的希臘街（Greet Street）。約書亞．瑋緻活的展示廳往往門庭若市、人聲雜沓，其盛況讓皇家學會公開舉行的科學實驗相形失色。

完成王室的訂單後，約書亞．瑋緻活接下來最重要的目標之一，就是要復活古希臘時代的陶器作品。他模仿富裕的礦主蒙福孔（Elizabeth Montfaucon）和其他蒐藏家發現的精緻陶器，以及他那個時代最上乘的作品。約書亞．瑋緻活之所以能夠把他復古的構想付諸實現，主要還是有賴於國王陛下和貴族願意打開他們的櫥櫃，讓約書亞．瑋緻活自由自在地複製他們旅遊各國所蒐集到的精品。大約在一七六六年，約書亞．瑋緻活首度嘗試燒製黑色胎體，並於一七六八年上市販售實驗成功的無釉彩黑色陶器，他因這款作品具有石頭般的特質而命名爲「黑色玄武岩」（Black Basalt）。此外，還有斑駁的紅陶，類似白蠟的白瓷，以及其他各式各樣的創新，以滿足不同市場的需要。古伊特魯里亞人以耐久的顏色塗在瓶子上，然後經過窯燒，被視爲消失的古老藝術。然而，約書亞．瑋緻活以卓絕的毅力和實驗精神，重現了消失的技藝。當它被應用在全新開發的材質上，立刻就吸引了大眾的目光，使得約書亞．瑋緻活的產品供不應求，在陶器市場上又掀起一陣跟風。

伊特魯里亞廠生產的「黑色玄武岩」
來源：The Metropolitan Museum of Art

隨著「王后御用陶器」的成功，又讓約書亞．瑋緻活接獲來自俄國凱薩琳大帝（Catherine The Great）的訂單。一七七〇年，第一次訂單的二十四人組餐具讓凱薩琳大帝十分滿意，之後，她又在一七七三年訂製了一套五十人的餐具組。

凱薩琳大帝對她所訂製的餐具組並沒有特別指示，但根據約書亞．瑋緻活的最初構想，這套餐具組以奶油陶器燒製，餐具構圖以英國的風光、花園和哥德式（Gothic）建築物爲主體，繪上綠蛙盾形紋章，鑲黑邊、邊緣點綴橡樹葉圖案。擺設這套餐具組的切斯馬宮（Chesme Palace），位於聖彼得堡附近的「Kekerekeksinen」地區，「Kekerekeksinen」是芬蘭語，意指「蛙澤」，所以日後這套餐具組又稱作「綠蛙餐具組」（The Frog Service）。

凱薩琳大帝訂製的綠蛙餐具　來源：Wikimedia Commons

凱薩琳大帝本人對英格蘭式地景花園特別傾心。凱薩琳大帝雖不曾到過英國，不過她透過情人波尼亞托斯基（Stanislas Poniatowski）[44]的蒐集，而有了英式花園的第一手資料。一七七二年六月，凱薩琳大帝在給法國思想家伏爾泰的信表示：「我熱愛英格蘭式花園到了瘋狂的地步：蜿蜒的小徑，平緩的山坡，沼澤化爲湖泊，乾燥的小島，而我十分厭煩筆直單調的路徑。我痛恨噴水池，那扭曲的水柱完全違反自然；換句話說，我的靈魂是十足的英格蘭迷。」[45]

十八世紀，先是由英格蘭首開風氣之先，繼之法國、德國群起效法，揚棄了幾何布局的林園造景，競相追逐不規則、非對稱性、多樣性，曲徑通幽、不受拘束的自然情趣。從深層的觀念角度來看，根據洛夫喬伊（Arthur O. Lovejoy）的詮釋，這種英格蘭林園時尚的流行，所對應的是英國人自然觀的深刻轉變。十七世紀的上帝（或者大自然），「總是按幾何原理工作」，簡潔、清晰、一目瞭然的幾何美感被視爲是一種自然美。到了十八世紀，對哲學的重新思考，對美學的不同體驗，尤其是錢伯斯（William Chambers）自東方引進中國式林園造景的設計觀念，已經讓歐洲人領略、驚嘆大自然有機構造的隨意性、無序的優雅和美感。於是，浪漫主義的上帝，「在祂的宇宙中，事物瘋狂地生長且不加整理，按照它們全部豐富的多樣性的自然型態生長。對不規則的喜愛，對充滿理智的東西的反感，嚮往逃進朦朧的遠方。」[46]從給伏爾泰的信可以瞭解，俄國的凱薩琳女皇顯然也擁抱了英國浪漫主義的上帝。

對一個主權國家而言，約書亞．瑋緻活的構想是值得稱道的愛國主義；英式花園、景觀、古建築物，以及結合這類景觀呈現出來的圖像，強化了大不列顛希望建構的自我形象。但實踐起來卻是一項艱鉅的任務，因爲衆多的風景圖案必須避免重複出現，所以，有相當大比例的風景圖案必須是原創。於是，約書亞．瑋緻活花了很長的時間在探勘風景和建築物，邀請藝術家繪製圖案。另外，這樁生意也存在相當大的商業風險，約書亞．瑋緻活有理由擔心凱薩琳大帝的政治地位不穩固，他可能拿不到款項，即使拿到，利潤也可能非常微薄。不過，對約書亞．瑋緻活來說，最重要的是盡量利用與俄國的這樁生意，把握機會強化與國內上流社會的關係，對這些王公貴族而言，他們自然渴望自家的林園宅邸烙印在俄國女皇用餐的餐具上。

凱薩琳大帝收到成品後十分滿意，支付約書亞．瑋緻活三千英鎊（**約為二十一世紀初的二十八萬美元**[47]）。對比約書亞．瑋緻活在這套九五二件餐具組所投入的心血和時間，人力和物力，其實並不敷成本。然而，一七七四年，這套餐具在送抵俄國之前，曾在倫敦短暫展示，夏綠蒂王后也親自蒞臨觀賞，成爲英國一道燦爛的風景，是約書亞．瑋緻活產品的最佳宣傳廣告。這套綠蛙餐具組是英國、甚至全歐洲最耀眼的成就，它不僅帶有英式風格，同時也是一個國家理念的彰顯和傳達。藝術評論家雷朋（Michael Raeburn）認爲：

毋庸置疑，自由、個體性、不帶偏見的科學思想、勤勉、公共精神和社會意識，僅僅依稀反映在十八世紀英國日常的政治和生活中，這套綠蛙餐具組，做為匯集了數百不同的個人、陶匠、畫家、繪圖師、塑模師、買主、出版商的藝術、文化價值和商業意圖，是屬於觀念史而非社會史的一環，它代表了買主和製造商的樂觀信仰，即藝術和工業製造大大裨益於國家的財富和權力，工業與商業日新月異，而人還是尚未開發的處女地。[48]

身爲一個陶匠，約書亞．瑋緻活的產品能夠陸續獲得英、俄兩國王室的垂青，已經是個人生涯的無上榮耀，他的作品甚至還成爲英國工藝技術的象徵。但是，約書亞．瑋緻活並沒有因此而感到滿足，他還要進一步精益求精、努力不懈，透過創造震撼世人的作品，把他的事業版圖與藝術成就推向另一個巔峰。

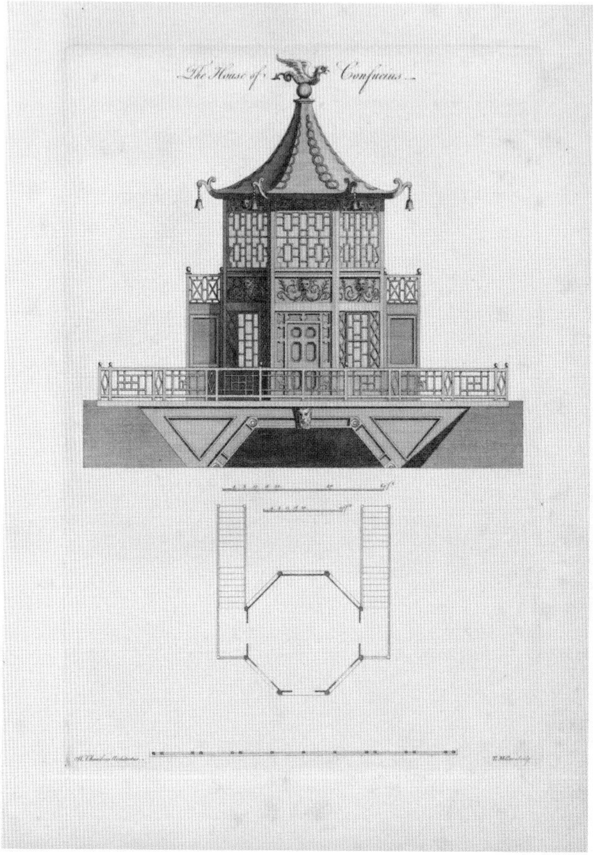

錢伯斯爲英國皇家林園邱園設計的「孔子之屋」(The House of Confucius)

來源：Beinecke Rare Book and Manuscript Library, Yale University

（左）英國皇家林園邱園湖景；（右）取材自邱園湖景的綠蛙餐具

來源：（左）Beinecke Rare Book and Manuscript Library, Yale University；
（右）Hilary Young, ed., *The Genius of Wedgwood*, p. 155.

取材自倫敦牛津大學附近的迪奇里莊園（Ditchley Park）

來源：Sean Pathasema/Birmingham Museum of Art

第二章　波特蘭瓶

毋須借力於被模仿之物的價值，高超的模仿本身便能撐起繪畫做爲一門藝術的尊貴。

亞當．斯密，〈論所謂模仿藝術中模仿的本質〉

「伊特魯里亞」廠

對「王后御用陶器」和約書亞．瑋緻活其他產品需求的高漲，給伯斯勒姆帶來空前的繁榮。包括藝術家、陶匠和勞動力的大量進駐，導致當地人口激增，原本的住房已經不敷需求，約書亞．瑋緻活陶瓷廠的空間愈來愈擁擠，迫使約書亞．瑋緻活必須另覓廠房。然而，伯斯勒姆空地有限，但是約書亞．瑋緻活又不願遷離家鄉，離開陶瓷業所需原料和技術的中心地區，一七六六年，約書亞．瑋緻活選擇在家鄉附近、鄰近尚且在規劃中「大幹線」運河的位置，耗資三千英鎊購買的三百五十畝土地，開辦新的廠房，於一七六九年開始營運。約書亞．瑋緻活把他的新廠房命名爲「伊特魯里亞」，並與班特利正式結爲商業合夥關係，委由班特利管理「伊特魯里亞」廠裝飾用產品的生產。另外，他把實用性產品委交另一位親戚合夥人管理，好讓自己可以把全副心力放在市場的擴張和產品的實驗上。

約書亞．瑋緻活這一階段的事業拓展，除了得到事業夥伴班特利之外，莎拉．瑋緻活（Sarah Wedgwood）是另外一位重要功臣。莎拉是約書亞的遠親，父親是富有的乳酪商，兩人在一七六四年結婚。莎拉與約書亞的婚姻和諧，爲他生了八個小孩。[1] 莎拉全心全意支持丈夫的實驗工作，和他共商企業的財務，對他的陶器設計提供建議，協助他瞭解女性消費者的品味偏好。例如，莎拉會建議約書亞在轉印的茶壺、糖罐原本單調的蓋子做一些裝飾設計。約書亞會告訴班特利，如果他不瞭解女性的品味，只會是個一事無成的陶匠，而他對女性品味的瞭解，主要是來自莎拉的認可。[2]

然而，就在約書亞．瑋緻活馬不停蹄拓展陶瓷事業，四處招兵買馬增聘各類陶瓷人才，他的身體健康卻亮起紅燈，讓他不得不停下腳步來。約書亞．瑋緻活年少時代感染疾病、復又因交通意外加重的腿疾，常常因

瑋緻活裝飾陶器的利潤與周轉，1769至1775年（英鎊）

年度	商品售量	製造與銷售成本	年終庫存	利潤
1769年8月－1770年8月	2,404	1,921	3,164	2,561
1770年8月－1771年8月	3,955	2,372	4,411	2,830
1771年8月－1772年8月	4,838	2,924	8,187	5,691
1772年8月－1773年8月	4,244	2,303	9,069	2,823
1773年8月－1774年8月	6,168	2,937	10,144	4,307
1774年8月－1774年12月	2,065	946	10,261	1,235
1775年1月－1775年12月	6,481	3,804	11,190	3,545

資料來源：Nancy F. Koehn, *Brand New: How Entrepreneurs Earned Consumers' Trust from Wedgwood to Dell*, p. 29.

骨髓炎發作而感到疼痛，漸漸萎縮的骨頭讓他幾乎無法正常走路。理性的評估，一勞永逸的解決辦法就是進行截肢。在當時沒有麻醉手術的年代，進行這類手術不僅非常疼痛，還深具危險性。即使熬過疼痛，還得面對大量出血和孳生壞疽的風險。約書亞·瑋緻活堅持親眼目睹手術的一切過程，他服用鴉片酊維持鎮定，挺直坐在椅子上，沒有發出呻吟聲，眼睜睜看著兩位手術醫生為他綁緊止血器，動作俐落地從膝蓋上方鋸斷他的腿。約書亞·瑋緻活的手術非常成功，不久，工坊裡工人就聽到他木製義肢戛戛作響的走路聲，看到他用拐杖打碎陶器的畫面了。

約書亞·瑋緻活把新廠命名為「伊特魯里亞」，顯示出他對復古風格的青睞與嚮往。公元前九百年，撲朔迷離的伊特魯里亞人在義大利中部創造了帶有近東色彩的獨特文明，一度成為統轄地中海區域，敢於和希臘人稱雄抗衡的先進文明。二十世紀英國大文豪D. H.勞倫斯（D. H. Lawrence）傾心伊特魯里亞的文化藝術，曾對該文化有過深入的研究，留下一本有關伊特魯里亞文化的考古遊記。

在書中，D. H.勞倫斯形容伊特魯利亞文化藝術充滿純粹的自然性，其「自然之風震顫著人的靈魂」，而這種自然之風又帶有濃厚的象徵意義，呈現半觀念性、半固定性的狀態，所以，伊特魯利亞人的圖像永遠感情充沛，身體的肢體動作總是流動、變化不居，永遠不可能被固定。D. H.勞倫斯進一步提到伊特魯里亞人會燒製漂亮的陶器，融合了古希臘文化色彩，至公元前一世紀，「羅馬人已經形成一種從伊特魯里亞人，特別是從伊特魯里亞人墳墓中蒐藏希臘和伊特魯里亞彩繪陶瓶的熱潮。」D. H.勞倫斯還特別描述了伊特魯里亞人名爲「巴契羅」（Bucchero）的黑陶藝術，說它們「帶著完美的柔和線條及活潑的生命力、爲反叛習俗而開放的黑色花朵，或以令人愉快的流暢，大膽的線條所畫的紅黑相間的花朵，它們完全像遺世獨存的奇葩在綻放」。[3]

約書亞．瑋緻活可能是這個國家頭一位認爲可以藉由設計，引導公眾凝視古代藝術作品，透過複製、傳播古代精華之作使其永垂不朽的藝術陶匠。約書亞．瑋緻活對古希臘羅馬藝術作品的精湛慧眼，主要來自他精益求精鑽研古希臘的藝術作品，同時又不眠不休從事化學實驗的結果。對藝術講究的約書亞．瑋緻活，聘請不少專業藝術家爲他創造陶瓷器，其中以斐拉克斯曼（John Flaxman）最具藝術天分、最爲傑出。

斐拉克斯曼是英格蘭著名的雕塑家和插圖畫家，他的父親是約克郡的建築裝飾模具製造商，並未受過正規教育，自學成材。斐拉克斯曼十二歲開始作畫，那年即贏得皇家技藝學會（The Royal Society for the Encouragement of Arts, Manufactures and Commerce）的獎章，三年後，成爲新近成立皇家美術學院學校（Royal Academy School）的第一批學生。一七七〇年，十五歲的斐拉克斯曼，年紀輕輕便在皇家美術學院舉行個展，四十年後，成爲這所學院的第一位雕塑教授。

斐拉克斯曼在皇家美術學院學校研習期間或許聽過學院院長雷諾茲的演講。雷諾茲心目中藝術的最高境界是典雅、簡約，他引用古羅馬哲人西塞羅（Cicero）對雕塑家斐底亞斯（Phidias）的評論，「僅僅是自然的複製者，絕不可能創造出偉大的作品」，他建議學生「用心仔細模仿古代的

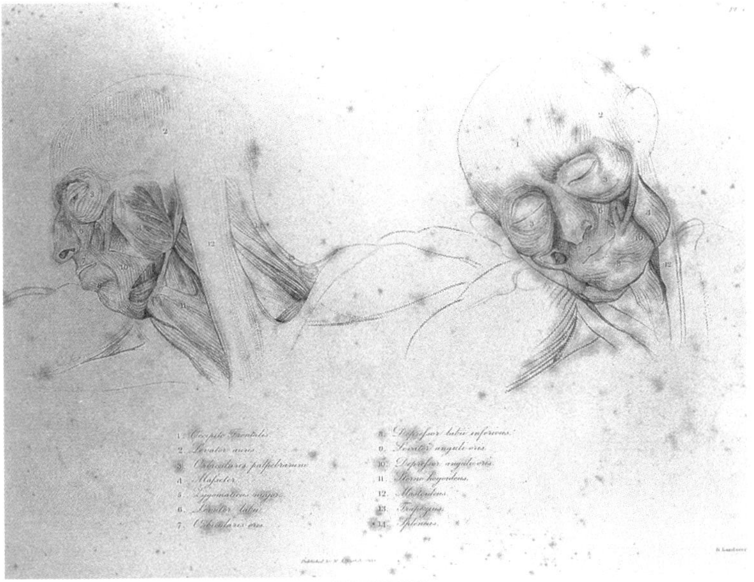

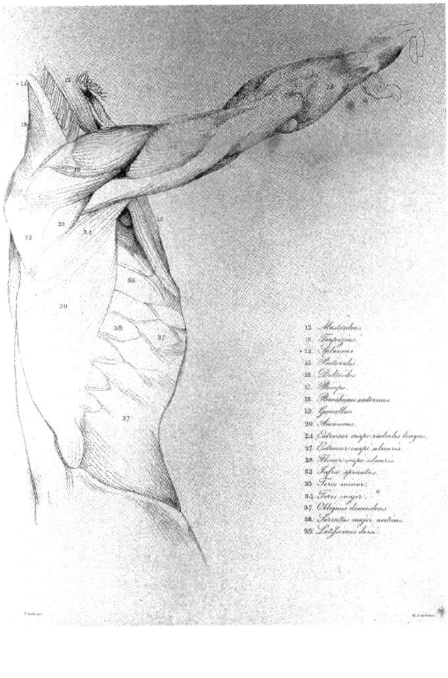

斐拉克斯曼繪製的
人體解剖素描
來源：Wellcome Collection

瑋緻活製造、斐拉克斯曼設計的浮雕玉石作品　　來源：The Metropolitan Museum of Art

雕塑家」。[4]斐拉克斯曼成長於巴洛克和洛可可的藝術風潮，但他與雷諾茲，還有約書亞・瑋緻活，卻都如饑似渴鑽研古希臘羅馬藝術作品，這種激情的回歸也帶有深思熟慮的思考，可說是一種理性的抉擇。文學評論家斯塔羅賓斯基（Jean Starobinski）解釋說：「巴洛克的繁盛劇情和洛可可的細膩奢華，沒有讓藝術家們發現理性思維的特性；這只是快感的混亂發洩，靈魂是缺席的。因此，藝術家們希望排除惺惺作態和矯揉造作的誘惑……爲了找回簡潔和生機，爲了讓靈魂擺脫過多浮誇衍生物的困擾，它們轉向大自然、理想、早期世紀的藝術。」[5]

當時的藝術家格林（Grimm）於是大聲疾呼，「今天一切按照希臘人的方式去做！」希臘人所謂「美」的理念，反映在德爾菲（Delphi）神廟牆上的四則圭臬，亦即「至美即至公」、「遵守界限」、「毋驕傲」、「毋過度」的價值，強調和諧、對稱、比例均勻，在對立中尋求平衡。[6] 希臘人所推崇的美，顯然與巴洛克、洛可可奢華繁複的風格對立。約書亞・瑋緻活確實聽到了格林的呼籲，他以不屈不撓的韌性，以及豐富飽滿的才情，全心全意響應格林的號召，爲他的工藝技術與事業版圖樹立了新的里程碑。

浮雕玉石（Jasper）

約書亞・瑋緻活在這段期間所開發的「浮雕玉石」尤其適合複製古希臘羅馬的作品，展現新古典主義的風情。約書亞・瑋緻活開發浮雕玉石的過程，就像精煉奶油陶器一樣並非僥倖的結果，是經過精心研發，並使用容易取得的原料，燒製精緻的白色胎體，燒製原理爲使用高比例可熔物質硫酸鋇（barium sulphate），在攝氏一二〇〇到一二五〇度高溫窯燒，與瓷器的製作工法類似。某些細薄捏塑、高溫窯燒的浮雕玉石其實是符合中國人與歐洲人所定義的瓷器，約書亞・瑋緻活自己就曾形容浮雕玉石是「我的瓷器（porcelain）」。基於這一事實，很容易讓人以爲浮雕玉石是約書亞・瑋緻活實驗燒製中國硬質瓷「眞瓷」的意外副產品，然而這也是不容忽視的推論。

歐洲瓷器主要分爲「硬質瓷」與「軟質瓷」兩種形式：前者配方主要含有高嶺土、長石、硅石，且高嶺土的比例高。後者高嶺土含量非常少，甚至沒有，主要原料是石英。在溫度的差別方面，兩者的分界在攝氏一三五〇度，前者在攝氏一三五〇至一四六〇度間燒成，後者則是介於攝氏一一〇〇至一三五〇度。[7] 燒製「眞瓷」的祕訣，歐洲直到十八世紀初才終於由麥森廠（Meissen manufactory）破解。「軟質瓷」是以白黏土和毛玻璃爲原料，歐洲人在十六世紀末就懂得如何燒製。先由佛羅倫斯開始，到萬塞納（Vincennes）達到巔峰。在英格蘭，切爾西（Chelsea）、堡區（Bow）的工坊把骨灰摻入胎體，伍斯特（Worcester）地方的工坊自一七五〇年卽在胎體上加入皂石。

一七六八年，英格蘭藥劑師、化學家庫克威爾茲（William Cookworth）以近似中國瓷器材質的康沃爾郡（Cornwall）白色黏土進行實驗，並取得了使用這種原料的專利權。一七七二年，庫克威爾茲把工坊遷移至布里斯托（Bristol），並在一七七四年把專利權賣給強皮恩（Richard Champion），強皮恩進一步又申請將專利權延長十五年。消息一出，約書亞．瑋緻活馬上領導被排除在使用權之外的斯塔福德郡陶匠們向議會請願否決延長專利權的期限。面對強力的反對聲浪，況且還有冗長辯論攻防墊高的隱形成本，強皮恩態度軟化妥協，修正他的專利申請，把使用康沃爾黏土的保護僅局限在燒製瓷器範圍之內。到了一七八一年，強皮恩經營不善破產，對燒製瓷器不再感興趣的約書亞．瑋緻活協助強皮恩把專利權賣給八位斯塔福德郡陶匠合開的公司。[8]

開發軟質瓷和浮雕玉石之間其實並沒有連帶關係。約書亞．瑋緻活當然知道如何燒製軟質瓷；當時他的「實驗筆記」已經記載了堡區工坊的處方（一七五九年二月十三日），同時他也並未對軟質瓷表示興趣。就商業層面來說，開發軟質瓷存在相當大的風險。一來，就像該產業的許多失敗個案所顯示的，這領域已經有相當多的競爭者，競爭激烈；二來，瓷器產品勢必也會排擠王后御用陶器的銷售市場。所以，對約書亞·瑋緻活而言，他根本不必要冒這種商業風險去開發軟質瓷。

不過，這並不表示約書亞·瑋緻活對開發「眞瓷」興趣缺缺，他一直相當關注取得開發眞瓷之知識、技術和原料的資訊，尤其是來自瓷器之鄉中國的訊息，盡可能設法透過直接和間接管道瞭解中國製造瓷器的奧祕。一七六九年，有位名叫Tan Chit-qua[9]的廣州陶匠，搭船經由巴達維亞前往倫敦經商，在英國社會造成轟動，當時媒體《紳士雜誌》(*Gentleman's Magazine*) 都有大篇幅的報導，引起了約書亞·瑋緻活的重視。

英國林園設計大師錢伯斯在他的著作中曾經提到過Tan Chit-qua。一七七三年，錢伯斯再版其名著《東方造園論》(*A Dissertation on Oriental Gardening*) 時，爲了強化他在中國林園藝術的權威地位和可信度，又增附了一篇長文〈廣州府Tan Chet-qua的解釋性論述〉(An Explanatory Discourse by Tan Chet-qua of Quang Chew Fu)，並在文章導言介紹Tan Chit-qua。有可能是透過與英國皇室關係密切的錢伯斯的引介，Tan Chit-qua初抵英國即受到喬治三世與夏綠蒂王后的款待，讓國王賢伉儷「感到非常愉快」。或許，同樣也是錢伯斯把Tan Chit-qua介紹給他出力甚多、剛剛成立不久的皇家美術學院。Tan Chit-qua造訪英國皇家美術學院，甚至獲邀在學院舉辦的展覽中展出他的作品，

佐梵尼，〈皇家美術學院會員群像〉。
這幅畫後來被喬治三世蒐購收藏。
來源：Wikimedia Commons

並出席展覽之前學院所舉行的盛宴。出席這場宴會的貴賓熠熠生輝，其中包括在墨菲（Arthur Murphy）《中國孤兒》（*Orphan of China*）一劇擔綱演出官員角色的演員蓋瑞克（David Garrick）、政治家兼哲學家柏克（Edmund Burke）；以及集政治家、作家、古文物研究者於一身的沃波爾（Horace Walpole），他曾在一七五七年仿效法國思想家孟德斯鳩的《波斯人信札》（*Lettres Persanes*），發表頗受好評的著作《旅居倫敦的中國哲學家叔和致北京友人連齊的書簡》（*A Letter from Xo Ho: A Chinese Philosopher at London, to His Friend Lien Chi at Peking*）。由於Tan Chit-qua與皇家美術學院的這段淵源，所以畫家佐梵尼（John Zoffany）把Tan Chit-qua畫進他的作品〈皇家美術學院會員群像〉。在藝術家濟濟一堂的虛構場景中，可以看到左邊靠在畫家韋斯特肩上、位在邁耶（Jeremiah Meyer）（頭轉一邊和旁人交談者）身後的人就是Tan Chit-qua。[10]

在廣州經商、自己擁有店鋪的Tan Chit-qua，能夠以英語交談，這是他之所以能夠出入倫敦上流社會，獲得藝術界青睞，甚至在倫敦從事商業活動的緣故。不過，根據時人的記載，Tan Chit-qua的英語能力並不是那麼道地流利。廣州是中國對外唯一的通商口岸，當地因與洋人商貿，往來的需要，自然而然衍生出一種夾雜葡萄牙語、印度語、英語和地方方言的所謂「廣式洋涇濱」、「皮欽英語」（Pidgin English），[11]在廣州洋行地帶營生的Tan Chit-qua，也許就是以這種不純正的英語和倫敦人進行交談。

班特利在一七六九年十一月寫信告訴約書亞．瑋緻活：「我們天天都在找一些當地人或工匠的巧手妙作，以提高我們製成品的品味，務求精益求精。我沒有時間說我們看見什麼，但有一件十分新的事是我不能不提的，我指的是最近從廣州來的一個塑像工匠。他就是製造那些運來英國的中國官員塑像的藝術家之一。你也許還記得，你在沃利先生（Mr. Walley）的商店見過一對這樣的塑像。」班特利信裡提到的這位廣州塑像工匠就是Tan Chit-qua，他還注意到Tan Chit-qua穿的「主要是絲緞，我看到他的衣服是深紅色和黑色」。約書亞．瑋緻活很可能還會請Tan Chit-qua雕塑了一個塑像。[12]

一七七三年初，約書亞．瑋緻活就開始著手進行相關的實驗，他從摩爾（Samuel More）取得原料樣本高嶺土和白不（墩）子（petuntse），這可能是透過博物學家布萊克（John Bradby Blake）從中國取得的。布萊克曾經在英屬東印度公司任職，後擔任廣州商務總監。他對中國的工藝技術興趣濃厚，公餘之時也積極蒐集中國植物標本，僱請當地畫師繪畫成植物畫，並不斷將這些標本和植物畫送回英國。布萊克對中國瓷器十分感興趣，還把中國製造瓷器的原料寄給約書亞・瑋緻活，幫助他破解製造硬質眞瓷的訣竅。另外，約書亞・瑋緻活也找人翻譯耶穌會傳教士殷弘緒（(Peter Francois Zavier d'Entrecolles)）所披露的景德鎮燒製瓷器工法、流程細節的書信。（**詳見第四章「歐洲的時尚中國風」**）

在一封詳細、涉及技術的不尋常信裡，約書亞・瑋緻活向班特利評述了瓷器製造的流程，概述他對材質原料的偏好，並繼續說道：「我已經向你說明我有關製造完美瓷器的最佳方案，只要時間許可，這就是我想要進行的計畫，但我可能在其他計畫理想實施之前，先製造一個白色的陶器（white ware），以便上彩釉……我會寄給你幾個七十四號瓷器，好讓你請羅德斯（Rhodes）先生運用他

莫蒂默（John Hamilton Mortimer）爲 Tan Chit-qua 繪製的畫像　來源：Wikimedia Commons

Tan Chit-qua 製作的人偶塑像
來源：Rijksmuseum

的技術在瓶子上釉彩。」信中提到的「七十四號瓷器」，就是浮雕玉石。坦白說，這浮雕玉石的作品已經相當成熟，但此刻的約書亞．瑋緻活還未放棄研發燒製硬質眞瓷的念頭。不過，浮雕玉石的成功反倒讓約書亞．瑋緻活斷了這一目標。根據專家的分析，這有可能是卽使約書亞．瑋緻活在一七七七年時已對浮雕玉石的胎體十分有信心，但他還必須試驗各種不同的顏色和裝飾技術，導致他十分忙碌；同時，他的工坊也沒有足夠空間和餘力來實驗眞瓷產品。最後，約書亞．瑋緻活充分認識到開發眞瓷本身可能帶來的商業風險，以及爲他已經多樣化的產品增添生產流程的複雜度。儘管約書亞．瑋緻活起初的興趣和目標是在尋找生產眞瓷的方法和原料，但基於他對技術與原料的知識和試驗，他十分淸楚實驗的可能結果，所以自一七七二年底開始，他的工作重心已經轉向這種新的陶器素胎。這種陶器素胎無疑是一種近似瓷器的「炻器」，但就其本身成分而言，並不屬於定義中的瓷器。探索開發這種新的陶器胎體耗費了約書亞．瑋緻活兩年的時間和精力，考慮到他還必須料理他的事業，並且投入督導爲俄國凱薩琳大帝生產「綠蛙餐具組」，這就難怪他會三番兩次在信中抱怨沉重的壓力和工作過度了。

浮雕玉石是約書亞．瑋緻活追尋眞瓷奧祕途中的一條岔路，意外發現的美麗風景，雖然無心插柳，但也是經歷過五千次有紀錄可查的實驗成果，得來並非僥倖。浮雕玉石是約書亞．瑋緻活對陶瓷藝術的最重要貢獻，可說是自中國人發明瓷器以來最有意義的創新。浮雕玉石的材質尤其適合用來製造帶有古希臘、古羅馬風格的新古典主義作品，而成功仿製古羅馬藝術文物「波特蘭瓶」（或稱「巴貝里尼瓶」）正是約書亞．瑋緻活一生事業的顛峰之作。

波特蘭瓶

最先讓約書亞．瑋緻活注意到波特蘭瓶（Portland Vase）的人可能是斐拉克斯曼。在信裡，斐拉克斯曼告訴約書亞．瑋緻活說：「你應該盡快進城去瞧瞧漢彌爾頓爵士的瓶子，它稱得上是被帶到英國最精緻的藝術作品……由深色玻璃、白色裝飾人物所構成的。」[13]

波特蘭瓶可能是現存古羅馬文物中最負盛名者，它是一支深藍色的玻璃瓶，裝飾白色淺浮雕，高二四．八公分、直徑一七．七公分。據傳，它是在十六世紀末於羅馬附近的塞維魯斯（Alexander Severus）皇帝陵墓中被發現。不過，有關這支瓶甕的來歷至今仍不明。一般認爲，這支瓶甕應該是在羅馬燒製，創作者可能是亞歷山卓人，或者曾在亞歷山卓拜師學藝的匠人，因爲亞歷山卓是古代歐洲的玻璃製造中心。

這支瓶甕最早的文字紀錄見於法國學者、天文學家佩雷斯克（Nicolas-Claude Fabri de Peiresc）給友人魯本斯（Peter Paul Rubens）的信。一五九九至一六〇一年間，佩雷斯克旅居義大利，他在信裡提到這支瓶甕是屬於樞機主教德蒙特（Cardinal Francesco Maria del Monte）的蒐藏品。二十年後，研究古羅馬文物的義大利學者、曾經擔任樞機主教巴貝里尼（Cardinal Francesco Barberini）祕書的波

波特蘭瓶瓶底頭像
來源：Cleveland Museum of Art

佐（Cassiano dal Pozzo），獲准繪製德蒙特樞機主教的這件蒐藏品，這幅畫目前爲英女王所擁有。一六二七年，德蒙特樞機主教過世，這支瓶甕由巴貝里尼樞機主教買下，成爲這一顯貴家族的藏品。直到十八世紀，爲了償還賭債，巴貝里尼家族又把這支瓶甕賣給蘇格蘭的藝術商人白瑞斯（James Byres）。一七七八年，英國駐那不勒斯大使漢彌爾頓爵士以一千英鎊的代價從白瑞斯手中買下這支瓶甕。這時候的漢彌爾頓熱衷蒐集骨董，往往不計代價、不思謹慎地蒐購古文物。一七八四年，他把這支瓶甕轉賣給藝術史家及文學家沃波爾口中「單純的女人，著迷於空洞瓶子」的波特蘭公爵夫人。一七八五年七月十七日波特蘭公爵夫人去世，她遺留下的龐大蒐藏品於一七八六年四月二十四日至同年六月七日這段期間進行拍賣。就在拍賣期限的最後一天，公爵夫人的兒子三世波特蘭公爵出價九百八十基尼（guinea，十七至十九世紀英國發行的金幣，一基尼相當於八．五克黃金）拍得這支瓶甕。三天後，這支瓶甕就交到約書亞．瑋緻活手裡。爲了回報約書亞．瑋緻活不參加競標，三世波特蘭公爵同意把這支瓶甕出借給約書亞．瑋緻活以浮雕玉石進行仿製。

這支瓶甕兩側都有手柄，推斷它原初可能還有蓋子。瓶身裝飾有白色玻璃浮雕切割而成的人

波特蘭瓶兩側手柄下方的牧神潘恩　　來源：Cleveland Museum of Art

物與場景，但瓶底曾經被打破過，又重新修復。瓶底底座直徑十二．二公分，上面裝飾戴著佛里吉亞無邊便帽（Phrygian Cap）的頭像，一般猜測這個頭像很可能是希臘神話人物帕里斯（Paris）。

瓶身兩側的人物圖案究竟是誰？幾個世紀以來，學者專家爭論不休，至今莫衷一是。而人物圖案的撲朔迷離，爲這支瓶甕更增添神祕的魅力。有人卽認爲，波特蘭瓶瓶身帶狀的裝飾，是一道博學的謎題，一種深思熟慮刻意製造的模稜兩可，必定是藝術家故意藉由這些圖案來傳達某種訴求。所以，歷來專家學者無不殫精竭慮，試圖解讀出圖像所要傳達的涵義。

在衆多假設推論中，以阿謝莫爾（Bernard Ashmole）提出的「希臘神話說」最被廣爲接受。另外，阿謝莫爾也反對長期以來的假設，主張瓶身兩側其實是分屬不同的場景，而不是傳統認知的同一敍事。根據阿謝莫爾的解讀，瓶身兩側的場景是各自獨立的，這可以從兩邊外側人物都面向中間，並且手柄兩端人物的頭部姿勢明顯朝向反方向獲得印證。另外，波特蘭瓶的創造者還製造出一種強烈且垂直的間隔，例如兩側之間的樹和柱子，低垂的樹枝向內，形成了一種封閉性的布局。假如波特蘭瓶創作者的意圖是要讓兩個場景具有延續性，那手柄下方的人臉圖案就會很突兀地造成中斷、隔絕的效果。換言之，阿謝莫爾認爲，兩個手柄下方裝飾的牧神潘恩（Pan）頭像，其實是具有間隔敍事內容的作用。[14]

檢視第一個場景的畫面，阿謝莫爾認爲左邊的人物是佩琉斯（Peleus），他正走過一處通道，象徵他娶了忒提斯（Thetis）之後從此邁入神的世界。這進一步可以從佩琉斯踮著腳尖走路的姿勢得到強化，意味著他對進入未知的世界感到有些遲疑。在佩琉斯的前方，可以看到拿著弓的愛洛斯（Eros），代表愛情，他似乎正在引導佩琉斯。在古希臘文化裡，火炬象徵婚禮。中間把手伸向佩琉斯、表示「接受」之意的女人，就是忒提斯。忒提斯是海中仙女（Nereid），海神涅柔斯（Nereus）與海洋女神多柔斯（Doris）的女兒。

在希臘神話中，佩琉斯與忒提斯的婚禮，被認爲是揭開特洛伊戰爭的序曲。混亂女神厄里斯（Eris）未獲邀請出席這場婚禮，爲了報仇，她留下給「最漂亮女神」的金蘋果。阿謝莫爾的這一解讀，剛好可與瓶底帕里斯的頭像呼應、連結。帕里斯做爲「最漂亮女神」的裁判，把金蘋果判給了代表愛情、美麗、性欲的女神阿芙蘿狄忒（Aphrodite），而讓天后赫拉（Hera）與雅典娜

（Athena）不滿，大動肝火。這才有後續阿芙蘿狄忒出手相助帕里斯誘拐絕世美人海倫，引發阿伽門儂（Agamemnon）為了報弟弟失妻之恨，組織希臘聯軍攻打特洛伊城，奧林匹亞諸神介入混戰的劇情發展。對阿謝莫爾來說，忒提斯背對著愛人佩琉斯的姿勢，可以藉此解讀出忒提斯面對的人是海神波塞頓（Poseidon）。波塞頓曾表示願意娶忒提斯，直到後來得知忒提斯生下的孩子將會擁有比其父親更強大的力量，波塞頓才作罷。忒提斯最後嫁給了凡人佩琉斯。

瓶身的另一邊可以看到一男一女坐在岩石或石頭上，柱旁年輕男子頭朝向背後。阿謝莫爾認為這位英雄人物就是阿基里斯（Achilles），他是佩琉斯和忒提斯的兒子，死後被母親帶到黑海的白島（White Island），岩石或者石頭可能是白島的象徵。在白島的阿基里斯並不孤單，引爆特洛伊戰爭的海倫也在島上；阿謝莫爾認為阿基里斯旁邊那位就是海倫，她在白島上與阿基里斯結婚，而她手上倒拿熄滅的火炬，則是代表死亡。

荷馬史詩並未詳細交代特洛伊戰爭之後海倫的下落，有關阿基里斯與海倫在白島相遇、結婚情節的來源，阿謝莫爾引述古羅馬時代的學者保薩尼亞斯（Pausanias）的說法，最早可能出自公元前六世紀的古希臘詩人斯特西克魯斯（Stesichoros）。不過事實上，早在《庫魯利亞》（*Kypria*）古希臘史詩中，阿基里斯與海倫就是特洛伊戰爭的兩大主角，這部史詩甚至暗示阿基里斯迷戀海倫。阿謝莫爾解釋說，就年齡來看，阿基里斯太年輕，不可能成為海倫的求婚者，他從未見過海倫，不可能承受海倫求婚者誓約的約束。然而，就在希臘聯軍無法攻破固若金湯的特洛伊城時，這時

（左）第一場景；（右）第二場景　　來源：The Metropolitan Museum of Art

的阿基里斯「渴望見一見海倫，在忒提斯與阿芙蘿狄忒的安排下，兩個人終於見面了」。[15]

阿謝莫爾認爲，右邊出現手拿節杖的女神，很有可能是阿芙蘿狄忒。就像前一場景佩琉斯穿過通道標誌瓶身敍事的開端，這一靜止、直立的人物意味著敍事的終點。創作者的這種布局，爲兩個各自獨立的場景敍事提供一種關聯性，這種關聯性從女神腳邊正在生長的植物及第一個場景柱子背後的樹木得到強化。

依照阿謝莫爾的「希臘神話說」，從藝術的層面來看，波特蘭瓶瓶身兩邊的人物和場景呈現出一種對稱性。被愛的人都位在中間，愛人則站在左邊，奧林匹亞的神位於右側。就希臘神話的層面，第一個場景是希臘最偉大英雄的源起，第二個場景則是他命運的終點。一個是特洛伊戰爭的開端，即佩琉斯娶了忒提斯，生下阿基里斯；在他們的婚禮上，厄里斯留下金蘋果製造女神們之間的紛爭，結果導致帕里斯的裁判及誘拐海倫。另一個場景則是這個故事的結尾，兩大主要人物的結合。

根據法國人類學家李維史陀（Claude Levi-Strauss）的理論，人類創造的「神話」，不單純只是天馬行空的幻想，它向我們展示心靈是如何從大自然取材，心靈所建構的範疇（生／熟、男人／女人、活著／死亡……）是如何成爲一種概念性工具，講述事物，演繹抽象的觀念。[16]阿謝莫爾所解說的這種劇情的延續性，頗爲呼應法國學者費希（Luc Ferry）對特洛伊戰爭寓意的詮釋，荷馬的史詩敘事彰顯古希臘人的世界觀和智慧，從一片混亂、混沌，重歸宇宙失去的和諧。「我們必須生活在一種清晰的狀態中，接受死亡，接受我們自身所是，還有超越我們的東西，與我們的同類和宇宙步幅一致。」[17]

要以浮雕玉石來複製波特蘭瓶，對約書亞．瑋緻活確實是一大嚴峻的挑戰。一七七四年，約書亞．瑋緻活開發出浮雕玉石的材質和工法，再經過三年的時間，約書亞．瑋緻活已能大規模生產浮雕玉石的產品。到了一七八六年，約書亞．瑋緻活有能力完美掌握浮雕玉石的技術，但困難之處在於原始波特蘭瓶是採用浮雕玻璃（cameo glass），浮雕玉石的表面欠缺玻璃的光澤，無法表現出原始波特蘭瓶瓶體和瓶體上白色浮雕具有的透明度、精緻和透視感。另外，原始波特蘭瓶是近乎黑色的深藍色；約書亞．瑋緻活已經開發出黑色的浮雕玉石，但爲了趨近原始波特蘭瓶深藍的顏色，約書亞．瑋緻活還必須設法取得鈷（cobalt）原料。除此之外，原始波特蘭瓶歷經破損又修復，它的形體已經不如想像中協調。約書亞．瑋緻活甚至有意更動形狀，為此去信漢彌爾頓爵士，尋求他的意見。最後，約書亞．瑋緻活還是接受他的建議，維持瓶甕的原有形狀。[18]

約書亞．瑋緻活必須克服的最大挑戰，在於燒窯內溫度的控制。英國的窯，通常是採取向上排氣的圓型設計，這種構造造價較為低廉，但隨著大量熱氣流從窯頂的排氣孔溢出，熱量的消耗非常嚴重，所以對燃料的消費比較大。相對來說，中國窯一般設計結構是採取「向下排氣的斜坡式構造」，通常把窯建在傾斜的山坡上。窯內是一連串在底部保持相互貫通，頂部互相隔離且呈現半圓形的蜂巢形狀。窯壁砌得很厚，可以防止熱氣向外散發。同時，每個蜂巢內設有一爐腔，如此一來，熱氣不會直接向外排出，而是蓄積在窯內，讓窯內可以達到很高的溫度。當溫度稍低一些的空氣從第一個蜂巢流入第二個蜂巢，所攜帶的熱量也會隨著流入第二個蜂巢。於是，熱量就依序不斷從一個蜂巢流入另一個蜂巢。通過反覆利用餘熱並不斷給每個蜂巢加溫，整個窯內可以維持相當高的溫度，同時燃料

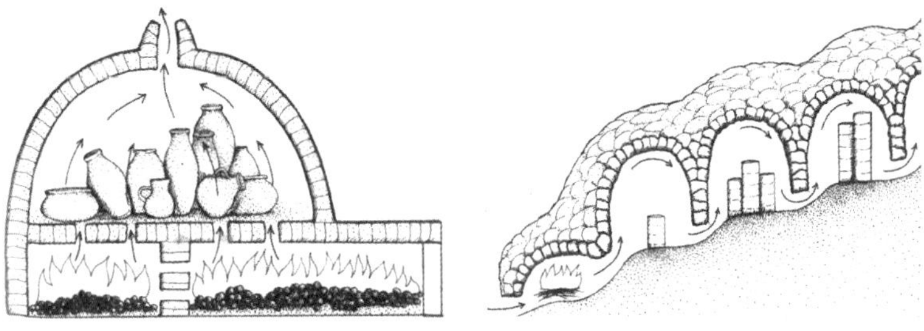

（左）英國窯；（右）中國窯

來源：Robert C. Allen 著，毛立坤譯，《近代英國工業革命揭密：放眼全球的深度透視》，頁219-220。

的消耗量相對較少。經濟史家認爲，中、英燒窯結構的差異，反映出兩地總體社會經濟環境的差別，以燃料、資本、勞動力三種生產要素來說，在英國，由於煤儲量豐富、煤炭價格低廉，所以設計陶窯時主要考慮的是節省資本、減少僱用勞動力，煤的消耗量不是主要的考慮。在中國，由於燃料費用高昂，所以燒窯的設計理念主要思考的是如何有效率地使用燃料。[19]

在英國，燒窯內的溫度通常都是由燒窯工人粗略估計，尤其是溫度在攝氏一千度以上，無法精準控制，使用的材質浮雕玉石相對瓷器還是比較容易破裂，同時所要複製的這支瓶甕又相當複雜，從瓶底帕里斯像細膩的手指頭就可見其複雜度，實在很難援引傳統的方法。爲了克服爐窯內溫度控制的難題，約書亞・瑋緻活設計了測量高溫的溫度計，來測控爐窯內火的溫度。

約書亞・瑋緻活認爲，溫度可以通過黏土受火時的顏色變化加以測量，所以設計了一款他稱之爲「顏色測溫計」(colour thermoscope) 的器具，這個器具是一種有刻度的玻璃管，內部填充小的黏土球，在不同溫度之下受火時，黏土的顏色會由米色轉變成深棕色。一七八一年，約書亞・瑋緻活向英國皇家學會提出有關測量溫度的論文，但時任學會主席的班克斯爵士批評約書亞・瑋緻活的方法在區別黏

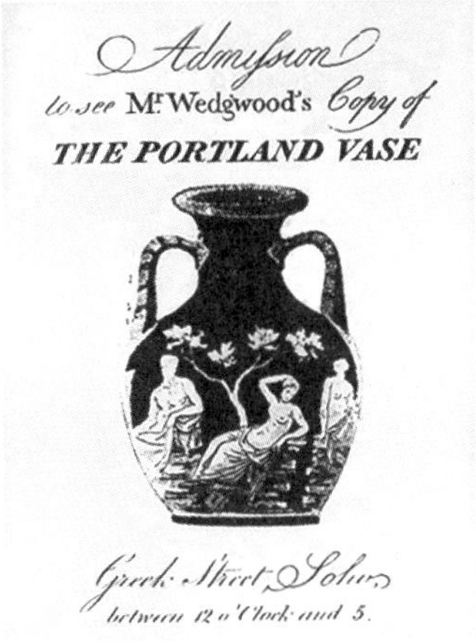

參觀波特蘭瓶複製品的門票

土顏色深淺上太困難，以及由此對應溫度變化太不精確。不過，約書亞．瑋緻活並不氣餒。他又重新回到他的實驗室，同時尋求好友化學家普里斯特利、工業用蒸汽機發明人瓦特、在自然科學領域卓有成就的伊拉斯謨斯．達爾文等人協助，最後改良發明了「高溫計」(pyrometer)，能夠較爲精準測量高溫。

一七八二年五月，約書亞．瑋緻活在英國皇家學會展示了這支溫度計並提出論文。這回，班克斯爵士接受了約書亞．瑋緻活的論文，並稱讚他「將陶匠的技藝轉變成一種科學」。正是因爲這項發明，而不是他旗下的龐大事業，讓約書亞．瑋緻活在五十二歲生日前夕獲選爲英國皇家學會的會員。這是他一生最爲重要的殊榮之一，彰顯他透過實驗尋求大自然原理的成就。約書亞．瑋緻活不僅贏得班克斯爵士的友誼與支持，把他隨庫克(James Cook)船長冒險期間蒐集到的地質樣本送給了約書亞．瑋緻活，這項創新發明也有助於約書亞．瑋緻活生產技術的提升與改善。[20]

直到一七八九年十二月，經歷過無數龜裂、冒泡的失敗複製品之後，約書亞．瑋緻活終於成功仿製了波特蘭瓶。三世波特蘭公爵最初答應的借期是一年，但這時距離他借來這支瓶甕已經超過三年了。一開始準備將波特蘭瓶複製品商業化時，約書亞．瑋緻活就極有策略地行銷推廣他的產品。他把他所謂「第一版」(First Edition)的波特蘭瓶複製品送給夏綠蒂王后，並且在英國皇家學會會長班克斯爵士宅邸裡舉辦一次私人鑑賞會。接著又公開展示他複製的波特蘭瓶，成功把波特蘭瓶展示會打造成一場轟動的社會事件。甚至連德高望重的皇家美術學院院長雷諾茲，都公開稱頌約書亞・瑋緻活，撰寫文章讚揚他所複製的波特蘭瓶是眞正具有「原創性」的藝術品。約書亞・瑋緻活以超強的毅力、非凡的技術，克服人性的易錯、怠惰，征服黏土反覆無常的特性，最終爲他永無止盡的實驗精神、萬丈的雄心壯志、追求卓越，成功烙下永恆的印記。複製波特蘭瓶象徵一種啓蒙的信念，深信科學知識和技術進步可以讓現在臨摹過去，而將往昔的文物轉化成商品。但是，當代的評論家認爲，約書亞・瑋緻活複製的第一版波特蘭瓶雖然是他畢生做爲陶匠最偉大的成就，但它是否可以明智地稱做是一件藝術品，具有雷諾茲所盛讚的原創性，還存在許多爭議。對比原始波特蘭瓶，約書亞・瑋緻活的複製品較爲扁平、平淡、讓瓶身更顯得沉重。約書亞・瑋緻活的浮雕玉石材質很難再現亞歷山卓匠人的藝術性，斐拉克斯曼爲這件複製品所雕琢的淺浮雕儘管鬼斧神工，但受限材質，還是無法臻至原作的那種光澤、透明感。況且，「複製」終究不是原創。雷諾茲的這番好評總讓人覺得不夠眞誠。

約書亞・瑋緻活複製的波特蘭瓶是不是藝術品自然是見仁見智，但以「複製」或「模仿」爲理由而否定它，似乎是一種脫離時代脈絡的批評。

「模仿」概念在西方的藝術思想與評論中一直占有很重要的地位。柏拉圖之所以要把詩人逐出他的「理想國」，主要是因爲他認爲現象僅是「理型」(idea) 的複製，而從事現象複製的藝術家，只不過是對模仿的再模仿，並非對高級知識形式「理型」的追索。這種從模仿的概念來定位藝術家的觀點，延續到十八世紀中期。前述提到，雷諾茲反對複製自然，他認爲自然是一種「低級的

瑋緻活以浮雕玉石仿製同時代羅馬雕塑家的古代主題作品　來源：Walters Art Museum

有限性繪畫主題」，缺乏價值理想。雷諾茲主張，「只有仔細研究古人的作品，才能獲取自然的單純性。」法國啓蒙運動思想家狄德羅也主張，「必須研究古代作品以學會觀察自然」。[21]所謂古人、古代的作品，最主要來自古希臘的創作。同時代普魯士著名的藝術評論家溫克爾曼（Johann Joachim Winckelmann），在他的〈關於在繪畫和雕刻中模仿希臘作品的一些意見〉[22]文章中大聲疾呼，要求藝術家重返「眞正的古代」，即古希臘那種古代，以重建轉換藝術創作。換言之，雷諾茲、狄德羅、溫克爾曼的理念認爲最偉大的藝術存在於遙遠的古代，而藝術家的偉大就在於他能夠模仿古代的偉大藝術家。

在十八世紀的藝術語境，創造是指一種新奇的形式，而新奇的形式是從模仿概念中衍生出來的。所謂「原創性」，就是一種「對神聖的規則和傳統的規則和傳統元素做出重新詮釋」。就像法國的洛可可風，吸納轉化了中國元素，可以說是一種「創造性的模仿」。所以，「創新」，不是無中生有，不等於追逐新奇，而是像當代學者哈里森（Robert Pogue Harrison）所形容的，「下至陰間去給已死的語言賦予新聲音」，給傳統生機勃勃的風格，它所追求的是一種「寓更新於重複」的境界。[23]

曾在《道德情感論》（*The Theory of Moral Sentiments*）書中處理美感與道德關係的亞當・斯密，在〈論所謂模仿藝術中模仿的本質〉的論藝術專文進一步提到，「藝術的模仿」，而非「奴性的模仿」，總能「引發愉悅感」。亞當・斯密進一步以荷蘭大師的靜物畫為例，「圖畫中繪製的布匹，通過陰影和色彩的巧妙運用，將羊毛織物的絨面和柔軟的質感描摹得惟妙惟肖，僅僅是這種相似性本身，便足以賦予它一定的價值，那怕對象只是一塊蹩腳的地毯而已。」[24]可見，亞當・斯密已經把模仿提升到一種創造性行動的位階，從模仿中看到創造的驚奇。所以，若是根據約書亞・瑋緻活那個時代的美學觀而論，我們不能以「模仿」的理由全然否定他摹製波特蘭瓶的創造性。

波特蘭瓶在交到約書亞・瑋緻活手裡之前，歷經過毀損和修復，但這件傳奇古文物的多舛命運並未結束。一八一〇年，四世波特蘭公爵把這支瓶甕借給大英博物館展示。一八四五年，在大英博物館的「漢彌爾頓陳列室」[25]展出時，一個自稱名叫「威廉・洛德」（William Llod）的愛爾蘭青年，又把這支瓶甕打破。這位犯人向警方坦承，「一個星期前酗酒無度」，並且「精神亢奮」。滑稽的是，根據當時英國《蓄意破壞法》的規定，很難成功起訴任何毀損價值超過五英鎊物品的案件。結果，威廉・洛德（連這個名字也可能是杜撰的）被依毀損玻璃展示櫃的罪名起訴。三天後，友人繳交三英鎊罰款，他就被釋放了。大英博物館買下波特蘭瓶，後續又經過三次的修護工作：一八四八年，超過兩百個碎片，館方以驚人的耐性毅力，不到六個月的時間就被組合完成；同年，遺失的幾個碎片尋獲後又重新黏合；一九八八到一九九〇年間，館方改採慢乾的環氧樹脂（epoxy）做為黏劑。

月光社（Lunar Society）

約書亞．瑋緻活曾把最初複製成功的波特蘭瓶送給好友伊拉斯謨斯．達爾文，當時他正在構思、撰寫鴻篇巨構的長詩《植物園》（*The Botanic Garden*）。這首詩第一部題爲〈植物之經濟〉（The Economy of Vegetation），第二部是〈植物之愛〉（The Loves of the Plants），其實比起第一部還要早出版。第二部的主旨在於禮讚自然世界，第一部則是強調啓蒙精神，頌揚科學進步和技術創新，詩作的重點放在礦業的開發和礦物的應用。〈植物之經濟〉總共分爲火、土、水、氣四章，伊拉斯謨斯．達爾文在第二章的「土」這一部分，高度讚美約書亞．瑋緻活的伊特魯里亞廠、他懷抱的解放黑奴理想以及複製波特蘭瓶，使得約書亞．瑋緻活儼然成爲工業革命的象徵。約書亞．瑋緻活過世三年後，伊拉斯謨斯．達爾文在美國出版這部詩集，從此洛陽紙貴、聲名鵲起，約書亞．瑋緻活生前大概沒料到《植物園》會成爲他產品行銷的利器，他複製的波特蘭瓶在美國之所以聲名不墜、廣爲流行，或許是拜伊拉斯謨斯．達爾文詩集暢銷之賜。

根據傳記作家的說法，約書亞・瑋緻活是因病而與伊拉斯謨斯・達爾文結緣。伊拉斯謨斯・達爾文定居利奇菲爾德（Lichfield）時即以精湛的醫術遠近馳名，連倫敦的喬治三世都耳聞他的大名，表示想要找伊拉斯謨斯・達爾文當他的醫生。約書亞・瑋緻活因天花膝蓋受到感染，地方上的醫生曾找來伊拉斯謨斯・達爾文一同會診他的惡疾。其實，伊拉斯謨斯・達爾文自己和約書亞・瑋緻活一樣都曾感染過天花，皮膚布滿癒後的痂疤。同時，兩人也都腿瘸，伊拉斯謨斯・達爾文從自己設計的馬車上跌落，導致膝蓋骨碎裂，走起路來僵直、笨拙。再加上他有嚴重的口吃毛病，身材又過度肥胖，五官粗糙。但誠如傳記作家所說的，伊拉斯謨斯・達爾文醫術高明，又是位發明家、詩人，他的才華橫溢，總能吸引異性的青睞，讓他在情場追獵無往不利。[26]另外，伊拉斯謨斯・達爾文與約書亞・瑋緻活兩人都是「月光社」的核心人物。

月光社是一個以伯明罕爲基地的小型、深具影響力的科學群體，成員自比是啓蒙運動的紳士，他們相互交流自然知識、實驗成果，在經營的事業上彼此奧援，並把他們的科學知識進一步擴散爲促進工業化的動力。[27]科學史家瑪格麗特・雅各布（Margaret C. Jacob）與史都華特（Larry Stewart）形容月光社是一個基於知識交流形成的「創造性社群」（creative community），它的成員構成英國工業革命的重要實踐者。月光社可以說是十八世紀英格蘭最重要的私人科學團體。

月光社的出現，反映了十八世紀英國各式各樣以文學、科學、藝術、政治……爲宗旨之大小團體林立的社交網絡與公共生活型態。[28]不過，月光社是一個非正式的社群，它不像皇家學會，沒有固定的集會場所，沒有領導團體運作的組織，沒有會員名冊，沒有組織規章，沒有開會議題，是一種鬆散的俱樂部形式，主要建立在成員之間志同道合的理念和私人的情誼。他們選擇在每個月最接近滿月那週的星期一，在某個成員家裡聚會（起初是選定星期日，後來為了方便成員之一的普里斯特利牧師宣道，從一七八〇年起改為星期一），好方便成員在散會後能夠在皎潔月光的伴隨下返家，這是命名為月光社的由來。

月光社的核心成員，[29]除了約書亞．瑋緻活、伊拉斯謨斯．達爾文，還有：博爾頓，他那英國第一流的工廠位於伯明罕的蘇活（Soho），是當時社會名流、知識顯貴造訪的熱門景點，也經常做為月光社聚會的場所。以及總是心神不寧的蘇格蘭發明家瓦特，他和博爾頓合夥公司研發、銷售改良後的蒸汽機。至於說話嚴重口吃、但下筆如行雲流水的普里斯特利牧師，則透過班特利的介紹，早就與約書亞．瑋緻活結識，他也是成員之一。這位化學家率先分離出氧氣，還是不奉國教運動的領導人。

這五個人構成月光社的核心，但是圍繞在這一群人周圍的還有其他人的故事：蘇格蘭化學家凱爾（James Keir），為人篤誠，就像岩石一樣堅實可靠，他開了一家玻璃廠，好滿足自己熱愛化學的激情。發明家、地質學家、外號「狂人」（Lunatick）的懷特赫斯特（John Whitehurst），也是一位鬼斧神工的鐘錶匠。鐘錶工作性質旨在「分秒必爭」，但他卻總是夢想追尋地球的「萬年不朽」。另外，還有兩位醫生：斯莫爾（William Small），來自北美的維吉尼亞，是博爾頓的家庭醫生，並引薦摯友富蘭克林給他認識。具備老練外交手腕的斯莫爾，鞏固了這幫人的最初情誼。來自斯塔福德郡的威瑟林（William Withering）醫生，利用吉普賽人用來治療心臟病的毛地黃，從中發現了洋地黃（digitalis），日後洋地黃成爲一種治療心臟病的常見用藥。最後，是全心擁戴盧梭理念的兩位青年人：埃奇沃斯（Richard Lovell Edgeworth）和戴伊（Thomas Day）。再次顯示，盧梭是約書亞・瑋緻活圈子裡最爲推崇的思想家。（詳見第一章「瑋緻活王國崛起」）

值得一提的是，爲了證明盧梭的理念，戴伊以他的人生爲賭注，稱得上是「豪賭」的人。服膺盧梭《愛彌兒》理論的戴伊，相信透過教育孕育的理性，可以像控制自然一樣改變、形塑人的本性，基於這樣的理念，他大膽以自己做了一個「社會實驗」。二十一歲、未婚，又繼承龐大遺產的戴伊，託朋友從孤兒院遴選二位十多歲的貧窮女孩，打算培育她們，給予她們良好的語言與人文教育，從中挑選他未來的理想妻子。結果，戴伊的人生實驗還是失敗了，其中一個女孩甚至嫁給了他所託付尋人的那位朋友。[30]

戴伊雖然從盧梭的理念看到不論階級出身，人是可以被教育的啓蒙理念，但他卻忽略了盧梭在《愛彌兒》一書所傳達的核心價值。愛彌兒的教育是爲了自己，培養獨立的人格，追求自主的判斷，有孕育「自愛」、「同情」、「自尊」三種情感，通過反思性之獨立和理性的判斷，才能建立一種與公共社會一體化的健全人格。然而，反諷的是，唯有戴伊「聳動」的社會實驗失敗，才能印證盧梭思想的眞知灼見。[31]

月光社聚會時常常邀請著名的自然哲學家和重要學術社群的領導人蒞臨與會，如皇家學會主席班克斯爵士、皇家天文學家赫歇爾、愛爾蘭化學家柯萬（Richard Kirwan）、激進哲學家及化學家庫柏（Thomas Cooper）等，都曾是月光社的座上賓。柯萬和庫柏，又同時是「曼徹斯特文學與哲學學社」（Manchester Literary and Philosophical Society）或倫敦「查伯特咖啡館哲學社」（Chapter Coffee House Philosophical Society）的成員，透過人員的交疊，使得月光人與其他各種學會、俱樂部、沙龍建立廣泛的知識網絡。

月光社成員的成長背景分殊，政治意見也時常相左，[32]除斯莫爾外，大多是皇家學會會員，且多數未曾接受過正規教育。他們的出身不屬於「建制內」（Establishment）菁英，也不是社會的權貴階級。然而，這種不利的處境，反而成爲一種前進的動力，能夠不受限於傳統價值觀的束縛，也不爲既有社會制度規範所桎梏。[33]這種社會邊緣性，同樣反映在他們的宗教信仰大多屬於當時處於社會劣勢、但具改革理念的「不奉國教派」。這方面很容易讓人聯想到科學社會學家默頓（Robert K. Merton）所提出的命題：類似社會學家韋伯、托尼（R. H. Tawney）的著名「韋伯—托尼命題」（Weber-Tawney thesis）[34]，即清教教義與十七世紀英國科學興起、制度化之間存在文化與價值觀的親緣性。[35]

月光人大多數是實驗主義的信仰者，嗜好、享受科學實驗的樂趣，因伊拉斯謨斯・達爾文所稱之「小小的哲學興趣」而相聚一堂。他們浸淫在科學發現的喜悅，相信每一次的科學發現都有助於拆解大自然難以捉摸的密碼。而大自然的每一面向，都值得深思探索。這種對科學理性的崇拜，強烈的科學實驗主義風格，完全反映在約書亞．瑋緻活最喜歡的畫家賴特（Joseph Wright of Derby）著名的兩幅畫上：〈哲學家講授太陽系儀，一盞燈放在太陽系儀中太陽的位置〉與〈空氣泵浦裡的鳥實驗〉。賴特雖然不是月光社的成員，但稱得上是「月光人」。賴特生長在德比郡，「狂人」懷特赫斯特是他的鄰居、好友，伊拉斯謨斯．達爾文是他的家庭醫生。

在第一幅畫中，一盞燈被置於太陽的位置，好讓演講者可以解釋日蝕的現象。這幅畫的場景雖然在封閉的室內空間，但繪畫所傳達的宗旨，卽自然哲學是向所有人敞開，不論男人女人，或者老人年輕人，從交談中的白髮講者、年輕人，到戴著帽子、一臉嚴肅的女孩、用手環抱哥哥的小女孩。這幅畫雖然與月光社沒有關聯，但它傳達的主旨呼應了月光社對科學理性所懷抱的世界希望。

在第二幅畫中，一隻罕見的「白色鸚鵡」，[36]因爲空氣從牠被關閉的玻璃瓶中抽走，痛苦地拍打翅膀顫動。雖然我們可以看到全神貫注、外表彷彿像吟遊詩人般的自然哲學家，正在把攸關生命的空氣重新灌回瓶內，但此時此刻還是充滿緊張的氣氛，觀畫者可以感受到畫中兩個小女孩畏懼瑟縮的情緒。賴特這幅畫的場景，讓人聯想到十七世紀英國科學家波以耳著名的空氣泵浦實驗，尤其是波以耳在實驗時還有弄死過一隻老鼠的紀錄。[37]這幅畫留下了伏筆，它並未表明實驗的結果，讓人有想像的空間，鸚鵡究竟是生還是死，已經成爲西洋藝術史上一道難解的謎。鸚鵡在垂死中掙扎，令小孩子們不忍心卒睹，成人們則自顧解說、對話，戲劇化的燈光以及如牛頓般科學聖人外表的實驗者，更增添了緊繃的張力。整體畫面則呈現出科學理性戰勝人性情感波動的意念。

月光人開設工廠，合作推動運河開鑿計畫，打造蒸汽機，發現新的氣體、新的礦物、新的藥物，提出新穎的觀念，他們創造美麗的物品，譜寫誘人的詩篇，他們展現出驚人的創造力，但他們的身分不屬於貴族、政治人物、學者，而是地方上的製造商、具備專業技能的人、天賦異稟的業餘人士。他們躬逢英國社會的劇烈變革，以實驗主義推動科學知識的公共文化，這種公共文化構成工業革命的動力，而以工業革命做爲生產的動力，既順應也推動了消費主義的潮流。約書亞·瑋緻活和這群志同道合的月光人，正是十八世紀英國工業革命與消費主義的弄潮兒。

約書亞·瑋緻活的好友兼合夥人班特利，事實上也向他建議進一步開拓中國市場的商機。中國曾是歐洲瓷器奢侈品的重要源頭，其燒製瓷器的工藝技術獨步世界，英國陶瓷匠也都在摹製中國瓷器的造型與色彩。例如，大英博物館蒐藏一件瑋緻活燒製的魚盆，就是中國的器型，中式粉彩裝飾，風格與中國外銷瓷類似。[38]所以，如果能夠反過來征服中國市場，對約書亞·瑋緻活而言，自然是一種夢寐以求的榮耀。經過約書亞·瑋緻活三十年披荊斬棘地開創事業，瑋緻活產品的市場已經超越英國本土遍及全歐洲，並且正在籌備計劃進軍印度次大陸、美洲新大陸。這時候瑋緻活的產品當中，有八十％是供出口之用，它的市場規模可稱得上是全球性的了。[39]開發中國市場是約書亞·瑋緻活難以割捨的夢，但他這時候卻有些猶豫，過去靠著模仿法國、東方式樣起家的約書亞．瑋緻活，反倒擔心中國的能工巧匠會剽竊他的陶瓷設計。

儘管有些躊躇，但約書亞．瑋緻活並沒有卻步，最終還是透過馬戛爾尼使節團把他鬼斧神工的上乘之作波特蘭瓶送給乾隆當作賀壽的禮物，希望透過皇室與王公大臣的青睞、使用，進而在中國市場造成跟風效應，以開拓中國的商機。征服中國廣大市場的美夢太誘人，實在令人心往神馳，約書亞．瑋緻活也沒能例外，雖然他懷抱的中國夢只不過是虛幻的海市蜃樓。

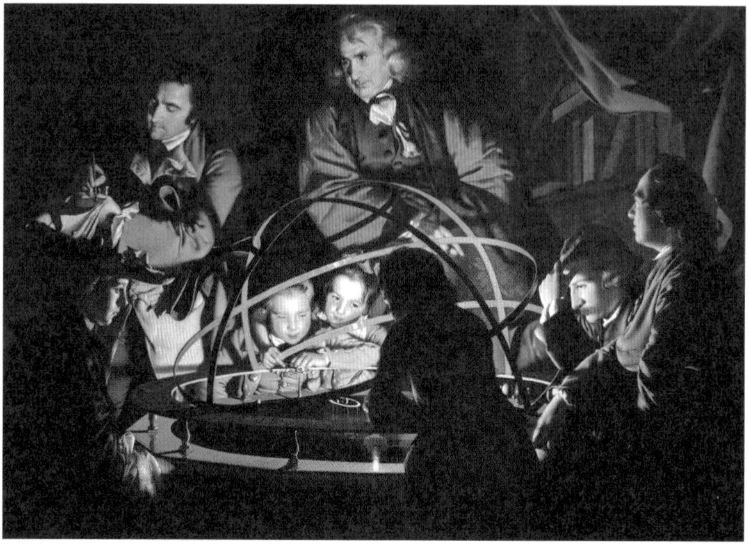

賴特，〈哲學家講授太陽系儀，一盞燈放在太陽系儀中太陽的位置〉

來源：Wikimedia Commons

賴特，〈空氣泵浦裡的鳥實驗〉 來源：Wikimedia Commons

第三章　送給中國皇帝的禮物

禮物必須讓受贈者感到驚嘆那樣深受震撼

班雅明，《單向街》

使節團行前準備

籌辦禮物

馬戛爾尼行前頗耗費一番心思籌辦恭賀乾隆壽辰的禮物，啓程前還特別針對什麼東西最能代表英國科學與技術，和使節團隨行人員廣徵各方意見。馬戛爾尼透過大實業家嘉貝特引介，徵詢知名發明家、製造商博爾頓的意見，並請博爾頓推薦專精冶金技術的工匠與賀壽的禮物。博爾頓是有名的工程師，他和瓦特合作在伯明罕設立了蒸汽機工廠。博爾頓的產品引人入勝，例如銀製的茶具、餐具和鼻煙盒等，經常針對客戶的特別需求而製作，引領時尚潮流，甚至被世人譽爲是一種「流行奢華」(populuxe)。[1]

博爾頓認爲，「目前是向世界第一大市場引介我們製造物品的絕佳時機，要達成這一目標的唯一方法，就是廣泛挑選、送去我們所製造的裝飾性和實用性物品。我不認爲挑選的禮物應針對大人物，而是要讓所有中下階級的人都買得起的東西。」所以，博爾頓在推薦物品時，尤其強調實用性、多樣化，並且必須多投中國人所好，站在中國消費者的角度，符合他們的品味需求。爲此，馬戛爾尼還特別參觀了博爾頓與瓦特改良、生產的蒸汽機，並由瓦特爲他解說蒸汽機的構造和原理。不過，馬戛爾尼考慮到蒸汽機體積龐大、展示困難等因素，最後還是作罷，放棄了攜帶蒸汽機的念頭。[2]

馬戛爾尼對於籌辦的禮物顯然也有自己的想法。他很清楚中國科學「遠遠落後於歐洲」，中國人僅僅具備「有限的數學和天文知識」，中國人的天文學「大多僅是占星學的廢話，其主要目的是要確定舉行某些大典的恰當時間」。但馬戛爾尼也明白自清初以來，西洋傳教士因擁有豐富精準的天文知識，並獻呈精密的天文儀器，爲中國皇帝所重用，幾乎壟斷了欽天監的職位。所以，正是根據在華西洋傳教士流傳歐洲的記述、報導，使節團採辦的禮物當中大半以上是巧奪天工的天文科學儀器。[3]

馬戛爾尼心中還進一步盤算，英國人準備的賀禮，必須要能讓皇帝和清廷感受到英國泱泱海上霸主的優美工藝與科技文明，博取中國皇帝和官員對英國人的好感，藉以建立、增進雙方情誼的融洽，尤其要能滿足乾隆皇帝的獵奇心理。正如斯當東所說的，使節團準備的禮物：

無論在價值上或在手工的精巧上，想超過中國人已經從私商方面購得的，這是不可能的事，中國人大量累積了華而不實的東西以後，他們在這方面的欲望可能已經滿足了。對於一個上了年紀的君主來說，能發揮實際而耐久作用的現代科學和技術方面的東西應當使他更感到興趣。

另外，斯當東還考慮到：

英國名廠製造的增進人類生活方便和舒適的最新產品也是一種很好的禮物。它不但滿足受贈者在這方面的需要，還可以引起他們購買類似物品的動機。[4]

換句話說，使節團贈送的禮物，一方面既要彰顯英國工藝技術之精湛，另一方面還不失為一種行銷英國製商品、打開中國市場的活廣告。正是基於行銷英國產品的考量，馬戛爾尼特別把哈切特（Hatchett）生產的兩輛豪華舒適馬車列入使節團的禮物清單，「一輛為熱天使用，一輛為冷天使用」，[5]希望藉由禮物展示的場合激發中國消費者的購買欲，為英國製造的馬車打開中國市場。中國龐大的市場胃納，將大大促進英國的經濟發展。歷史學者魏斐德（Frederic Wakeman, Jr.）以略帶戲謔的口吻，形容當時英國商人樂觀覬覦中國市場的心態，「一出廣州城，就是四億人口的中國國內大市場。曼徹斯特的製造商們互相議論說，只要想想這件事：如果每個中國人的襯衣下擺長一英寸，我們的工廠就得忙上數十年！」[6]

爲英國商品打開中國市場正是馬戛爾尼使節團前往中國的重要使命之一。乾隆時代，中國對歐洲市場的出口造成龐大的貿易逆差，對英國而言，中國三大主力出口商品茶葉、絲、瓷器之中，尤以茶葉最爲重要。自十七世紀茶葉引進倫敦之後，英國社會對茶葉趨之若鶩，需求量大幅增長。十八世紀初，對東方貿易具半壟斷性質的英屬東印度公司（The English East India Company）[7]每年出售的茶葉不到五萬磅；到了十八世紀末，該公司出售的茶葉已增加爲兩千萬磅，也就是說，不到一百年，茶葉的銷售量已經成長爲四百倍。茶葉貿易占英屬東印度公司業務的百分之九十，而英國王室的收入，則有一半來自國家的茶葉稅。[8]

然而，清中國雖然開放對外通商，卻僅僅局限在廣州一口，而且對於貿易季節、居留時間、通商對象等設下種種限制。況且，清中國這種管制型的經貿措施，握有經貿權力的地方官員層層盤剝，自然容易孳生貪汙索賄的弊端。因此，英國政府特別期盼藉由馬戛爾尼出使中國，在北京能與清廷達成貿易協定，打破清中國「廣州制度」獨口通商的貿易限制，擴大英國工業革命之初大量生產的商品在中國市場的占有率，以平衡因自中國進口茶、瓷器、絲等所造成的鉅額赤字。

況且，此時英國人也對本國生產的產品愈來愈有信心，自認已經能與東方奢侈品的質與量相互媲美。英國製造商藉由使用不同的原料，利用像煤這樣豐富的燃料，以精細的勞動分工和機械設備，生產出來的「流行奢華」堪稱獨步全歐洲，飽含科學與技術的豐富性。博爾頓和約書亞．瑋緻活十分明白他們對比中國所取得的成就，兩人都樂觀預期他們的產品可以在中國龐大的市場取得商機。馬戛爾尼使節團的中國行，提供了他們一個實現商業夢想的管道。

此外，英國政府更希望能進一步在北京設立使館，常駐代表，以避開廣州本地官員貪得無厭的敲詐，直接與北京洽商貿易事宜，確保英商在華的商業利益。[9]根據英國政府的認知，爲了達到擴大英國在華的商業利益，必須要能與中國就商業問題公平談判；如果要與中國公平談判商業問題，就必須能與中國平起平坐、國家地位對等，而非僅僅只是前來乞憐中國施惠的朝貢國。換句話說，對英國政府而言，使節團的目的雖然有二，但其實是一體之兩面。

使節團陣容

除了禮物的巧思，使節團此行能否成功，關鍵還在於特使的人選。過去中國人普遍對英國人之所以觀感不佳，認爲英國人野蠻，原因就出在他們所接觸到的英國人，都是一些粗鄙、目不識丁的海員和下層人士，他們還沒有見識過眞正受人尊敬的高雅紳士。就這點而言，斯當東認爲馬戛爾尼的出身、舉止與歷練，足以令他們對英國人的惡劣印象爲之改觀。

馬戛爾尼本人多才多藝，被認爲是那個時代的青年才俊，他是英國「文學俱樂部」（Literary Club）的會員。這個俱樂部成立於一七六四年，是由喬治三世的宮廷畫家、皇家美術學院首任院長雷諾茲所創立，與馬戛爾尼同時代的會員，還包括東方學家瓊斯（William Jones）、政治哲學家柏克、博物學家暨英國皇家學會主席班克斯、歷史學家吉朋（Edward Gibbon）、政治經濟學家亞當·斯密等等。可以說是所謂「知識貴族」（intellectual aristocracy）[10]的典型。馬戛爾尼除了富有人文涵養，還長年擔任公職，外交事務歷練豐富。他在俄國凱薩琳大帝（葉卡捷琳娜二世）的宮廷中，在西印度群島、愛爾蘭、印度屢建奇功。就是任職印度期間，馬戛爾尼和英屬東印度公司的經理們建立了良好的工作關係，並且受到英國首相皮特（William Pitt）的賞識，成爲率領使節團出使中國的絕佳人選。[11]

使節團副使斯當東具備優秀的外交能力，與馬戛爾尼關係深厚。斯當東擁有法國醫學研究員的證書，他曾在西印度群島的格林納達（Grenada）置產，並結識了新任總督馬戛爾尼，這是兩人友誼彌堅的起點。爾後，馬戛爾尼赴印度擔任馬德拉斯省（Madras）總督，斯當東也以祕書的身分隨行。後來，斯當東入選皇家學會，擅長植物研究的斯當東，也是「林奈學會」（Linnean Society）的會員。[12]隨行團員丁維提（James Dinwiddie）博士是天文學家，使節團總管巴羅（John Barrow）嫻熟天文、力學，威廉·亞歷山大（William Alexander）是著名畫家，在愛丁堡大學習醫的吉蘭（Hugh Gillan）則擔任隨團醫生。除此之外，使節團團員之中，還有機械師、鐘錶師、冶金學家、園藝和植物學家，人才濟濟，儼然就像是英國皇家學會的一支小分隊。

由於英國本地缺乏中國專家，所以馬戛爾尼先派遣還是祕書的斯當東前往歐洲大陸尋覓中國人，除對賀禮的籌備提供建議之外，也擔任使節團的翻譯。當時，歐洲的中國專家寥寥可數，中國人更是鳳毛麟角，要尋覓中國人或中國專家其實相當不容易。根據歷史學家奧斯特哈默（Jürgen Osterhammel）的說法，直到一八五一年都很難在倫敦看到中國人，以至於一個中國婦女和她的兩個孩子被當成「高貴野蠻人」做活標本展示，一次收費兩先令。[13]

1

2

3

馬戛爾尼使節團畫家威廉．亞歷山大出使中國留下的畫作

來源：

1、2

Wikimedia Commons

3

The Metropolitan Museum of Art

十八世紀的歐洲，唯有曾在中國傳教的義大利耶穌會傳教士馬國賢（Matteo Ripa）所創辦的「那不勒斯公學」（又稱「中華書院」），才可能找到知書達禮的中國人。斯當東經由巴黎來到義大利，透過英國駐那不勒斯公使漢彌爾頓爵士和當地人同庫納（Don Gaetano d'Ancora）的介紹與協助，在那不勒斯公學找到兩位中國青年李自標（Giaconmo Li）、柯孝宗（Paolo Ke）。[14]李、柯除依東方風格選定了贈送給中國皇帝和大臣們的禮物，提供寶貴、有益的意見，李自標更是全程擔任使節團的翻譯工作。（柯孝忠抵達澳門之後因擔心替外國人工作而罹罪上身，所以先行離開使節團。）

使節團的陣容十分浩大，承擔出使任務的成員總計有一百餘人，搭乘配備六十四門砲的英國皇家海軍「獅子號」（The Lion）、「印度斯坦號」（The Hindostan）和補給艦「豺狼號」（The Jackal），攜帶的禮物共裝成六百箱，泊靠天津後用了九十輛車、四十輛手推車、二百匹馬、三千苦力搬運進北京城。清廷方面對馬戛爾尼使節團攜帶的禮物相當重視，早在使節團泊靠天津之前便要求英方盡早提供禮物的清單，清單上除了羅列禮物的品名，並附加解釋說明。這份清單的開場白所強調的是國家之間的和睦交流，英國使節團「揀選數種本國著名器具，以表明西洋人格物窮理及其技藝，庶與天朝有裨使用，並有利益也」[15]；而不是禮物本身的鉅額價值。不過，在對禮物詳細說明時，使節團還是特別強調它們的巧奪天工和匠心獨運。

御前展示禮物

鑑於爲皇帝籌辦的禮物體積龐大，製作鬼斧神工，拼裝不易，根據馬戛爾尼估算，送給皇帝的禮物，若要一一裝配完好，大概需要花費六、七個禮拜的時間，[16]恐怕趕不上設宴熱河的皇帝壽辰。所以，馬戛爾尼與滿清官員經過幾番交涉，最後徵得清廷同意，除了攜帶部分禮物如大小槍、紅毛劍、千里鏡前往承德避暑山莊賀壽時當面進獻給乾隆皇帝之外，其餘細巧貴重又組裝複雜的禮物就安頓在圓明園內，並留下擅長科學實驗的丁維提博士和總管巴羅入住圓明園清廷安排的房子，督導安裝禮物，裝好之後就不再搬動，因爲這些代表歐洲高度技巧的東西，必須保持在最精準的狀態，才能發揮其應有功能。等到乾隆過完壽辰回鑾京城，再於御前操演展示給皇帝欣賞。

使節團籌辦的禮物當中，除瓷器之外，最讓馬戛爾尼引以爲傲的是「布蠟尼大利翁大架」，在進呈乾隆皇帝的禮物清單中，使節團還特別費一番筆墨描述：

〔它〕乃天上日月星宿及地球全圖。其上地球照依分量是極小的，所載日月星球同地球之像，俱自能行動，效法天地之運轉，十分相似。依天文地理規矩，何時應過日食、月食及星辰之愆，俱顯著於架上，並有年月日時之指引及時辰鐘，歷歷可觀。此件係通曉天文生多年用心推想而成，以古迄今所未有，巧妙獨絕，利益甚多，于西洋各國為上等器物……同此單相連，別的一樣稀見架子，名曰來復來柯督爾，能觀天上及至遠的星辰，運轉極為顯明，又能做所記的架子，名曰布蠟尼大利翁，此鏡規不是正看是偏看，是新法，名赫汁爾天文生所造的……[17]

乍看禮物清單上的「布蠟尼大利翁」、「來復來柯督爾」名稱，乾隆可能會覺得滿頭霧水，不知所云。[18]其實，「布蠟尼大利翁」是「planerarium」的音譯，就是演示天體運行的「天體儀」或「天體運行儀」，它是馬戛爾尼所進獻的儀器中體積最大、構造最爲複雜的一件，體現了當時英國天文科技的最新成就。馬戛爾尼曾寄予厚望，期待這件禮物能打動乾隆的心意。根據丁維提的說法，這件天文儀器是由符騰堡（Wurttemberg）工匠製造，英屬東印度公司以六百英鎊輾轉購得；然後，再耗費六五六．一三英鎊的鉅額工錢，交由倫敦蓓爾美爾街（Pall Mall）的著名鐘錶匠瓦里美（Francois-Justin Vulliamy）加以鍍金和裝飾琺瑯，並配上鳳梨和其他垂花圖案，來呈現濃濃的中國風情。所以，這件「布蠟尼大利翁」總價高達一二五六．一三英鎊。[19]套用當代學者說法，馬戛爾尼似乎認爲，「英國科學這帖猛藥必須包裹中國風情的糖衣，在科學方面尚且幼稚的中國觀眾才會覺得順口，被他們所接受。」[20]

「赫汁爾」其實就是德裔英國天文學家、前述月光社座上賓的赫歇爾（William Herschel），「來復來柯督爾」則是英文「reflector」的音譯，也就是赫歇爾製作的牛頓式反射望遠鏡。赫歇爾，漢諾威人，原本以音樂爲業，因躲避七年戰爭而逃亡英國。他熱愛天文學，自學成功。赫歇爾以他製作的牛頓式反射望遠鏡發現天王星和土星的兩顆衛星而聞名，並獲選爲皇家學會會員，是英王喬治三世在溫莎堡的御用天文學家（年薪二百英鎊[21]，對比之下，可見那架「布蠟尼大利翁」的造價有多麼昂貴）。赫歇爾後來和妹妹卡羅琳又製造了一架更大的牛頓式反射望遠鏡，焦距長達四十英尺，主鏡直徑四十八英寸，重量二千磅，這架牛頓式反射望遠鏡象徵整體英國天文學研究的水準。[22]

赫歇爾的牛頓式反射望遠鏡被列入禮品清單還有一段小插曲。使節團以科學儀器和工藝製品做爲進獻給中國皇帝和大臣們的禮物，目的是要讓他們感受到大英帝國輝煌的科學成就和精湛的工藝技術，馬戛爾尼不能讓事情節外生枝，損及他期待禮物的動人效果。當時，廣州是中外貿易的重鎮，許多西方儀器做爲商品流入中國，馬戛爾尼擔心，西方先進科學儀器如果「落入中國商人之手，並通過管道進獻給皇帝，可能會導致我們的好東西貶值，使之黯然失色」。[23]因此，馬戛爾尼一抵達廣州，馬上又添購了赫歇爾的牛頓式反射望遠鏡和帕克（William Parker）透鏡做爲禮物。

馬戛爾尼頗費一番心思安排禮物的展示位置，好讓乾隆回鑾觀賞儀器操演時可以盡收眼底：地球儀與渾天儀安置在正大光明殿大殿御座的兩側，折光鏡數面自天花板垂懸而下，各面折光鏡至殿頂中心，距離均爲相等。大殿北側安置行星儀一座，馬戛爾尼最爲重視的天體運行儀，也就是那座「布蠟尼大利翁」，連同風雨表、瑋緻活瓷器、瓷像、佛拉蘇（Fraser）七政儀[24]等，就陳列在大殿的南面。另外，配備一百一十門巨砲的英國戰艦「皇家君王號」（The Royal Sovereign）模型和六門小型加農砲，分別陳列在正大光明殿和長春園內的澹懷堂。[25]如果說馬戛爾尼使節團的成員好比是小型的英國皇家學會，英國使節團在圓明園內所陳列的禮物物件，或許讓觀者彷彿置身「萬國博覽會的未來英國館。這是一次西方工藝的非凡展示，尤其是英國在科學與技術方面的工藝成就。」[26]

馬戛爾尼要在乾隆御前操演科學儀器的想法，其實是十七、十八世紀英國獨特科學文化和知識觀的體現。科學史家謝平（Steven Shapin）和夏佛（Simon Schaffer）曾以波以耳與其英國皇家學會的同僚構建實驗發現「眞實」爲例，闡述十七世紀以來英國人的科學觀和眞理觀，他們認爲科學命題的眞理性部分有賴公眾參與的確證。誠如謝平和夏佛在他們有關英國實驗哲學的開創性著作中所說的，「『事實』是共有一種實踐經驗過程的結果，先向自己證實，再向其他人保證其信念是有充分根據的。」[27]所以，對當時的英國人來說，現代科學的事實、知識的眞理，既屬知識論領域，也是社會性範疇。

這種實驗主義、經驗主義的科學觀、眞理觀，強調來自不同群體的人自願作證，可以消除懷疑主義者所擔心個人感知所可能存在的偏見，同時唯有證人出於自願而非遭外力脅迫，以這種方式得到的共識結論才更具有驗證的效力。科學知識的可靠性有賴公眾的參與，而科學知識的公共性，使得科學家能夠驗證與辯論，經過公共的程序，才能爲科學知識奠定堅實的基礎。所以，十七世紀的英國科學家常常選擇在實驗室以外的公共空間，如咖啡館、沙龍、俱樂部和其他場所，向公眾展示他們的實驗成果，以強化這種科學知識的公共性。

寇文・威廉（Cowen Brian William）在他的著作《咖啡的社會生活：英國咖啡館的誕生》（*The Social Life of Coffee: The Emergence of the British Coffeehouse*）一書說道：「咖啡館爲志趣相投的學者提供了一個聚會的場所。他們在這裡閱讀、相互學習和辯論。」[28]當時許多著名的學者，都會到咖啡館和公眾進行交流，發表科學成果。例如英國皇家學會首任會長胡克（Robert Hooke）、同樣曾經擔任英國皇家學會會長的皮普斯（Samuel Pepys）、建築大師雷恩爵士（Sir Christopher Wren）、造船巨擘派特（Peter Pett）。麥克法蘭（Alan Macfarlane）談到十八世紀英國機械科學教育較歐洲其他國家更爲普及時，繪聲繪影說道：「一七四〇年代末之前，在一家倫敦咖啡館的系列講座中可能學到的應用機械學（applied mechanics），比在法國任何一家全日制學院（college de plein exercice）學到的都要多。」[29]英國這種實驗科學的公開展示，可以說是「公共利用理性」的典範，其間預設了參與者的理性溝通與交流。

這種理性溝通與交流或許正是馬戛爾尼此行特別期待想從乾隆和中國得到的。與馬戛爾尼同時代的英國官員、政治經濟學家和道德哲學家，都把商業和外交視爲兩種不同的跨國界交流，誠如何偉亞（James L. Hevia）所說的，「每一種交流形式都包含了談判。通過談判而達成的理性交換會產生『互利』。」[30]這種互惠互利的外交與商業談判，就是馬戛爾尼使節團中國之行的兩大目標。

送禮的歷史

對於禮物的選擇，馬戛爾尼顯然並未接納博爾頓的建議，主要還是挑選奢華的鐘錶、瓷器、天文儀器和科學設備，而不是物廉價美和實用性物品。從禮物清單的內容和寓意來看，英國使節團的想法，可以說是複製了明清時期耶穌會傳教士在華的傳教策略。[31]就像西洋傳教士期盼透過歐洲的藝術與科技敲開中國人接納、甚至擁抱基督信仰的心扉，英國使節團同樣冀望以英國精湛的工藝與科技，擴大英國商品在中國的市場。一六〇一年，萬曆二十九年，義大利籍耶穌會傳教士利瑪竇就是以西洋鐘錶為敲門磚，叩開了紫禁城的大門。[32]

耶穌會在華的傳教策略，強調循序漸進、寧缺勿濫，布道的對象首先在於贏得中國社會主流、文化菁英之士大夫階層的友誼和支持，藉由士大夫上層菁英風行草偃的力量，達到宣教的「滾雪球效應」。[33]誠如耶穌會創始人羅耀拉所說，「耶穌會愈是接近上層階級，愈能彰顯上帝的偉大榮耀。」於是，利瑪竇入華不久，便脫去僧袍、穿上儒服，把歸化信徒的對象指向士大夫。而為了接近士大夫階層，與他們論交，利瑪竇宣教的策略重點，就擺在勤勉學習儒家典籍，以書院講學的方式，隱藏宣道神父的身分，並透過士大夫所熟悉的儒家語言，詮釋基督教義，同時證明儒家思想與基督信仰彼此相通。另一方面，又以傳授歐洲數學、天文曆法、地圖等西學知識，吸引李之藻、楊庭筠、徐光啓等上層官紳的興趣，以適應中國本土主流文化的手段，達到「學術傳教」

的獨特路徑。[34]

利瑪竇認爲，要想使中國人皈依天主，就必須設法讓中國社會的最高統治者皇帝成爲教徒，利用皇帝的權威影響他的子民接受基督信仰。爲了實現這一傳教策略，他必須覲見中國皇帝；而向皇帝獻貢，幾乎就是當時洋人接近皇帝的唯一途徑。

於是，利瑪竇委託教友經由澳門打點貢品，透過天津稅監宦官馬堂的管道，以「大西洋陪臣」名義，向萬曆皇帝上呈題本，呈獻的貢品包括：三幅宗教畫，其一是玻璃盒中的基督三聯畫，其二是描繪聖母、聖嬰及施洗者約翰的畫像，其三是聖母與聖嬰圖像，這幅畫是傳播福音的聖路加（St. Luke）聖母像的複製品，原畫目前蒐藏在羅馬聖瑪利亞・梅傑教堂（St. Mary Major），廣受天主教徒的信仰；兩座自鳴鐘，一座是帶有重錘的大鐘、一座是較小的桌面座鐘，以發條驅動；一本鍍金的祈禱書；一部裝幀華麗、奧斯特留斯（A. Ortelius）的製圖學名著《地球大觀》（*Theatrum Orbis Terrarum*）。另外，還有稜鏡、沙漏、彩色腰帶、幾匹花布、歐洲銀幣、犀牛角（傳統中醫視爲珍貴藥材）、玻璃瓶和一張翼琴（原本利瑪竇還從澳門訂製了手風琴，但當琴製好送到南京時，利瑪竇已經啓程北上了）。[35]

萬曆皇帝起初對利瑪竇的奏疏並沒有特別注意，遲遲未有回音。在天津焦急等候的利瑪竇，這時又禍不單行，遭到覬覦貢品的太監馬堂軟禁。就在萬念俱灰，唯恐傳教事業毀於一旦，上帝終於回應了利瑪竇的誠摯禱告，事情的進展有了奇妙的轉機。根據利瑪竇轉述近侍太監的說法，有一天，萬曆皇帝突然莫名想起他看過一份奏疏，問起「那座自鳴鐘在哪裡？」這時，隨侍太監稟告皇帝原委，聖旨不久便傳抵天津，利瑪竇等一行人才獲得釋放，奉召入宮。[36]

利瑪竇進貢的宗教畫，風格寫實，栩栩如生，讓萬曆皇帝驚得目瞪口呆，連聲說道：「這眞是活神仙。」由於圖像逼眞，萬曆皇帝害怕不敢靠近，便把畫像送給篤信佛教的母后。沒見過歐洲畫作的皇太后，對畫中神像活生生的形態也感到不安，於是命人把圖畫收入庫藏裡。太監告訴神父們，皇帝還曾親自來向畫像致敬，命人焚香祭禱。

自文藝復興運動以來，圖像就是天主教在歐洲傳播的重要媒介，[37]在華的傳教士同樣把圖像傳播視爲重要的宣道工具。所以，中國最早自歐洲引進的藝術作品，就是歐洲的宗教畫作、插畫和版畫。一五七八年，一群西方方濟各會士在澳門登陸，他們帶來羅馬聖母教堂、由聖路加所創作聖母聖嬰畫像的複製品。當耶穌會傳教士在廣州附近的肇慶展示這幅聖母聖嬰畫像時，中國人往往把這幅畫作誤以爲是佛教的送子觀音像。（前述萬曆皇帝和篤信佛教的皇太后，或許就是把聖母聖嬰圖與送子觀音像混淆了。）

根據學者對中國人觀世音菩薩信仰的研究，做爲生育女神的「送子觀音」，其實是「白衣觀音」的一種變體，普遍受到中國文人與一般婦女的供奉。送子觀音像的造型，通常被視爲中國民間宗教藝術的代表，十七世紀福建德化生產的白瓷，常見以送子觀音爲題材，至今仍被廣爲蒐藏保存。[38]耶穌會爲了消弭這種誤解，就以救世主爲主題的畫像取代聖母聖嬰圖。這幅畫的畫面，顯示出耶穌的上半身，一手持圓球和十字架，一手正在祝福。這幅畫是那不勒斯的耶穌會士尼科洛（Giovanni Niccolo）的作品，一五八二年他與利瑪竇一起來到澳門。基於傳教的便利，尼科洛先後在澳門與日本的長崎、有馬兩地開辦繪畫學校，培養繪畫聖像的中、日畫家。其中以帶有中國血統的日本人倪雅谷（Jacques Neva）最爲著名，他曾爲北京教堂的主祭壇創作了一幅聖路加聖母像。另外一位是協助利瑪竇傳教的游文輝，有學者認爲，他所繪畫的利瑪竇像是現存最早由中國人創作的油畫肖像，這幅畫完成於利瑪竇去世之後，目前仍保存在羅馬的耶穌會堂。[39]

文藝復興時代歐洲的宗教畫作常令中國觀看者感到驚奇，例如萬曆皇帝和皇太后，不僅畫作的意象時常成爲中國人的話題，其逼眞的畫面表現也常常令中國人想要一窺箇中堂奧。中國人尤其對文藝復興時代歐洲繪畫講究光影變化、色彩濃淡、遠近比例的透視技巧印象深刻。利瑪竇本人對歐洲的繪畫技巧頗有自信，爲了方便傳教，利瑪竇不斷要求教會寄給他歐洲繪畫。利瑪竇評論說，中國人天賦雖高，但缺乏與外來文化交流，藝術還非常原始。「他們對於油畫藝術與利用透視作畫原理一無所知，結果作品更像是死的，而不像活的。」誠如中國十八世紀學者姜紹書在其著作《無聲詩史》的記載，「利瑪竇攜來西域天主像，乃女人抱一嬰兒，眉目衣紋，如明鏡涵影，踽踽欲動，其端嚴娟秀，中國畫工無措手。」[40]

利瑪竇進獻的貢品有一架西洋古鋼琴，即所謂的「楔槌鋼琴」，《續文獻通考》（卷一百二十）對利瑪竇所進獻的樂器有以下描述：「縱三尺，橫五尺，藏櫝中，弦七十二，以金、銀或煉鐵爲之，弦各有柱，端通於外，鼓其進而自應之。」萬曆皇帝對這架西琴頗感興趣，命四名宦官樂工向隨利瑪竇進京的年輕修士龐迪我（Diego Pantoja）學習演奏這架樂器。樂工必須時常回覆萬曆皇帝對樂曲的垂詢，利瑪竇於是譜寫了向皇帝解釋西洋樂曲意蘊的文字，即《西琴曲意》八章「道語」，內容多以宗教與道德爲主旨，陳述「人心如何趨向天主；青春的飄然逝去，直到我們有心過一種道德生活；天主如何賜予我們榮耀萬分……」。例如，第一章〈吾願在上〉：「……君子之知，知上帝者，君子之學，學上帝者，因以擇誨下衆也。上帝之心，惟多憐恤蒼生，少許霹靂商人，當使日月照，而照無私方矣！常使雨雪降，而降無私田矣！」[41]中國就像歐洲，宮廷風尚隨君主癖好而流行，總會成爲上流社會的時髦。利瑪竇的這篇《西琴曲意》由於受到萬曆皇帝青睞，一時之間，在京城裡洛陽紙貴，朝野官紳、文人雅士競相傳抄，對利瑪竇讚譽有加，這自然有益於利瑪竇對傳教事業的開拓。

四十年後，這架西洋古琴又在宮廷內庫中被找到了。崇禎皇帝或許是爲了排遣因國事蜩螗而鬱悶的心緒，想聽聽歐洲音樂，諭令傳召傳教士湯若望（Johann Adam Schall von Bell）和廣州人徐復元（教名 Christopher）修士進京修理這架西洋古琴。湯若望藉機向崇禎皇帝進獻了兩件天主教藝術品：一本篇幅一百五十頁、用羊皮紙繪畫的耶穌基督生活畫卷，以及一尊形象逼真、色彩鮮豔的三賢人蠟製雕像。湯若望進一步把第一件物品裝飾在圖書旁邊的福音文字翻譯成中文，用金字書寫在圖畫的背面。明朝滅亡後，一位離宮返鄉的宮女信徒，還向湯若望提到這兩件禮物給崇禎皇帝留下非常良好的印象。[42]

傳教士透過繪畫、古琴旁敲側擊間接向中國人傳達基督信仰的寓意，而機械鐘錶除了報時的功能之外，對歐洲的傳教士而言，同樣還有一種上帝創造、維持宇宙秩序的宗教隱喻。套用法國思想家伏爾泰的話，「鐘錶暗示有鐘錶匠存在。」[43]結果，這個至高無上的鐘錶技師，就如同萊布尼茲認爲的那個「《聖經》中安息日的上帝」，「完成了自己的工作，發現這個世界是一切可能世界中最好的，因此不用爲這個世界再做些什麼，或者在其中行動，而只是保持它，維護它的存在。」[44]

在機械論自然哲學初興的年代，歐洲人相信上帝是造物者，「在『世界時鐘』形成的時刻上緊其發條，之後就可以完美運行下去；這是對神的智慧的一種證言，因爲祂的創作是如此完美無瑕，以至於不需要多餘的修補或者管理。」[45]結果，宇宙被萊布尼茲、牛頓裝上發條，上帝成爲第一因鐘錶匠，宇宙就像是上帝所創造的一部完美機械，掌握鐘錶的機械結構與運作原理，就能讓人更充分領略上帝創造世界的巧思。耶穌會傳教士接受自然機械論的觀點，認爲當他們把機械鐘錶進獻給外國君王，便找到一條往權力層峰傳播聖教的捷徑。[46]利瑪竇進貢自鳴鐘給萬曆皇帝，可以說是延續這種自然哲學的理念，同時也是自鳴鐘爲利瑪竇的中國傳教事業創造了奇蹟。

利瑪竇進貢的大、小自鳴鐘，根據《續文獻通考》（卷一〇九）的描述，「大鐘鳴時，正午一擊，初未二擊，以到初子十二擊；正子一擊，初丑二擊，以到初午十二周。」而「小鐘明刻，一刻一擊，以至四刻四擊」。明朝時代的謝肇淛，在其《五雜俎》（卷二）提到利瑪竇所獻的自鳴鐘，「每遇一時則鳴，如是經歲無頃刻差訛」，並讚嘆其「亦神矣」。正是這樣鬼斧神工的奇器讓萬曆皇帝沉溺其中，誠如李瑪諾（Emmanuel Diaz Senior）神父所說，在他看來，「就是自鳴鐘確保了神父們在中國的地位」，奠定了傳教事業的基礎。[47]

當利瑪竇在天津等候時，做爲貢品已先行送至宮內的兩座自鳴鐘，小自鳴鐘還在走，大自鳴鐘因鐘擺走到底已經不能動了。逗樂了萬曆皇帝的自鳴鐘不再鳴響，他就像玩具被弄壞的小孩，迫不及待地命令欽天監的四名太監，限期三日修好自鳴鐘。根據傳授這四名太監調教自鳴鐘的利瑪竇的說法，他們努力學習，「終於掌握了調整時鐘的足夠知識，但唯恐有失，他們把講授的內容和時鐘的機械結構詳細記下來，因爲太監在皇帝面前犯了錯誤，性命難保……他們首先關心的問題是齒輪、發條和附件的漢語名稱。」[48]利瑪竇把這些名稱都告訴他們，因爲任何零件若不慎遺失，這些東西的名稱也會被全被忘記。另外，皇宮內沒有哪座宮殿有足夠的高度安放大自鳴鐘，使它的鐘擺可以下垂到控制齒輪的低度。於是，萬曆皇帝傳令工部，依據神父們繪製的圖樣，修建小型的木製鐘樓，其中有樓梯、窗戶、走廊，耗費巨資，裝飾得美輪美奐。

清代學者趙翼在他的《檐曝雜記》(卷二，「鐘表」）一書中指出，「自鳴鐘、時辰表皆來自西洋」，明朝末年，羅明堅（Michele Ruggieri）、利瑪竇等引進自鳴鐘之後，[49]中國開始製造機械鐘錶。到了清康熙年間，中國鐘錶製造逐漸興盛，不僅宮廷裡設置專門製造修理鐘錶的「自鳴鐘處」，廣州、福州以及長江下游的南京、蘇州、揚州等地，也紛紛興起機械鐘錶製造業。其中，尤以廣州通商口岸居中西貿易地利之便，成爲中國機械鐘錶的製造中心。乾隆年間，根據傳教士的報告，宮廷內「充斥鐘……錶、鐘樂器、發條自鳴鐘、風琴、地球儀以及各式各樣的天文鐘，總共有四千多件，都出自巴黎和倫敦的名工巧匠之手」。[50] 對以蒐藏自鳴鐘爲樂的現象，淸宗室昭槤不無憂心地在《嘯亭續錄》（卷三，「自鳴鐘」）書中提到，「自鳴鐘來自粵東，士大夫爭購，家置一座，以爲玩具。」自鳴鐘錶在士大夫之間的流行，反映了淸初上流社會的品味愛好，同時也是一種社會地位的象徵，像《紅樓夢》也有涉及鐘錶的情節，小說中描述賈家因擁有機械鐘錶而強化了他們的上流地位。[51]

馬戛爾尼以及使節團的團員如斯當東、巴羅在他們各自的回憶錄裡，不約而同都提到在正大光明殿內御座附近的角落，看見英國生產的報時鐘擺設，這座報時鐘是十七世紀倫敦里登哈爾街（Leaden Hall）「喬治・克拉克鐘錶店」所製作，能夠輪流奏出十二首曲子，其中包括蓋伊（John Gay）創作的《乞丐歌劇》（*The Beggar's Opera*）樂曲，[52] 都是英國當時流行的音樂。巴羅在他的回憶錄嗤之以鼻地諷刺說，圓明園內的老太監甚至還「厚著臉皮」告訴使節團，這座報時鐘是中國人製作的。[53]

老太監蒙昧，但這並不表示大淸國對英國與英國人一無所知，從乾隆諭令編纂的《皇淸職貢圖》[54] 來看，淸廷其實在十八世紀中葉便知道英國與英國人的存在。不過，文獻中大淸國對英國人的認識實在太過浮泛，甚至還出現謬誤，錯把英國人與荷蘭人混爲一談：「英吉利亦荷蘭屬國，

《皇淸職貢圖》中的英國人畫像

來源：Wikimedia Commons

夷人服飾相似，國頗富。男子多著哆囉絨，喜飲酒。婦人未婚時，束腰欲其纖細，披髮垂肩，短衣重裙，出行則加大衣，以金縷合貯鼻烟自隨。」[55]馬戛爾尼使華的年代，誠如後敍，藉由西洋傳教士的居間媒介，包括英國在內，整個歐洲正籠罩在濃烈的「中國風」潮流，對中國典章制度、道德文化推崇備至。然而，正是透過對物的親身接觸，英國人似乎已經隱隱約約感受到中國風的虛有其表，大清王朝做爲「中央王國」的地位恐怕只是一種迷思。巴羅本人，以及馬戛爾尼、斯當東等，爾後返回歐洲，都把他們在中國的所見所聞，形諸文字，付梓出版，揭露中國的眞實面貌，從而對中國在歐洲的形象由正轉負，發揮了推波助瀾的效果。

第四章　歐洲的時尚中國風

時尚在限制中顯現特殊魅力，它具有開始與結束同時發生的魅力，新奇的同時，也是剎那間的魅惑。

齊美爾，〈時尚的哲學〉

歐洲洛可可（Rococo）[1]中國風

英國盤算藉由賀壽的名義覲見中國皇帝，直接商議改善英商在中國的貿易制度，以平衡英國對華的嚴重貿易失衡。然而，對英國商人而言，解決嚴重貿易失衡的問題，不僅在於中國調整其應對洋商的貿易管制政策，另外也必須與瀰漫歐洲的中國風潮流相抗衡。

利瑪竇藉由獻鐘敲開了紫禁城的大門，他雖然並未眞正與久未上朝的萬曆皇帝謀面，僅僅只是跟著朝貢團對著皇帝的御座下跪叩頭，但踵繼利瑪竇之後抵達中國的西洋傳教士，大體上還是依循利瑪竇的傳教策略，也就是「利瑪竇規矩」，爲傳教事業奠定基礎。

洋傳教士意識到爲求方便傳教，他們必須先認識中國文化傳統，介入中國人相關問題的對話，找到中國文化與基督信仰的共同基礎；他們鑽研中國思想，傳回歐洲大量報告、書信、回憶錄以及有關儒家思想典籍的翻譯，讓歐洲人有系統地「認識」（或者「曲解」）中國的社會與文化傳統。[2]另一方面，為了讓中國人接納他們的教義，他們也把大量的歐洲科學知識和儀器帶進中國，促成中國對歐洲科學的接納。[3]結果，出乎意料的，西洋傳教士超越了原本肩負的宗教使命，又同時扮演了漢學家、語言學家、人類學家、翻譯家、外交官、中國通、文化工作者，體現出所謂「文化翻譯」（cultural translation）[4]的功能。

正是以傳教士、特別是耶穌會的傳教士，自從文藝復興運動時代以來，扮演了東西方文化交流的橋梁角色，推動歐洲的「中國風」藝術風格，也就是把中國風格與元素注入到傢俱、瓷器、林園、居家生活設計的種種奇思妙想。這股流行時尚一直延續到十九世紀末仍然層出不窮、歷久不衰。[5]耶穌會傳教士做為傳播歐洲中國風藝術風格的媒介角色，具體體現在這件名為〈天文學家〉（The Astronomer）的中國風掛毯。

在這幅中國風掛毯中，奇妙的敘事圖案所顯示的北京傳教士，極有可能是湯若望（Schall von Bell）和南懷仁（Ferdinand Verbiest），而一同出現的人物普遍被認為是康熙皇帝。畫面中，這群人正在檢查天文儀器，有個地球儀放置在雅致的花園涼亭中，背景可以看到包括寶塔在內的許多建築物。歐洲的觀看者自然能夠瞭解這幅掛毯圖案的敘事涵義：要讓這個帝國皈依基督的信仰，全得仰仗皇帝的善意和積極支持。耶穌會傳教士適時以皇帝寵臣的身分融入了畫面中的場景。耶穌

「中國皇帝的生活」系列掛毯

來源：J. Paul Getty Museum

〈天文學家〉掛毯

維爾南薩勒、蒙諾耶、豐特奈，〈覲見中國皇帝〉掛毯　來源：The Metropolitan Museum of Art

會傳教士身穿朝服，敍事的主題——衆人正在小心翼翼地檢視科學儀器，這些科學儀器都是依據實際的模式繪製。任何歐洲的觀看者一眼就可以認出人物位階的高低，康熙個人所散發出莊嚴威儀的氣息，以及種種充滿異國風情的「中國風」（Chinoiserie）物品：涼亭頂上的鳥、周遭陌生又令人印象深刻的建築物。這掛毯的畫面呈現出中國朝廷生活討喜的景象，同時也傳達了耶穌會傳教士支持羅馬教廷意圖皈依清帝國的重要性。這幅中國風掛毯，一目瞭然展示了歐洲傳教士在中國由上而下風行草偃與以天文科技爲工具的傳教策略。

〈天文學家〉中國風掛毯是在著名的博韋掛毯廠（Beauvais Tapestry Factory）織成，是屬於由維爾南薩勒（Guy-Louis Vernansal）、蒙諾耶（Jean-Baptiste Monnoyer）和其女婿豐特奈（Jean-Baptiste Belin de Fontenay）所共同參與設計、題爲「中國皇帝的生活」（The Life of the Emperor of China）系列中國風掛毯之一。在這一系列掛毯當中，另外還有〈覲見中國皇帝〉（Audience of the Emperor of China）的掛毯十分受到歡迎，曾經被多次複製。這系列掛毯的設計和細節都是典型的洛可可風格，反映出十八世紀法國對東方異國情趣的想像。[6]

著名的藝術家布歇（Francois Boucher）也爲博韋掛毯廠設計另一版本的〈覲見中國皇帝〉中國風掛毯。比較前後兩個版本可以發現，前一個版本中所覲見的可能是印度君王，他頭上的華蓋像是摩爾式的、也像是哥德式的，寶座後方還有一隻大象。對比這個版本所呈現出宮廷的富麗堂皇，布歇的版本所展示的反而是一種田園般的詩意。

布歐設計的中國風作品不單僅有掛毯，他也創作油畫，並爲諾維爾（Jean-Georges Noverre）的芭蕾舞劇《中國節慶》（*Les Fêtes chinoises*）設計舞臺。布歐的中國風構圖主要是參考當時人在北京的耶穌會藝術家王致誠（Jean-Denis Attiret）[7]寄自中國的畫稿，儘管如此，他的創作只是借鑒其中服裝和配飾的一些細節，大體上是他的想像。他的中國風沒有過去的莊重神祕感，流露出是一種輕快淫逸的氣氛。這種異國情調雖然讓人愉悅，但顯然與中國並不相干。法王路易十五曾把布歐設計的這組掛毯送給乾隆皇帝，乾隆皇帝將其安置在帶有濃厚歐洲林園風格的圓明園內，和路易十四、諸位羅馬教皇、歐洲各國統治者所送的禮物收藏在一起。藝術史學者昂納（Hugh Honour）有些啼笑皆非地描述說，對於勾勒他生活其中的世界，乾隆皇帝可能會認爲這些掛毯所呈現的是凡爾賽的宮廷景象，與他的生活世界一點也不相似。而路易十五爲何會選這類有問題的禮物？他究竟是怎麼想的，也實在令人摸不著頭緒。日後，布歐的博韋中式掛毯組連同衆多其他的外交禮物，毀於第二次鴉片戰爭期間洗劫圓明園的英法聯軍。[8]

十八世紀的法國，除了布歐，還有華鐸（Jean-Antoine Watteau）、于埃（Christophe Huet）、皮耶芒（Jean-Baptiste Pillement）等才華傑出的藝術家，影響了巴黎、乃至於全歐洲的中國風設計。這種設計風格，出現在化裝舞會、室內設計、傢俱、瓷器、林園、建築、雕塑等，無不散發出「魅惑優雅」和「精巧的驕奢淫逸」氛圍。

中國風在歐陸的盛行，另外還得歸因衆多歐洲思想家對中國的憧憬與嚮往。馬勒伯朗士

布歐，〈覲見中國皇帝〉掛毯（局部）
來源：Wikimedia Commons

布歐〈覲見中國皇帝〉版畫　　來源：The Metropolitan Museum of Art

布歇的中國風油畫　　來源：（上）WikiArt；（下）Web Gallery of Art

（Nicolas de Malebranche）、沃爾夫（Christian Wolff）、萊布尼茲、伏爾泰、狄德羅、魁奈（François Quesnay）等思想家，迷戀中國的哲學思想、傳統文化、官僚體系、教育制度等，並推崇孔子的理性主義以抗衡教會的迷信權威，以東方中國爲鏡像，審視、糾正自身的謬誤。中國成爲歐洲重整道德秩序，重建政治制度的典範。法國中國風藝術家最重要的贊助者蓬巴杜夫人（Madame de Pompadour）是魁奈的密友，就是在魁奈的建議下，蓬巴杜夫人成功說服路易十五模仿中國皇帝的做法，在春耕時親自扶一回犁柄。[9]

英國的中式林園

馬戛爾尼的家鄉並未同享歐陸啓蒙思想家對中國典範的深度激情，英國人對中國的神往，主要表現在當時英國文化與藝術領域所掀起的「中國風」潮流，錢伯斯（William Chambers）正是英國這股中國風潮流的代表。

活躍於十八世紀的英國建築家、林園、家飾設計家錢伯斯，早年任職瑞典東印度公司，曾隨商船兩度造訪廣州，採擷中國建築與林園設計的風貌，出版了影響歐洲林園設計觀念的《東方造園論》一書。[10]在書中，錢伯斯強調中國林園設計「對比、變化、驚奇」的美學體驗，以更自然、更自由、「灑落偉奇」（sharawadgi，**意指巧妙的雜亂無章**）[11]的風格，破除了占據啓蒙運動時代主導地位所強調拘謹、工整的建築理念，以及中規中矩、幾何造型的林園設計。對於像利奇溫（Adolf Reichwein）這樣的歷史學家，錢伯斯的林園設計新時尚，所蘊含的不僅僅只是林園設計觀念的轉變，而且，還是一種「劃時代觀念的鉅變，象徵由奧古斯都時代的古典對稱、平衡觀念，向浪漫主義時代更爲解放、更富想像、更強調自然生成的觀念的巨大轉折」。[12]

事實上，直到二十世紀初，還可以在英國的文學作品中讀到這種中國式的林園和建築。維吉尼亞．吳爾芙（Virginia Woolf）的小說《邱園紀事》（*Kew Gardens*），有一段文字刻劃七月午後的邱園景致，字裡行間雜揉濃郁的中國元素：茶、蘭花、白鶴、寶塔、丹頂鶴：

「喝茶的地方在哪？」她問話的口氣激動得很古怪，含含糊糊四處張望，順著草徑走去，陽傘拖在背後。她這邊看看，那邊瞧瞧，把她的茶都忘了，只想先到這裡，再到那邊，僅記得野花叢間有蘭花、白鶴，以及一座中國式寶塔和一隻丹頂鶴。[13]

維吉尼亞．吳爾芙小說中提到的「邱園」，就是十八世紀威爾斯親王、弗德烈克王子（Prince Frederick, Prince of Wales）與奧古斯塔王妃（Princess Augusta）所擁有的皇家林園。錢伯斯當年曾受僱於親王與王妃參與這座林園的設計，小說中的寶塔建築，就是錢伯斯最成功、最負盛名的中式建築代表作，至今依然屹立在倫敦的邱園。錢伯斯爲邱園設計的中英混搭風格和中式建築，帶動了十八世紀東方風格、尤其是寶塔和圓形建築的流行時尚。邱園的設計，表明了在馬戛爾尼啓程出

華鐸的中國風油畫

來源：Web Gallery of Art

皮耶芒的中國風裝飾畫

來源：The Metropolitan Museum of Art

于埃的中國風裝飾畫
來源：The Metropolitan Museum of Art

使中國的前四十年，英國人就已經關注中國的藝術元素了。[14]

有學者評論，從建築史的角度來看，錢伯斯的主要貢獻，倒不是他匠心獨運的創造天分，而在於他是一位擅長媒介、綜合異國理念的大師，他的一生都在致力於從事這種「文化翻譯」的工作。大衛．波特（David Porter）強調，《東方造園論》以及由此衍生的林園風格，其實是一種跨文化翻譯的實踐，對這部著作及其影響的解讀，重點不僅僅在於它「精準刻劃『真實的』中國實踐，同樣至關重要的，還有它是一種有關中國差異性之主觀體驗的敍事圖示」。[15]錢伯斯挪用了中國的林園設計與藝術，又在這過程中把中國的元素與風格融入歐洲林園體驗的美學，模糊化中國的指涉與痕跡，豐富了自己的林園設計理念。像這種英、中文化遭遇的表現方法，還體現在英國持久不衰的「青柳式」瓷器。

青柳式瓷器

十八世紀席捲英國市場的中國產品，除了上一章提到的茶葉，還有就是中國瓷器。英國陶匠雖然在十八世紀八〇年代成功燒製出與中國類似質地的瓷器，但仍然很難與從廣州進口的中國瓷器匹敵。面對既要在本地市場尋找商業利基，又要和進口自中國的瓷器競爭，英國陶匠於是順應這股中國風瓷器的品味，大量仿製帶有中國風格的山水畫，運用「轉印」的新技術，把中國風格的風景構圖燒製在各式各樣的瓷器上，其中尤以「青柳式」（Willow Pattern）圖繪最受英國消費者的青睞。

至今我們仍無法確定這種「青柳式」構圖的起源，但通常認爲不是出自「考利工坊」（Caughley Factory）的特納（Thomas Turner），就是曾受僱於考利工坊的明頓（Thomas Minton）。[16] 由於當時設計圖案並未受到專利權保護，所以設計師或者工坊之間經常相互抄襲，很難確切考證出誰才是原始創作者，但學界普遍認定「青柳式」瓷器最早是由考利工坊燒製的。這種模仿中國山水的「青柳式」瓷器，其實有許多不同版本，構圖的模式也不一，不過主要元素有：中間一株垂柳，右側豎立一幢中式閣樓，閣樓旁邊有一小建築物和幾株樹。前方通常可見到圍籬。柳樹下方有座橋，橋上三個人，正走向前方的小涼亭；隱約可以看見其中一個人拿著工具，一個人拿著盒子，一個拿著皮鞭。橋的上方有隻扁舟，船夫正向右方划行。扁舟後邊有座小島，島上有一或兩間房舍。通常會有兩隻鴿子飛越圖面的中央。[17]

英國製青柳式瓷器還缺乏一個可以與自中國進口瓷器競爭的條件，亦卽爲其增添中國瓷器那種神祕而浪漫的東方情調。爲了彌補其中異國風情的闕如，英國製青柳式瓷器的構圖，逐漸衍化出各種虛構的中國傳奇，其中最著名的是千金小姐孔茜與家裡年輕帳房張生的戀情故事，這對苦命情人反抗父親包辦婚姻，最後殉情化爲愛情鳥，情節類似中國人家喻戶曉的梁山伯與祝英台故事。[18]

日後，在英國，這則故事還推陳出新有了不同的形式，如童謠、兒童故事，甚至還演繹出戲

畫中的寶塔即錢伯斯爲英國皇家園林「邱園」設計的中式建築
來源：The Metropolitan Museum of Art

「邱園」寶塔實體　　來源：Wikimedia Commons

青柳式瓷器

Koong-Shee, fell in love with her father's secretary, Chang, who was a poor man. But the father of Koong-Shee wanted her to marry a rich man, and because she would not give up Chang
away. They had to cross the bridge to get out of the garden, and as they were half-way across Koong-Shee's father saw them, and hurried after them. Koong-Shee went first with her
Two pigeons flying high,
Chinese vessel sailing by,
Weeping willow hanging o'er,
Bridge with three men, if not four.
Chinese temple, here it stands,
Seem's to cover all the land,
Apple tree with apples on,
A pretty fence to end my song.

青柳式圖繪

來源：Wikimedia Commons

劇版本。根據學者派翠西亞．勞倫斯（Patricia Laurence）的記述，十九世紀中葉，在利物浦威爾斯王子劇院（Prince of Wales Theater）演出的《青柳瓷盤之中國狂想》（*An Original Chinese Extravaganza Entitled The Willow Pattern*），即改編自孔茜與張生的故事，演員就在巨大的青柳式瓷盤背景前表演這齣詼諧劇。劇中的角色有傾城閨秀和文書公子，他們反抗老父安排的婚事而逃跑。另外，還有幫助小姐出逃的丫環、追捕這對年輕情侶的捕快，以及一位法術高強的神祕道士。故事的地點發生在「中國某地」，時間是「很久以前」。[19] 孔茜與張生的故事後來還隨著英國青柳式瓷器出口，飄洋過海來到美洲新大陸，演變成美國媽媽朗誦給孩子聽的詩歌：

媽媽講一個古老的故事：
在一個黃金成堆的國家，
有一位富有的員外，
還有美麗的孔茜，善良的張生
他們苦苦相戀，躲進茅屋，
私奔到一座美麗的小島上。
狠心的父親追到那裡，
要把絕望的戀人傷害。

老天救了可憐的人兒，
孔茜和張生變成美麗的小鳥。[20]

對美國消費者來說，青柳式瓷器就是中國。設計是中國風格，故事內容是中國傳奇，青柳式構圖及其傳說的疊加，掩飾了這種瓷器的源頭，而這正是英國燒製廠所希望的。許多美國人都相信這則故事的眞實性，他們在餐桌上講述這則故事，給平日菜餚注入了中國傳奇色彩做爲佐料，細細咀嚼品嘗異域的風味。

青柳式瓷器就像是人類學家所說「商品在地化」的過程，通過這一過程，進口產品的意義被重構，與其進入之地的文化保持一致；另一方面，依附於進口產品的原產地意義，在它們被進口之後還依然存在，並增強了它們的吸引力。[21]套用科普托夫（Igor Kopytoff）的概念，青柳式瓷器在英國生產與發展的歷史，彷彿是一種「物的文化傳記」（the cultural biography of things），透過這種「物的文化傳記」，使原本曖昧不清的東西浮現，展現出豐富的文化訊息，其中，「和接受外來思想一樣，接受外來物品過程中，重要的不是它們被接納的事實，而是它們被文化重新界定並投入到使用中去的方法。」[22]

青柳式瓷器在中、英文化張力之中成爲一道無聲背景，承載了兩國文化與商業交流的歷史，蘊含著英國人對中國青花瓷幽微的迷戀；「考利工坊」的能工巧匠生產加工，將各種中國元素點滴拼貼，最終「製造」(Manufacture)[23]出「屬於他們自己」的東方中國。直到十九世紀末，我們還可以在惠斯勒（James McNeill Whistler）的現代主義印象派畫作中驚鴻一瞥青花瓷的身影。青花瓷與青花瓷上的圖案畫像，正是西方觀看者建構自我與中國之差異性，辨識、認知「中國性」的重要來源，化身成爲一扇觀看的「中國之窗」。

追尋瓷器的奧祕

歐洲人迷戀、追捧中國瓷器，除中國風的潮流影響，還有中國瓷器做爲一種進口的奢侈品，代表尊貴的身分地位。中國瓷器工業技術精湛，歐洲人始

惠斯勒，〈瓷國公主〉

來源：Wikimedia Commons

惠斯勒，〈紫色與玫瑰色：六字款瓷器上的修長仕女〉

來源：Wikimedia Commons

終無法燒製出可以同中國瓷器品質比肩的硬質「眞瓷」，[24]所以歐洲各國一方面苦思破解中國瓷器燒製的祕方，另一方面則自行研發燒製的工法。

然而，歐洲人殫精竭慮苦思掌握眞瓷的製造工法，除了追求地位和利潤之外，也涉及了當時的貿易爭論，尤其是各國普遍採取重商主義（mercantilism）思維和策略，歐洲海上強權葡萄牙、西班牙、荷蘭、英、法的相繼崛起，促進貿易制度的創新，並輸出成品以交換原物料，如棉花、巧克力、糖、香辛料、菸草、毛皮、稀有金屬和其他殖民地商品，但在這種以歐洲爲中心的商業星系中，中國與日本則是自成體系，特別是到了乾隆年間清中國局限廣州一口通商，德川日本實施鎖國政策，歐洲與中國、日本的瓷器貿易愈發困難。隨著歐洲海上霸權國家貿易胃納日漸擴大，但明清時代中國因軍事或政治因素導致貿易港口卻反而萎縮。歐洲霸權國家對於這種困境一籌莫展。歐洲霸權國家無法像征服中南美洲古文明一樣用武力討伐國勢鼎盛的「中央王國」，想要協商談判，卻又總是被拒於門外，中國自外於歐洲中心的體系之外，怡然自得地處在一種當代所謂的「例外主義」（exceptionalism）狀態。

所以，歐洲人尋求破解燒製瓷器，動機不僅止於事業心的啓迪和國家工藝技術的榮耀，另外還有爲經濟窘境所迫的原因。歐洲自東方大量進口瓷器之後，結果可能導致國庫金銀枯竭，所以，自行研發燒製工法在本地生產卽是一種防止國庫空虛的治本之道。

根據歷史記載，《馬可波羅遊記》可能是歐洲最早報導中國瓷器燒製方法的文獻。馬可波羅來到刺桐城（泉州），在附近的「Tiunguy」（汀州或德化）處處可見製作瓷碗、瓷盤等器皿，當地人告訴他製造的方法：「先在石礦取一種土，曝之風雨太陽之下三、四十年。此土在此時間中成爲細土，然後可造上述器皿，上加以色，隨意所欲，旋置窯燒之。先人積土，子侄可用。」[25]

馬可波羅對中國瓷器製造方法的描述太過泛泛，其實對歐洲工匠了無幫助。同時，相對於中國瓷器的珍貴質地，外型優雅古樸的器皿，馬可波羅的記載又顯得不夠浪漫。爾後，歐洲人又在馬可波羅平淡無奇的記載加油添醋，增附許多奇說異談。譬如，斷言中國瓷器是以蛋殼、龍蝦殼做爲製作的原料，甚至聲稱中國瓷器具有排毒的功效。[26]

在歐洲，最早嘗試生產陶瓷的也是義大利人。事實上，這一結果並不意外。誠如前述，自文藝復興時代以來，由於傳教士做爲東西文化交流的主要媒介，羅馬便成爲當時歐洲的漢學研究重鎮和中國風潮流的發源地。大約在一五七五年，佛羅倫斯大公弗朗切斯柯．美第奇（Francesco Maria de' Medici）在自家開辦的工坊燒製歐洲第一批「原始瓷器」，即當今所通稱的「美第奇瓷」。

美第奇是中世紀義大利半島、甚至是全歐洲馳名的權貴家族，這個家族靠著金融事業發跡，在他們實際統治佛羅倫斯的二百年間，出過三任主教，兩位法國皇后。這個富可敵國的家族，也是義大利文藝復興運動的重要推手，舉足輕重的收藏家，歷代主人都熱愛文學、藝術，大力贊助藝術家、文學家、科學家，達文西、米開朗基羅、拉斐爾、伽利略無不與這個家族關係密切。或許，我們不能說沒有美第奇家族就沒有義大利文藝復興運動，但沒有美第奇家族，義大利文藝復興運動絕不會以我們所熟悉的面貌呈現。

然而，到了弗朗切斯柯這一代，美第奇家族的力量已見頹勢，時人對他充滿負面評價，說弗朗切斯柯「不負責任，任性妄為，沉默孤僻」，「沒有什麼可被稱讚的」，是個「不值得尊敬的人」。連他嗜好科學實驗，也沒有為他贏得眾人的讚譽，反而遭繪聲繪影誹謗，說他「整天鎖在嘈雜的研究室裡研製毒藥，供女巫比安卡使用」。弗朗切斯柯其實把大部分的時間都花在化學實驗，研究煉金術、熔煉、吹製玻璃，發明切割水晶的方法。[27]弗朗切斯柯工坊生產陶瓷所用的配方：包括沙子、玻璃、水晶石、法恩札（Faenza）白土和威欽察（Vicenza）白黏土，加上錫鉛溶劑。所形成的胎體是類似炻器那樣的淺黃色，有時候則呈現灰白色，這是由於含有氧化錫的白釉覆蓋的緣故。[28]

弗朗切斯柯工坊的生產規模不大，大公本人並沒有商業野心，他之所以陳列自家工坊燒製的陶瓷，目的純粹就是為了要榮耀美第奇家族。目前流傳在世、可以識別出來的四十幾件美第奇瓷，評論家認為釉面模糊、甚至有細微的泡，不過要比當時義大利生產的花飾陶器，更精美許多。同時，還可以發現，這批少量的美第奇瓷，設計深受中國瓷器的影響，大多採取明嘉靖、萬曆年間常見的白底青花圖案。

弗朗切斯柯工坊在他去世之後就倒閉了，但歐洲人還是繼續追尋東方瓷器的奧祕。法、荷蘭、英等國的陶匠從未停止試驗，一心一意想要找出製造真瓷的工序，直到十八世紀，歐洲各國依然只能做出軟質瓷，還無法破解硬質瓷工法的祕方。他們或者自行研發，或者設法從中國取得情報。

美第奇瓷

來源：J. Paul Getty Museum

十八世紀初，在景德鎮布道的法國耶穌會傳教士殷弘緒（François Xavier d'Entrecolles）寄自中國的兩封信，詳細介紹了景德鎮瓷窯的生產流程，在亟欲瞭解、破解中國瓷器燒製工序的歐洲陶匠之間引起相當大的震撼。[29]歷史學家艾茲赫德（S. A. M. Adshead）甚至認爲，正是殷弘緒這兩封信所披露的中國瓷器技術，促成了瑋緻活所領導的英國瓷器製造業飛躍成長。[30]

根據殷弘緒的自述，他一方面親身觀察，一方面從在景德鎮從事生產和銷售瓷器的基督徒口中獲取資訊，還閱讀相關的中國典籍，自認已經「對這門技藝有了全方位、相當準確的瞭解」。殷弘緒引用地方史料《浮梁縣志》，介紹景德鎮的自然景觀、歷史沿革、風土民情、社會經濟條件。殷弘緒還澄清「Porcelain」（瓷器）這個詞並不是如某些法國人所誤解的是漢語，他猜測這個詞大概是出自葡萄牙文的「Porcellana」（指杯子或碗）。其實，殷弘緒的猜測是錯誤的，歐洲最早使用「Porcelain」這個詞的是前述的馬可波羅。在亞里斯多德時代，「Porcelain」一詞意指貝殼，馬可波羅在遊記裡提到他在德化看到當地燒製的精美瓷器呈半透明狀，宛如貝殼晶瑩剔透，以爲是用貝殼磨粉製造的，所以稱呼它們「Porcelain」。爾後歐洲人就用「Porcelain」泛稱中國瓷器。

最重要的是，殷弘緒明確指出中國瓷器所使用的原料：白不（墩）子和高嶺土，景德鎮本身並不出產，主要是透過河船自祁門運來。隨後，殷弘緒鉅細靡遺解說製備白不子和高嶺土的工序、配方的比例、如何讓陶瓷成型、如何製造陶瓷模具、如何調製釉彩並在陶瓷上色、中國瓷窯的結構和窯場工作的分工流程、瓷器的外銷和暢銷式樣、窯業廢渣的處理等。亞當．斯密在《國富論》（*The Wealth of Nations*）一書中開宗明義卽以大頭釘廠爲例，強調勞動分工對提高生產力、完善生產技能的重要性。事實上，景德鎮本身瓷器燒製的分工流程，卽符合亞當．斯密在《國富論》的分析。殷弘緒提到景德鎮的黏土、瓷釉時說，「在工場裡繪畫工序分工合作，一個畫工在器口畫上色圈，另一個畫上花朵，由第三個上色；這個人畫山水，那個人畫鳥獸。」

在得知這封信被編入《耶穌會士中國書簡集》，殷弘緒意猶未盡，十年後，又從景德鎮寄了一封信到巴黎，對中國瓷器的原料和上釉等工法，再進行補充說明。殷弘緒對中國瓷器燒製工序的介紹，相當詳細，可以說已經達到「商業間諜」的程度。

在十七世紀與十八世紀之交，整個歐洲都在尋找製造眞瓷的奧祕。殷弘緒雖然披露了中國瓷器的原料和製造工序，但法國還是直到十八世紀末在里摩日（Limoges）發現高嶺土，才開始製造硬質瓷。歷史學家普遍認爲，在歐洲，揭開眞瓷奧祕，主要歸功於三個人：雀恩豪斯（Ehrenfried Walther von Tschirnhaus）、神聖羅馬帝國薩克森（Sachsen）選帝侯及波蘭國王奧古斯特二世（Augustus II）、波特格（Johann Friedrich Böttger）。[31]

雀恩豪斯是德國的數學家、物理學家、哲學家，他成功製造出一種所謂的「蠟瓷」器皿，並遊說奧古斯特二世設立瓷器廠。奧古斯特二世愛瓷成癡，是歷史上有名的「瓷器病」重度患者，他曾以一營六百名龍騎兵（Dragoon）和普魯士的腓特烈・威廉一世（Frederick William I）交換幾件景德鎮製造的花瓶。並且設計興建一座規模雄偉的「日本宮」（Japanisches Palais），以陳列他所蒐藏的中國和日本瓷器。這位好大喜功的「強力王」，集美德與惡習於一身，貪婪地追求錦衣玉食、聲色犬馬，薩克森的財政自然捉襟見肘。當時瓷器價格昂貴，若能成功研發瓷器製造的方法，設立瓷器廠大量生產並商業化，一來既滿足自己的嗜好和虛榮感，二來又可解決財政困窘的難題。於是，奧古斯特二世決定出資支持化學家雀恩豪斯。

然而，雀恩豪斯始終無法找到製造瓷器的祕方和工法，直到波特格加入他的實驗。波特格是個藥房學徒，以煉金術聞名，盛傳希臘修道士給他紅色藥酒，使他能夠製造黃金。[32]他的煉金術實驗，不僅連上知天文、下知地理的萊布尼茲都感到好奇，而且消息也傳到腓特烈・威廉一世耳中。爲了躲避腓特烈・威廉一世的追拿，波特格逃到薩克森，反而落到正在爲財政短絀發愁的奧古斯特二世手裡。奧古斯特二世妄想波特格的「紅色藥酒」可以一勞永逸解決他的財務問題，把波特格拘禁在德勒斯登（Dresden）嚴加看管。波特格不堪忍受，一度逃跑，結果徒勞無功，又被捉回去。最後，在雀恩豪斯的監督下，兩個人一起從事實驗，尋找瓷器的配方。一七〇七年，雀恩豪斯和波特格成功製造出一種紅色炻器，稱作「碧玉瓷」（Jaspis porzellan），這項成果雖然具有鼓舞性，但「碧玉瓷」終究還不是眞正的瓷器，當時荷蘭人和英國人已經有能力製造這種東西。隔年，就在雀恩豪斯過世的六個月前，他們兩人才成功做出歐洲的硬質瓷。

隨後，奧古斯特二世頒布命令將瓷器廠從德勒斯登遷移到麥森（Meissen），對於這重要的生財工具，即「祕方」——胎體和釉彩的配方、瓷窯的構造、燒製的方法等全部生產工序，一一嚴加保密。防範做法萬全，胎體與釉彩配方分別交給不同的人保管，生產的每個階段也都嚴加隔離，多年來，僅有波特格一人熟悉全部的操作流程。奧古斯特二世不像康熙那般慷慨大度，允許殷弘緒對景德鎮進行鉅細靡遺的「田野調查」。然而，麥森廠的生產工序儘管絕對保密，波特格本人也幾近與外部世界隔絕，但是隨著麥森廠的窯爐師傅、彩繪匠、波特格本人的黏土配方助手陸續祕密離開瓷廠，前往維也納，麥森方面百般擔心並採取嚴格措施保護的軟質瓷、硬質瓷祕方，最終還是接連曝光，擴散到全歐洲。

麥森廠生產的硬質瓷

來源：J. Paul Getty Museum

禮物經濟

遙望遠眺中國高拔有序的帝國形象，籠罩在濃烈「中國風」的強大「軟實力」，馬戛爾尼的策略是精挑細選送給中國皇帝的禮物，建構英中兩國的「禮物經濟」關係，以便抬高英國在中國人心目中的平等地位。

根據法國人類學家莫斯（Marcel Mauss）對部落社會的經典研究，不管是個人或者群體，經常處在送禮、收禮與回禮的模式，而這一禮物的交換，其實是一種具備道德與經濟意涵的複雜過程，社會在禮物交換的過程中形成責任共享的關係網絡。禮物是用來建構宗教、倫理、法律、經濟與美學關係與制度的一種「完整的社會事實」，並賦予它們象徵意義。[33]

這種禮物交換、互惠原則和義務的語言，在馬戛爾尼對自己出使中國的認知中扮演很重要的角色。誠如莫斯的研究，禮物的贈予表面上雖是自願的、不求回報，但卻又有約束力、利害關係，受與授者必須互惠，禮尚往來。西方人類學文獻所發現的一般送禮規則，往往認爲送禮者的地位要比受禮者優越，但是在中國傳統的社會往來，有別於西方經典人類學家的研究成果，某些禮物是由社會低的人送給社會地位高的人。一心一意想要透過禮物達到互惠對等原則的馬戛爾尼，或許忽略了中國禮物交換的這種文化差異性。[34]從馬戛爾尼使節團的禮物清單，以及禮物清單中對禮物細節的詳細說明，可以看出，英國人希望能在中國人心目中留下科技霸權的印象。而英國使節團精挑細選送給中國皇帝先進的科技禮物，期待能從中國得到的同等回報，是合宜的貿易條約和在北京常駐使節。

所以，禮物在這場外交交鋒扮演關鍵的角色。馬戛爾尼使節團確實也一再刻意凸顯使節團禮物的鬼斧神工與匠心獨運，藉以向大清表明英國乃是泱泱的海上強權，不是前來向大清俯首稱臣的蕞爾島國和蠻夷之邦。正因爲禮物擔負如此重責大任，一路上英國使節團三番兩次向大清國表示使節團準備的禮物貴重精巧，爲了避免路途顛簸損毀禮物，英國人爭取清廷通融，捨棄規定的從廣州上岸循陸路北上，而改走海路從天津上岸抵達北京。同時，又叨擾乾隆移駕圓明園，分兩次觀賞禮物的展示。

使節團十分關心中國人對禮物的反應，令使節團欣慰的是，抵達圓明園之後，「禮物一出箱，放在室內，立即就有各類來客，從皇親到百姓，每天都要來這裡看禮物。」[35]英國使節團成員對約書亞．瑋緻活的瓷器有極高的好評，「無論中國或日本，都不能自誇其瓷器形式之精美。它們比不過天才的瑋緻活先生爲現代使用而引進的希臘、羅馬無與倫比的花瓶形式。他們在瓷器上描畫的，或不如說塗抹的，不過是相當粗陋的、草率的、奇形怪狀的圖案，總之是窮人家婦女和兒童塗鴉之作。」[36]

中國人又是如何看待約書亞．瑋緻活燒製的瓷器？根據斯當東的記述，「禮物送到圓明園後……許多人前往參觀，其中有皇帝的三位孫子，他們看了之後非常讚賞。但有些中國官員卻故意做出不足爲奇的表情。大家的注意力都集中於瓷器上。中國人對於瓷器每個人都內行。送來的瓷器是韋治武德（瑋緻活）先生最新最精采的產品，得到大家普遍稱讚。」這三位皇孫甚至還要求馬戛爾尼評判中國瓷器與英國瓷器孰優孰劣，馬戛爾尼不置可否婉轉避開這一問題，僅僅客套強調英國瓷器是出自名家之作，如果不是名品，也不敢拿來獻給中國皇帝。[37]

然而，對英國使節團來說，最重要的還是乾隆皇帝對禮物的評價；坐擁世界巧奪天工精品的乾隆帝，他的龍心是否能被英國人殫精竭慮籌辦的禮物所打動，從而給予大英帝國對等且體面的商業與外交地位？

讓英國使節團感到慶幸的是，乾隆皇帝對英國人籌辦的禮物非常重視，自熱河起駕後就徑直前往圓明園，而不是返回紫禁城去。進了圓明園，乾隆迫不及待馬上前往陳列禮物的正大光明殿，參觀英國使節團爲他準備的賀禮。使節團認爲，皇帝其實非常重視使節團籌辦的禮物，絕非如與使節團交涉的滿清官員的推託之詞，皇帝不願接受兩邊跑的麻煩。乾隆尤其對英國戰艦模型表現出極大的興趣，還針對英國戰艦模型提出不少問題。[38]

本身卽是傑出瓷器鑑賞家、非常欣賞宋瓷、蒐藏了數百件宋代御用青瓷的乾隆帝，[39]對於瑋緻活燒製的瓷器又有何反應？遺憾的是，到目前爲止，我們並沒有關於乾隆對瑋緻活瓷器的評語，這或許與雙方交流時的語言溝通問題有關。根據斯當東的說法，雖然乾隆對英國使節團準備的禮物興致盎然，問了許多有關戰艦零件的問題，但是使節團的翻譯能力太差，許多技術上的名詞都翻譯不出來，根本無法勝任口譯的工作，使得乾隆不得不縮減話題。同樣的，乾隆的翻譯德天賜（Piero Adeodato）神父是個鐘錶專家，對航海和造船技術一竅不通，根本就無法把英國人所講有關航海造船專業術語的拉丁文，翻譯成中文，並且再把中文翻譯成拉丁文。乾隆的興趣索然而止。[40]

使節團認爲乾隆與馬戛爾尼談話的次數不多，並不是因爲受限於朝廷的禮儀，也不是乾隆對歐洲事務漠不關心，完全是因爲翻譯上的辭不達意，讓對話無法順利進行。行前，使節團便意識到這趟中國之行，翻譯十分重要；英國方面確實也天涯海角在歐洲尋覓中文翻譯人才。最後，才終於在那不勒斯公學找到中國翻譯。可惜的是，這位中國翻譯李自標去國多年，中文程度不好，又不諳英語，只懂拉丁文。無論是禮物清單，或者雙方官方文書、文件，透過英文、拉丁文、中文的繁瑣過程來回翻譯（拉丁文與英文之間的轉譯，主要是由隨團的薩克森家庭教師伊登勒〔Johann Christian Hüttner〕擔任翻譯的工作），其間錯譯、張冠李戴的現象自然難免。誠如中國文獻對中、英這段交涉過程的評論：

> 乾隆六十年粵督朱文正公奏稱：有西字正副表二件，伊國自書漢字副表一件。臣等公同開驗，其漢字副表雖照中國書，而文理舛錯，難以句讀，隨令通曉西書之通事。將西字副表與漢字表核對，另行譯出等語。是該國雖有自書之漢字，詰屈難通。[41]

更何況翻譯，不僅只是文字之間的轉換，被轉換的還有文化、觀念的形式。像「主權」、「自由貿易」這類概念的意義，存在於千差萬別的網絡之中，與政治文化與經濟制度脈絡息息相關。正如歷史學家奧斯特哈默的評論：「在伊斯蘭國度及中國與漢化的越南等書寫文化發達的地區，若沒有正確的語言，便難以想像能具備成功的外交手腕。」[42]

就像馬戛爾尼寄望打開中國市場而送給乾隆的英國馬車，完全忽略了中、英商品文化、民情風俗的脈絡差異，而無法達到他預期的效果。根據使節團總管巴羅的記載，英國馬車夫座位高過車廂的結構設計讓中國人大惑不解。有位老太監向巴羅解釋，「大皇帝焉能坐在一個位置比他高、背對著他人的下面？」馬戛爾尼送給乾隆的英國馬車，從此被打入冷宮，完好地擺在圓明園內，並未如馬戛爾尼所期望，爲英國馬車製造商打開中國市場。[43]

另一方面，英國使節團感受到的盛情，也許只不過是乾隆皇帝出於禮貌性的待客之道，或者是皇帝應對遠來之客的一種策略。事實上，乾隆對英國人自豪所籌辦的禮物並沒有給予那麼高的評價。乾隆在給大臣的一道上諭裡說道：

> 又閱譯出單內所載物件，俱不免張大其詞，此蓋由夷性見小，自為獨得之祕，以誇炫其製造之精奇……至爾國所貢之物，天朝原亦有之，且大皇帝不寶異物，即使爾國所進物件十分精巧，亦無足珍貴，如此明白諭知，庶該使臣等不敢居奇自炫，是亦駕馭遠人之道。[44]

平心而論，從禮物經濟和交換的角度來看，乾隆在這道上諭裡所提到的「至爾國所貢之物，天朝無不具備」說詞，並不是一種夜郎自大、自以為是的心態。乾隆的自負其實是有所本的。

早在馬戛爾尼出使中國的二十年前，西洋傳教士蔣友仁（Michel Benoist）就曾為法國耶穌會士從巴黎攜帶到中國做為獻給乾隆禮品的「反射性望遠鏡」、即禮物清單上令馬戛爾尼引以為自傲的那架「來復來柯督爾」做了說明。蔣友仁甚至還在御門前架起這座反射性望遠鏡，引起乾隆的極大興趣。由於反射性望遠鏡比尋常望遠鏡看得更遠，後來乾隆諭令兩位官員在他出巡時必須攜帶這座望遠鏡，並要蔣友仁教會這兩位官員使用望遠鏡的方法。乾隆甚至還與蔣友仁就牛頓反射望遠鏡的原理做過細緻的討論。時隔二十年，馬戛爾尼再拿反射性望遠鏡做為禮物向乾隆炫耀英國的國力，這也難怪早已見識過這項新發明的乾隆會無動於衷，甚至諷刺馬戛爾尼的自豪「不過張大其詞而已」。[45]

同樣的，在使節團禮物清單中列名第二，被錯誤翻譯成「坐鐘」的天文儀器，正式名稱叫「Orrey」，是由英國人佛拉蘇（William Fraser）所製作。乾隆朝初期，清廷至少就蒐藏有兩架「Orrey」，記載於允祿奉旨編纂的《皇朝禮器圖式》，當時稱之為「渾天合七政儀」和「七政儀」。[46]所以，乾隆在拒絕英國所提商業與外交條件的要求而給英王喬治三世的信裡說，「萬國來王，種種貴重之物，梯航畢集，無所不有，爾之正使等所親見」，確實並不假；馬戛爾尼自己就在日記裡提到，他觀賞完熱河萬樹園乾隆的珍藏，感嘆使節團所攜帶的禮物猶如小巫見大巫，援引彌爾頓（John

Milton）《失樂園》（*Paradise Lost*）的詩句黯然說道：「在你的照耀下，群星瑟縮，黯然失色。」

馬戛爾尼使節團的中國之行鎩羽而歸，沒能完成預計的貿易與外交使命，拓展英國商品在華的市場，建立對等的外交關係。過去歷史學家對馬戛爾尼使節團失敗的解釋，大都強調原因出在正使拒絕向中國皇帝行三跪九叩禮，但其中的實情似乎更爲複雜。馬戛爾尼究竟有沒有依中國朝廷禮儀對乾隆行大禮，至今學界仍沒有定論，儼然是中英外交史上的一樁懸案。事實上，英國使節團剛剛踏上大清國土地時，就隱隱約約感覺到有不利使命的因素。當時，清廷派兵入藏，排除廓爾喀（**尼泊爾**）的介入，[47]不料卻遇到廓爾喀出乎預期的頑強抵抗，領兵的乾隆愛將福康安懷疑駐印度的英國人暗中在幫助廓爾喀，並上奏乾隆皇帝知情。馬戛爾尼使節團初來乍到，就意想不到面臨了棘手的外交難題。除此之外，乾隆倚重的科學洋顧問大多屬天主教教會（如欽天監監正索德超〔Bernardo d'Almeida〕、監副安國寧〔Andres Rodrigues〕，兩人都屬耶穌會），其中又以法國人的勢力最爲龐大，英國使節團一抵達中國即感受到他們的深沉敵意，英國與羅馬教廷之間水火不容的宗教對立，英、法兩國霸權的爭奪，似乎也從歐洲延燒到中央王國。[48]

另一方面，中國對英國方面提出在北京派駐代表與開放更多通商口岸的訴求，則有不同的考量。清廷認爲，在北京派駐代表的要求並不合理。北京距離廣州遙遠，如在北京派駐代表，又如何能就近處理英國人所關切的商業糾紛？中國若是爲英國人多開放通商口岸，其他荷蘭、西班牙、葡萄牙、美國等貿易往來的國家是否也應比照辦理，如此一來又會額外增加外貿管理的工作負擔。[49]換言之，英國是從歐洲人主權國家的原則提出外交與貿易的要求，但中國所思考的是行政管理的問題。這無疑是一種中、英的「文明衝突」。

儘管並未達成使命，但英國使節團也並非沒有收穫。使節團許多人留下中國見聞的紀錄，其中自然景觀、風土民情、軍事設施、工藝技術、天然作物等內容包羅萬象。隨行畫家威廉·亞歷山大的畫作，既可視爲一種藝術，也可以說是一種科學調查紀錄，本身卽是歐洲旅行文化那種具科學調查與民俗蒐集的人類學傳統，讓人聯想到庫克船長率領「奮進號」上的首席藝術家霍奇斯（William Hodges）。[50]正是有了一番親身的體驗和觀察，見證了中國的實情，才讓馬戛爾尼把中國比喻成一艘陳舊不堪的戰艦，對中國未來做出悲觀的預言，敲響了中國的輓鐘。

或許，乾隆後宮蒐藏的科學儀器，其精緻和奢華程度，確實可以媲美甚至讓英國人煞費苦心籌辦的禮物相形失色，但是，清王朝後宮的這些天文儀器和鐘錶，僅只是皇帝的個人嗜好，或者王公貴胄的時尚玩品，中國人從未對其中蘊含的科學原理與機械技術產生好奇與興趣。從科學理論傳播的角度，西洋的科學知識和機械原理，也只是閉鎖在紫禁城的深宮宅院裡，從未超越出這一道道高牆而普及民間。然而，約書亞·瑋緻活就以他的產品印證了馬戛爾尼的判斷。約書亞·瑋緻活一方面秉持實驗主義的精神，在技術上精益求精，一方面創造、引領新的審美時尚，把生活品味工業化，使得瑋緻活的陶瓷異軍突起，在歐洲、美洲市場上攻城掠地，甚至把產品行銷到全世界各地。在英國人尚未以印度的鴉片平衡對中國嚴重的貿易逆差之前，中國瓷器已經漸漸流失了歐洲的市場。[51]

VIEW of one of the WESERN GATES of the CITY of PEKIN.

威廉．亞歷山大以畫作記錄清中國

來源：Beinecke Rare Book and Manuscript Library, Yale University

第五章　瓷器的貿易流動與物質世界

我發現我每天愈來愈難配得上我的中國青花瓷器

王爾德（Oscar Wilde）

笛福的「瓷房子」

根據英國學者伍芳思（Frances Wood）的說法，第一位以中國爲題材的小說家是英國小說家笛福。[1]笛福在《魯賓遜漂流記》一書大獲成功後，趁勝追擊、再接再厲，又創作了兩部以魯賓遜（Robinson Crusoe）爲主角的故事：《魯賓遜漂流記續集》（*The Further Adventures of Robinson Crusoe*）和《魯賓遜沉思錄》（*Serious Reflections during The Life and Strange Surprising Adventures of Robinson Crusoe*），構成了魯賓遜三部曲。在不如第一部暢銷的續集裡，笛福筆下的英雄魯賓遜又繼續他的海上冒險，這回他遊歷了包括中國在內的遠東。

笛福本人其實從未到過中國，他對中國的整體描述，主要是參考法國耶穌會傳教士李明（Louise Le Comte）的《李明回憶錄與觀察報導》（*Memoirs and Observation of Louise Le Lomte*）；而從北京橫越西伯利亞的那段旅程，則是取材自俄國外交官義傑斯（Evert Ysbrant Ides）的《從莫斯科橫跨大陸到中國的三年旅行》（*Three Years Travels from Moscow over-land to China*）。值得一提的是，屬於新教長老會教派、信仰虔誠的笛福，卻與當時歐洲盛行的中國熱潮流大唱反調，他無法認同李明所屬耶穌會在中國傳教的「調適主義」策略，拒絕接受在華傳教士極盡美化後的中國圖像。笛福放大了義傑斯對中國的膚淺批評，刻意錯置李明關於中國的負面論述，在小說中對中國與中國人的勾勒，充滿歧視、輕蔑、偏見。[2] 套用史景遷（Jonathan D. Spence）的說法，「所有與中國有關、原本正面的事，全都成了負面，而所有負面的事，則更加不堪了。」[3] 這也包括小說中一段對中國瓷房子饒富趣味、有創意的描述，這段情節同樣一反歐洲人向來對中國瓷器工藝和美學的崇拜與豔羨之情，而運用文學手法加以揶揄嘲諷。

在續集裡，魯賓遜飄洋過海來到南京做生意，只見街上人流熙來攘往，路旁擠滿了燒製陶器的匠人。魯賓遜的葡萄牙籍老舵手發現一幢瓷房子，爲了逗魯賓遜開心，便慫恿魯賓遜去瞧瞧他所以爲「用瓷器（china）營造而成的紳士房子」。隨後，魯賓遜便用「China」（中國）與「china」（瓷器）雙關語調侃起來。

魯賓遜說：「怎麼，他們的建築材料難道不是他們自己國家的產品，所以都是用中國建造的，不是嗎？」

老舵手說：「不，不，我的意思是這幢房子都是用瓷器物料……」

魯賓遜說：「好吧……這房子有多大？我們能將它裝入箱子放在駱駝背上？」「放在背上？」老舵手朝天伸出雙手嚷道說：「整整一個家族，三十口人住在裡面！」在親眼看過這幢房子之後，魯賓遜發覺它簡直是金玉其外：「這是一幢木造的房屋，或者像我們英格蘭人所說的，是用木板和灰泥造的房子，只不過不是灰泥，而是陶瓷，也就是說，它所用的灰泥是製造中國瓷器的瓷土，房屋的外表，被太陽烤得發燙，塗上的瓷釉，看上去非常華麗，晶瑩雪白。」[4]

笛福關於瓷房子情節的有趣描述，或許不是想像力天馬行空的自由揮灑，他下筆的靈感有可能是來自紐霍芬（Johannes Nieuhof）的中國遊記。紐霍芬，荷蘭人，任職荷蘭東印度公司，曾隨使團前往北京覲見順治皇帝，並於一六六五年出版轟動歐洲的《荷蘭東印度公司使節出訪大清帝國記聞》，披露他在中國的見聞。書中紐霍芬提到他在南京看到一座「瓷塔」，令他嘆爲觀止。十八世紀中葉之後，紐霍芬在他書中所提到的這座瓷塔，在英國廣爲人知，甚至成爲中國風建築和設計的靈感來源。當時，英國人往往把中國的青花瓷稱作「南京」，這恐怕與紐霍芬在書裡提到的「南京瓷塔」有關聯。[5]笛福在小說中也是把魯賓遜看到瓷房子的地點假定在南京。

這座瓷塔，其實就是明朝永樂帝爲了表達對父母親孝思諭令建造的「報恩寺」。根據約翰．紐霍芬的描述：

這座塔有九層，到塔頂共有一八四級臺階；每一層都飾以布滿偶像和繪畫的畫廊，燈飾漂亮極了。……外面則全部都上了彩釉，塗了好幾種漆的顏色，如綠色、紅色和黃色。整個建築是由好幾個構件組成的，但黏合處處理得很好，好像整個建築就只用了一個構件。在整個畫廊的各個角落周圍都掛著小鈴鐺，在風的搖動下，它們就發出悅耳的聲響。[6]

從魯賓遜與老舵手的這段對話，我們可以理解，笛福顯然是在對「中國」(China)、「瓷器」(china)、「瓷房子」(chinahouse)(也可作「瓷器店」解) 玩弄一種複雜但詼諧的雙關語。另一方面，就認識論效果而言，笛福的意圖更是想要穿透「中國」(或者「瓷器」) 五光十色的虛飾表面，揭示隱藏其中的不堪眞相。[7]

若從笛福生平來看，這段有關瓷房子劇情的鋪陳，並非全是憑空而出的異想天開。根據笛福傳記的敍述，笛福的生涯就像他筆下的主人翁魯賓遜，擁有商業活動的豐富經驗，他擅長貿易，曾經從事菸草、木材、葡萄酒等買賣。笛福在艾色克斯郡 (Essex) 提爾柏立 (Tilbury) 投資興辦磚瓦廠，並取得政府的訂單，生產磚塊與荷蘭式波形瓦片，供應一六六六年倫敦大火災後重建工程的需要，這或許是笛福最爲成功的一次投資事業。[8]可見得，笛福本人是具備燒窯的相關知識，而不是門外漢。

在《英倫三島環遊記》(*A Tour Through the Whole Island of Great Britain*) 中，笛福有一段關於英王

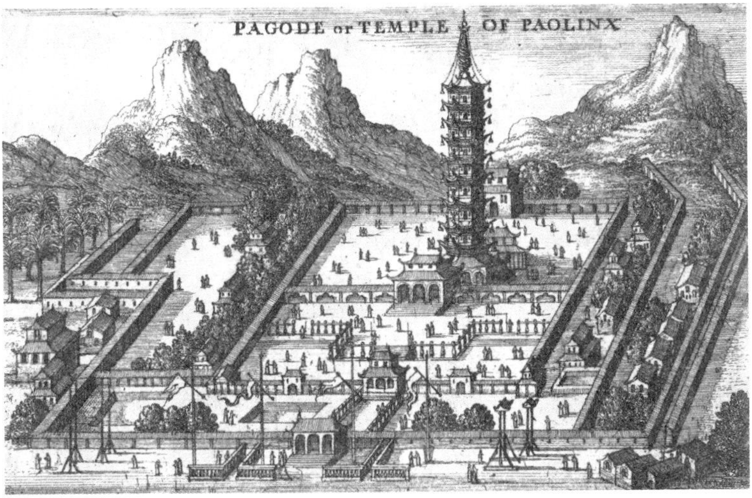

紐霍芬書中的報恩寺瓷塔　　來源：University of Toronto Wenceslaus Hollar Digital Collection

紐霍芬與他的遊記　　來源：Beinecke Rare Book and Manuscript Library, Yale University

威廉三世的王后瑪麗酷愛瓷器的描述，可以充分展現笛福分辨不同瓷器等級的能力，顯示笛福對瓷器是有一定的認識：

王后陛下有一處雅致的住所，裡面有一套只供陛下本人使用的臥房，裝飾得十分豪華，特別是一張鋪有印花布的床，這在當時算是稀罕物品。另有一件是陛下在荷蘭時自己的作品，十分考究，還有其他一些物品。此處擺設著陛下的一套荷蘭白釉藍彩陶器（delft ware）收藏，件數眾多且精緻無比；此處也擺設了大量瓷器（china ware）精品，皆為在當時英國尚見不到的珍品。這長長的展廳裡和其他所有能夠利用的地方都擺滿了瓷器。[9]

荷蘭臺夫特白釉藍彩陶；（左）威廉三世，（右）瑪麗王后。

來源：Rijksmuseum

瑪麗王后是中國瓷器、日本瓷器和荷蘭臺夫特陶（即引文中的白釉藍彩陶器）的狂熱收藏家。十七世紀中葉，瑪麗王后隨夫婿奧蘭治家族的英王威廉三世返回英倫，不僅帶給英格蘭人「光榮革命」，讓荷蘭的政府治理與財政策略影響了英格蘭，[10]也把荷蘭與歐陸的中國品味時尚引入英格蘭王廷，帶動起貴族與民間社會的流行風潮。[11]十九世紀英國歷史學家麥考利（Thomas Babington Macaulay）提到瑪麗女王，「在海牙喜歡上了中國瓷器，為讓自己開心，她在漢普頓宮收藏了大量可怖的圖像和花瓶——花瓶上繪製的房屋、樹木、橋梁和官吏令人無法忍受，它們藐視所有透視畫法的規矩。」[12]笛福文中所提到的「雅致處所」，指的應該是漢普頓宮（Hampton Court），瑪麗王后在宮裡的多層壁爐架、儲物架和傢俱上擺設瓷器，影響了英格蘭貴族的瓷器蒐藏風尚和擺設方式。

然而，在歐陸，這種融合瓷器收藏與室內裝潢的風格，並不是由瑪麗王后首開風氣之先。根據陶瓷專家甘雪莉（Shirley Ganse）的研究，這種趨勢首先出現在葡萄牙，里斯本桑托斯宮（Santos Palace）的錐形拱頂上就安裝有二百六十件十六到十七世紀的青花瓷，形式繁多，圖案複雜，堪稱一絕，它成為一種財富與聲望的象徵。隨著瓷器的陳列擺滿整個房間，這些房間就成為豪華的陳列室。法國宮廷設計師馬婁（Daniel Marot）把中國瓷器融入歐洲豪宅的設計風格，又造成推波助瀾的效應。[13]爾後，路易十四在法國凡爾賽宮為情婦莫內斯潘夫人（Mme de Montespan）修建的特列安農瓷宮（Trianon de porcelaine），以及普魯士的夏洛坦堡（Charlottenburg Palace）瓷宮等，都可以看到這類「中國房子」的設計風格。這類室內設計「多在房間牆面上擺陳或鑲嵌瓷器，並在瓷

馬婁的煙囪隔牆設計，飾以大量瓷器。

來源：Cooper Hewitt, Smithsonian Design Museum

夏洛坦堡瓷宮設計

來源：The Metropolitan Museum of Art

器背後或中間安置大的玻璃鏡面。瓷器瑩潤的釉面、豐富的圖案渲染著濃郁的東方情調，而鏡面對空間的擴展和光線的折射，又爲裝飾華麗的『中國房子』平添了夢幻色彩」。[14]

久經商海浮沉，甚至一度破產的笛福，在這本遊記裡，還進一步嚴詞譴責瑪麗王后帶動英國的中國瓷器流行時尚，傷害了英國的產業和窮人的利益，抨擊自中國進口瓷器給英國的經濟和社會道德造成嚴重的影響。笛福「認爲是她（指瑪麗王后）引進了一種風俗和古怪的念頭」，用瓷器裝飾屋子，這種風氣隨後又擴散到底層的人民，而且之後達到荒唐的程度：

> 把瓷器疊放在碗櫃的頂部，把每一件餐具、炊具一直疊放到天花板，並且製作架子擺放這些瓷器，它們需要這麼多地方來放置，最後這些東西成了累贅，對家庭和產業造成禍害。[15]

隨著耶穌會傳教士對中國道德、哲學的極度美化、中國奢侈品如瓷器進口到歐洲，「中國」（China）文化對十八世紀英國人道德觀的衝擊、「瓷器」（china）對英國市場的侵占掠奪，笛福一語雙關表達對國家財政破產和社會道德敗壞的預警，以瑪麗王后所熱衷蒐藏的「瓷器」（china），象徵奠基在進口自東方、新奇的商品所積累的西方財富，其實是充滿不穩定性。[16]

全球貿易與中國「外銷瓷」

對《魯賓遜漂流記》的分析，學者劉禾和維吉尼亞．吳爾芙一樣，都執著在劇情裡細微的瑣物「瓦罐」，但維吉尼亞．吳爾芙的解讀，是把小說中的瓦罐理解成一種「物神」，象徵現代人對大自然的統治意志，而劉禾則是透過歐洲瓷器製造史，認爲在笛福的時代，是中國瓷器，而不是瓦罐，扮演「在全球的轉喻交換網絡」的商品角色，創造出意義，並通過所謂「殖民否認」（colonial disavowal）的修辭手法，掩飾了中國人對英國人商品貿易的主宰，以及英國處於世界貿易的邊陲地位，從而維繫英國人自我優越感的幻覺。換句話說，對笛福小說的解讀，必須把它們放在當時全球貿易的脈絡來分析，而這個世界貿易體系是以中國爲中心角色。

除了傳統的經濟個人主義之形式現實主義與清教寓言的精神自傳兩種途徑外（經濟與宗教一直都是笛福作品的兩大主題），近來有不少文學批評學者援引東方主義（Orientalism）自我與他者的框架，對笛福作品進行後殖民主義（Postcolonialism）的評析。這種後殖民主義分析途徑的確提出不少洞見，但若是忽略了彼時世界貿易是以中國爲中心，而以過去未有的圖像來對往昔擦脂抹粉，一方面儘管批判了歐洲中心主義的政治、經濟、文化宰制，但另一方面又有可能陷入新自由主義和馬克思主義所蘊含的西方世界殖民霸權敍事的弔詭。學者馬克利（Robert Markley）提醒道，「『傳統』後殖民主義並未從一個中國中心（Sinocentric）的世界來進行解釋，所以，不是帶有忽略日本、中國的傾向，就是從十九世紀歐洲人主宰印度這段歷史的透鏡來解讀十七世紀、十八世紀初歐洲人和亞洲人的相遇。」[17]

文學評論的匱乏或許可以由史學的研究成果來彌補。近來，已有不少歷史學家，如法蘭克（Andre Gunder Frank）、王國斌（R. Bin Wong）、阿銳基（Giovanni Arrighi）、濱下武志（Takeshi Hamashita）、彭慕然（Kenneth Pomeranz）等，各自從不同側面挑戰歐洲中心主義（Eurocentrism）經濟史的論述，主張直到一八〇〇年之前，是由中國主導世界經濟的整合，同時認爲必須從根本重新檢驗新古典主義與馬克思主義對西方經濟「崛起」的解釋。[18]而中國在十九世紀前對歐洲享有種種技術和經濟優勢的事實，因過去西方學界普遍接受亞當・斯密、黑格爾、韋伯一脈相承以「靜滯帝國」圖像勾勒中國而被一筆抹滅了。[19]

在這些史學家之中，以彭慕然的研究最具代表性。彭慕然挑戰歐洲中心主義的經濟史，他援引清代中國經濟數據的研究成果，證明了用來支持英國例外主義（exceptionalism）的種種關鍵判準，同樣也出現在清中國人口稠密的沿海省分，相等或「超越」西北歐的「先進」經濟體。中國的勞動市場較英、法自由；清廷透過技術改良、農業創新加速生產力的提升。中國農民與城市工人日常的糧食質量，起碼與西歐農民、城市工人旗鼓相當。簡言之，沒有證據支持傳統的觀點，即認爲歐洲工人的預期壽命高過中國，而一八〇〇年前，歐洲也並未享有優於中國的技術能力。在回答何以工業革命發生在英格蘭，而不是中國時，彭慕然論證說，英格蘭得天獨厚、不依人類意志轉移的生態條件，如煤礦的豐富蘊藏量，較之社會束縛的解放、金融資本主義、科技創新等因素更爲重要。

在以中國爲中心的經濟體系之下，中國挾其龐大的貿易與金融力量，透過「朝貢貿易體系」在東亞地區扮演類似「霸權穩定」的角色，建立區域秩序與經濟交流，同時又經由私人貿易連結了西方世界與全球貿易圈成爲重要的經濟紐帶。從中國長期占據主導世界貿易的時期開始，鉅額的白銀從歐洲、美洲、日本流入中國，以交換中國的茶葉、瓷器、絲和其他工藝製品。[20]

回顧世界貿易史，瓷器曾是中國獨特的全球化商品之一。綜觀學界的研究，早在宋、元時期，中國就已經形成了一個世界性的瓷器貿易體系。這個體系是以中國南北各大著名瓷窯如北方的定窯、磁州窯、南方的景德鎮，以及浙江、福建、廣東諸窯爲燒製中心，以泉州、廣州爲外銷港埠，透過民間貿易與朝貢貿易的形式出口至海外。到了十六世紀，隨著美洲新大陸的發現、新航線的開闢，葡萄牙人、西班牙人、荷蘭人、英國人前仆後繼來到東方的澳門、馬尼拉、巴達維亞、加爾各答建立貿易據點，經營印度、東南亞與中國、日本的貿易，進一步又融入了歐洲貿易圈、美洲貿易圈，擴大了中國瓷器的海外市場，從而形成具有全球意義的瓷器貿易體系。在全球化貿易舞臺上，中國燒製的瓷器是舞臺上的要角。[21]在中國出口至歐洲市場的瓷器，又以白瓷、廣彩瓷、青花瓷，以及各式各樣的訂製瓷最具代表性。[22]瓷器的貿易甚至影響它的製作、風格，瓷器的生產本身就是初期全球化的展現。

晶瑩無瑕中國白

中國白瓷深受歐洲人的追捧，其中尤以福建德化燒製的白瓷為顛峰之作，是中國外銷瓷的寵兒。德化白瓷俗稱豬油白、鵝絨白、象牙白，歐洲市場則富詩意般地稱呼它「blanc de chine」：「中國白」。

其實，歐洲人很早就透過《馬可波羅遊記》認識了德化的白瓷。德化燒製的作品主要多針對外銷市場，在歐洲與亞洲各地都可以見到德化瓷器的蹤跡。其中，德化白瓷燒製的人像，造型優美，體態逼真；以觀音像為代表，姿態或立或坐，顏色潔白無瑕，充滿慈悲為懷的氣韻，深受日本、東南亞佛教國家的喜愛。另外，在歐洲人的壁架上，還可以發現一種外形像犀牛角的德化杯。中國人認為犀牛角具有醫療療效，於是把犀牛角顛倒，讓寬面在上，窄面在下，呈杯子狀。在十八世紀法國畫家阿威德（Jacques-Andre Joseph Aved）的畫作〈布里昂夫人飲茶畫像〉(Madame Brion, Seated, Taking Tea)，可以看到壁架上陳列了一只德化犀牛角杯（右邊擺放的是康熙朝有蓋廣口瓶），足見德化白瓷已風靡歐洲上流社會，是王公貴族競相蒐藏的東方藝術精品。

阿威德，〈布里昂夫人飲茶畫像〉

「中國白」
來源：Rijksmuseum

德化犀牛角杯
來源：Hallwyl Museum

豔麗繽紛廣彩瓷

清人劉小芬在其《竹園陶說》提到，「海通之初，西商之來中國者，先至澳門，後則逕趨廣州。清代中葉，海舶雲集，商務繁盛，歐土重華瓷，我國商人投其所好，乃於景德鎮燒造白瓷，運至粵垣，另僱工匠，倣照西洋畫法，加以彩繪，於珠江南岸之河南，開爐烘染，製成彩瓷，然後售之西商。」這段文字勾勒的正是廣彩瓷燒製流程和外銷情況。[23]

從劉小芬這段敍述可以瞭解，清代中國南方的瓷器燒製，已經出現專業分工和區域協作的現象。廣彩瓷就是從景德鎮購買白胎，在廣州依照歐洲人訂單的需求和品味喜好燒製，由廣州工匠借鑒西洋傳入當地的金胎燒琺瑯技法繪製成一種釉上彩樣式。就地緣來說，廣彩瓷以廣州為生產和發展之地，主要是依托廣州做爲貿易港口的地利之便，尤其是清乾隆年間，中國採取廣州「獨口通商」的外貿制度，廣州成爲大清帝國通向世界市場的唯一門戶，洋、華商人雲集。[24]以風格而論，廣彩瓷的產品定位在於海外市場，所以廣彩瓷不論造型、彩繪或紋樣，主要都是迎合西方人的審美情趣，金彩設色閃耀奪目，呈現出金碧輝煌、炫彩華麗的效果，雖然本地華人譏評爲「可厭」，[25]但卻深受洋人的歡迎。廣彩瓷的構圖，一方面採取歐洲人特有的透視技法，人物景致體現出西方藝術的寫實風格，另一方面又爲了滿足洋人對東方異國風情的追逐與獵奇，所以廣彩瓷的題材除了有西方的基督教故事、希臘羅馬神話、歷史等題材，往往也融入具有中國元素的林園、孝行故事、「滿大人」(mandarin)[26]的紋飾，散發中西合璧的風情。最後，由於廣彩瓷主要是因應歐美市場的需求，在造型上除有中國傳統樣式之外，也多出現歐美日常生活的實用器皿型態，如茶具、咖啡杯、啤酒杯、奶油碟、水果盤等。

風雅飄逸Blue and White

青花瓷是中國瓷器工藝令人嘆爲觀止的上乘之作，白瓷上像寶石般的藍色，燒製後產生的暈染效果，就如同宣紙上揮灑的水墨繪畫，氣韻淡雅，最能表現出中國「文人畫」或蘇軾所謂「士人畫」[27]那種空靈悠遠的意境。但是，做爲傳達中國文化神髓和鬼斧神工的青花瓷，嚴格說來，並不全然是中國在地材料的產品。

燒製青花瓷的原料，除了瓷石和高嶺土之外，最關鍵的就是青（鈷）料。元代青花瓷，做爲一種外銷瓷，其所使用的青料，大多數是從西亞地區進口；同時，元青花的造型、裝飾紋樣，也融合了伊斯蘭文化。而被收藏家譽爲青花瓷中極品的明永樂、宣德青花，所使用的青料「蘇麻離青」（又稱蘇泥麻青、蘇勃泥青、蘇泥勃青等），是鄭和率領船隊下西洋自東南亞伊斯蘭文化地區引進中國的。蘇麻離青這種鈷料，其產地一說是波斯，一說是非洲索馬利亞，但不論出自哪個產地，都是在蘇門答臘進行交易。[28]所以，青花瓷做爲一種中國傳統文化與工藝的象徵，其實是吸納了伊斯蘭世界的文化元素。

歐洲人稱中國燒製的青花瓷爲「blue and white porcelain」，在歐洲著名畫家的畫作中，經常可

描繪廣州十三行的廣彩潘趣碗（punch bowl）

來源：The Metropolitan Museum of Art

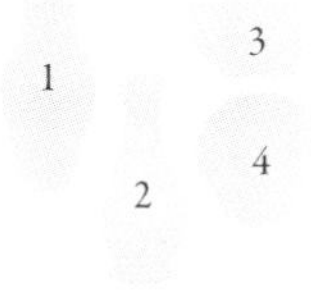

豔麗繽紛廣彩瓷

來源：

1.2. The Metropolitan Museum of Art　3. Cleveland Museum of Art　4. Rijksmuseum

貝里尼，〈諸神的盛宴〉　來源：WikiArt

畢爾特，〈早餐靜物畫〉　來源：Rijksmuseum

以看到這種所謂的「藍白瓷」，可見青花瓷在歐洲受歡迎和推崇的程度。例如，義大利著名畫家貝里尼（Giovanni Bellini）的畫作〈諸神的盛宴〉（The Feast of the Gods），就出現明代風格的青花大瓷盤。[29]根據專家考據，畫中的瓷盤應屬明代青花瓷款式，青花瓷盤的實物爲埃及馬木路克蘇丹國（Mamluk Sultans）的外交禮品，貝里尼可能是應癡迷中國瓷器的阿方索一世（Duke Alfonso I d'Este）的請託而作畫。貝里尼使用價格不菲的顏料青金石（lapis lazuli）和群青（ultramarine）[30]來摹製明青花色彩，畫家的貴族贊助者想必支付了額外高昂的材料費用，可見這位貴族贊助者必然瞭解中國瓷器的稀罕與其所象徵的社會地位。這幅畫中的青花大瓷盤，與荷蘭畫家畢爾特（Osias Beert）〈早餐靜物畫〉（Breakfast Still-life）合併觀之，相映成趣。

歐洲人以中國青花瓷爲稀罕精品，是一種身分地位的表徵，所以常常做爲陳列的擺設。荷蘭畫家科奎斯（Gonzales Coques）的畫作〈訪客〉（Dutch Interior with Family Visit），畫中靠近天花板架上的青花瓷器，被陳列在醒目、不易受損且無法取放自如的位置，讓觀看者盡收眼底，目的顯然是爲了裝飾，而不是做爲日常使用的器皿。畫中主人翁是屬於富裕家庭，這還可以從擺設的進口餐桌布和掛毯得到證明。[31]

事實上，起碼在文藝復興時代之前，歐洲人使用的餐具比較簡陋，品項不多，德國社會學家伊里亞斯（Norbert Elias）在其重要著作《文明的進程：文明的社會發生與心理發生的研究》，透過對歐洲當時教人就餐禮儀書籍的分析，例如，荷蘭人文主義學者伊拉斯謨斯暢銷一時的《男孩的禮貌教育》，闡釋歐洲人「禮貌」或者「文明」行爲的演進過程。從伊里亞斯援引歐洲人用餐習慣的內容，以及應有的用餐禮儀，可以「間接」瞭解當時歐洲人餐具簡陋的概況：「一起吃飯時用手在同一個盤裡抓肉，用同一個酒杯飲酒，用同一個鍋或同一個盤子喝湯的人們……」[32]

〈訪客〉中的青花瓷，就構圖和風格來看，應該是「克拉克瓷」（Kraak ware）[33]。明末清初，中國外銷瓷已有了新的重大變化，其一便是開始接受西方構圖風格和圖案結構，而出現嶄新的樣式，克拉克瓷就是其中之一。所謂克拉克瓷樣式，是指器物中間有一個主圖案，外圈由多個「開光」圖案構成邊飾的形式。主圖案通常是中國傳統的花鳥、人物、吉祥圖案，後來則出現具有異國風情的鬱金香圖形、西方神話人物、宗教圖案和社會生活等。[34]所謂「開光」，又稱「開窗」，是指「用花邊圖案描出若干形狀各異的空格，在空格內繪以花卉、風景和人物主題圖案，使畫面主次分明，襯托絢麗，主題突出」。這種開光或開窗技法，也常應用在前述廣彩瓷的構圖上。[35]

式樣奇巧訂製瓷

明末清初，中國外銷瓷的另一重大轉變，就在於中國瓷匠開始接受歐洲人設計式樣的訂單，依照歐洲人的需求，加工燒製。

譬如，十八世紀初，荷蘭東印度公司委託阿姆斯特丹畫家、設計師普榮克（Cornelius Pronk）作畫，並請中、日瓷器作坊燒製普榮克畫作紋樣的瓷器，其中尤以「陽傘系列」最爲著名。[36]根據

科奎斯，〈訪客〉

克拉克瓷

來源：Rijksmuseum

陽傘系列

來源：The Metropolitan Museum of Art

普榮克開光小圖案及蜂窩紋飾

來源：The Metropolitan Museum of Art

來源：Hallwyl Museum

附圖，可以看到「陽傘系列」的樣式與構圖，青花瓷與伊萬里彩瓷的洋化造型瓷盤，在瓷盤的邊口上有一種精細複雜的荷蘭臺夫特「蜂窩」紋飾，配以八個開光小圖案，畫中仕女與僕人撐起陽傘，在河邊餵食鴨子。童趣的構圖，類似齊白石的畫。但景德鎮燒製的中國版「陽傘系列」過程十分繁複，「既有青花加礬紅，也有金邊加粉彩，往往需要二次燒造，製造成本高昂。」由於造價昂貴，銷售不易，所以只燒製不同器型共一二七九件瓷器，爾後荷蘭東印度公司就不再下訂單了。儘管如此，中、日瓷匠還是持續生產陽傘系列瓷器，並銷往東南亞與中東地區。

十八世紀歐洲的訂製瓷，還有一款是以設計者命名的「菲茲休」(Fitz Hugh) 式樣。菲茲休 (Thomas Fitzhugh) 是英國東印度公司的董事，他在一七八〇年自行設計圖案，向中國訂製這種圖案的瓷器。「菲茲休」式樣的特點是以四組花卉環繞中心，花卉上繪有蝴蝶、蜜蜂等小昆蟲，延邊環繞著石榴花紋飾。由於廣受歡迎，「菲茲休」式樣的瓷器也銷往美國市場。

在中國的外銷訂製瓷中，有相當大比重是屬於「紋章瓷」，即在瓷器上繪製象徵個人、團體、家族、公司、城市的符號標誌。歐洲中古世紀就出現紋章體系，全身盔甲保護的戰士，以盾牌的圖案做爲敵友的識別，盾牌上的圖案就是紋章。到了十字軍東征時代，成千上萬各方領主率領軍隊東征，紋章更成爲各家族、團體的識別符號。家族內長子的繼承、家族之間的通婚，諸如此類家族歷史的變化，都會造成紋章圖案的更動。歐洲各國設有專門管理紋章的機構，紋章學更是一門專業學問。紋章瓷多由豪門巨室訂製，所以，除一般品質比較講究之外，也算是一種另類的「族譜」。[37]

中國瓷器以其領先的工藝技術成爲獨特的全球化商品，然而以世界市場爲導向的外銷瓷，爲了附和各地市場偏愛的圖像與裝飾，在這種文化碰撞、接觸、互動、交流的過程中，使得中國外銷瓷展現出文化史學者彼得．柏克（Peter Burke）指稱的「文化雜交」（cultural hybridity）現象。[38]中國的青花瓷融合了伊斯蘭世界的異國色調和元素；廣彩瓷吸納了歐洲繪畫的「透視技巧」。[39]甚至在中國瓷器史上，藝術史家、蒐藏家所稱的「過渡期」，亦即明萬曆最後一年到康熙二十二年間（西元一六二〇至一六八三年），特別是清初實施海禁沿海人民內遷的政策，干擾了中國瓷器的出口，日本瓷器趁勢而起，導致中國瓷匠開始群起仿效日本有田的「伊萬里瓷」，西方學者稱之爲「中國伊萬里」（Chinese Imari）。日本市場的需求，推動了中國瓷器風格的變化，就如同中國瓷器的構圖和審美趣味先前因應穆斯林的嗜好，後來又配合荷蘭與英國的市場。昔日，日本仿效中國的瓷器，這時中國反過來仿效日本的瓷器，此後，歐洲人又仿效中國與日本的瓷器，但中國爲了擴大歐洲市場又仿效歐洲的瓷器，[40]這時已經分不清究竟誰才是眞正的原創了。做爲商品的瓷器，通過適應、混和、改造的方式在地化，從而符合新的需求和境況，實踐了「文化匯流」（transculturation）的過程，它所呈現出的面貌不是薩伊德（Edward Wadie Said）東方主義架構中「東方與西方」的截然對立。[41]就在國際市場經濟的導引之下，東、西方品味與情趣相互混雜、綜合、雜交，文化的邂逅使得中國外銷瓷器「千姿百態」而「萬象繽紛」。

「菲茲休」式樣
來源：The Metropolitan Museum of Art

紋章訂製瓷

來源：The Metropolitan Museum of Art

來源：Rijksmuseum

維梅爾的青花瓷

荷蘭做爲東西方貿易往來的轉運角色，促成了東方奢華向歐洲流通，連帶也豐富了荷蘭人的物質生活，這種蓬勃繁榮的經貿景象，具體而微地反映在荷蘭人獨樹一格的風俗畫上。

在荷蘭畫家維梅爾（Johannes Vermeer）的作品〈讀信的女孩〉（Girl Reading a Letter at an Open Window）中，有一只盛著水果的中國瓷盤，從造型來看，它是荷蘭人稱之「klapmuts」的大湯盤；就質地而論，根據學者的判斷，應該是出自景德鎮的青花瓷器，畫中這種青花大湯盤可能是專門從中國訂製的，十分罕見且昂貴。[42]另外，在維梅爾的〈被打斷音樂演奏的女孩〉（Girl Interrupted at Her Music）畫作中，也出現一只青花瓷罐。[43]我們在這位荷蘭畫家的作品中，常常可以看到中國青花瓷器的身影。

在靜物畫大師卡爾夫（Willem Kalf）的風俗畫作品〈靜物：晚明薑罐〉（Still-Life with a Late Ming Ginger Jar）中，畫家把號稱「海上馬車夫」的荷蘭，其貿易所能觸及的世界各個角落、迴然不同的物品匯聚在一起，東、西方貿易往來的歷史被物質化，化約成令人目眩神迷的商品型錄。畫面中，除了有一只泡生薑的晚明瓷罐熠熠生輝，還有威尼斯的玻璃製品、荷蘭銀盤，地中海沿岸的桃子，削了一半的檸檬，共同陳列在一張印度花毯上。桌上的錶暗示著時間的流逝。畫中物品恣意擺放，但在這種無序之中卻又增添了幾許現實生活的逼眞感。[44]

所謂「風俗畫」，是指在十七世紀的荷蘭，出現了一種以描繪日常生活或展現市井小民風土民情的畫派，不管其主題是肖像、風景、靜物或風俗，都已經從文藝復興時代宗教、神話、歷史的莊嚴束縛之中獲得獨立的尊嚴，日常生活使用的器皿、花朵、水果、海圖、望遠鏡等，不再只是聖人、偉人、神話角色的點綴和陪襯，反倒取得繪畫敍事的主體地位。套用當代法國著名作家馬爾侯（André Malraux）的絕妙說法：「荷蘭人並沒有發明如何將一條魚放在一個盤子裡，它們發明的，是如何不再令這條魚成為使徒的盤中餐。」[45]

就繪畫題材來說，這種「去宗教化」的繪畫敍事，弔詭的，也是一種宗教信仰投射的結果。荷蘭以喀爾文教派為信仰主體，貶抑聖像的宣教作用。天主教的神學家推崇栩栩如生的宗教人物畫像，以及宗教教義的圖象化，鼓勵宗教畫作的傳播，藉以對聖徒聖餐的膜拜，達到靈魂的淨化與救贖。喀爾文傳教士強烈反對聖像膜拜，他們主張靈魂的救贖完全取決於個人對上帝的虔誠信仰，捨此之外，別無他法。風俗派畫家雖然沒有像文藝復興運動時代教會的有力經濟贊助，但相對的，在創作的題材上也擺脫了宗教的束縛。另外，喀爾文教重視此岸的世間生活，強調在日常生活中自由體現自身的價值，這對風俗畫的題材選擇產生重大的影響。

雖然在繪畫題材方面，風俗畫超脫文藝復時代的「神性理想」，追求「人性眞實」；但在繪畫技法上，風俗畫則是延續文藝復興時代的「寫實主義」，[46]透過更純熟的透視技法，尤其是爐火純青的光影變化，[47]對活生生的人和他（她）們的眞實生活進行直接、客觀的再現。這個時期

維梅爾，〈讀信的女孩〉 來源：WikiArt

維梅爾，〈被打斷音樂演奏的女孩〉　來源：WikiArt

卡爾夫，〈靜物：晚明薑罐〉　來源：Indianapolis Museum of Art

荷蘭風俗畫人才輩出，群星閃耀，除了維梅爾、卡爾夫，主要代表人物還有林布蘭（Rembrandt Harmenszoon van Rijn）、哈爾斯（Frans Hals）等。[48]

中國瓷器頻頻出現在風俗畫中，顯示不管是做爲炫耀性擺設，或者實用性器皿，中國瓷器在當時荷蘭人的日常生活中已經占據了一席之地。而講究如實再現的寫實主義技法，使得瓷器的畫面十分細膩逼眞，甚至還有助於藝術史家從事研究，判斷瓷器的燒製年代，從而勘定繪畫的年代。

不少風俗畫家對中國瓷器有種敏銳的洞察力，同時表達對中國瓷器的追逐熱情和珍愛情感。我們可以從靜物畫大師卡爾夫的許多代表作品看到中國瓷器的身影，領略他對中國青花瓷的嗜愛；而林布蘭本人則曾蒐藏過中國瓷器。中國瓷器的顏色，甚至成爲啓發維梅爾作畫的「繆思」。以〈戴珍珠耳環的少女〉（Girl with a Pearl Earring）這幅名畫爲例，不少藝術評論家認爲，維梅爾作品的典型，就在於他擅長捕捉藍色與黃色的和諧關係；而維梅爾的同鄉畫家梵谷，可能是參考了維梅爾的這種畫風，透過黃、藍互補色，[49]讓他的畫帶有和諧與理想的平靜之感。藝術史家推斷，維梅爾喜歡在畫中使用黃色、藍色互補色，靈感可能是出自中國瓷器。[50]其實，這種推斷也不完全是空穴來風，毫無憑據。維梅爾的家鄉臺夫特，也是遠近馳名的荷蘭「瓷都」，因爲當地燒製瓷器的精湛工藝而被寫入歷史。

十六世紀的臺夫特原本盛產啤酒，但經過兩次大火，啤酒業一蹶不振，但當地蘊藏優質的陶土，吸引無數法國和比利時的陶工紛紛前往臺夫特建窯，從此推動了陶瓷業的發展。臺夫特早期生產的陶瓷，主要是仿製義大利的錫釉花飾陶爲主，但隨著荷蘭東印度公司於一六〇二年成立，緊接著繼葡萄牙人之後壟斷遠東的貿易，歐洲王公貴族和富裕人家對東方瓷器趨之若鶩，荷蘭一方面提升海運大量進口東方瓷器，另一方面強化就地生產燒製。臺夫特於是改變生產戰略，擺脫燒製義大利錫釉花飾陶，開始仿製中國風格的瓷器。特別是在明末清初這段中國瓷器出口的過渡期，由於中國戰亂頻仍、王朝更迭，造成中國瓷器出口大幅衰退，歐洲瓷器市場出現龐大缺口，這又進一步給予臺夫特窯場發展的良機。

臺夫特燒製的荷蘭錫釉陶器一般簡稱「臺夫特陶」。[51]早期臺夫特主要採取「希諾利茲」(中國風格)紋樣，從大量進口的中國瓷器，選擇性地挑選歐洲人所能夠理解的紋樣，並加以重新組合。臺夫特的「希諾利茲」紋樣以白底藍彩爲主，紋樣多爲龍、鳳、獅子、仙人、亭臺樓閣、庭院花枝、山水風景，顯然是模仿自中國的青花瓷。臺夫特燒製的白釉藍彩陶器，工藝精湛，實用性強，深受中產階級的歡迎。臺夫特陶的風行，還得歸功出身荷蘭奧蘭治家族、繼任英國國王的威廉三世和瑪麗王后，他們的熱心推廣，使得臺夫特陶受到歐洲人的認可和追捧，日後更影響了英國的陶瓷燒製。隨著康熙時代五彩瓷和日本伊萬里、柿右衛門彩瓷輸往歐洲，扭轉了歐洲人對青花瓷的偏愛，臺夫特也開始燒製彩繪陶器，主要以黃、紫、黑、綠、茶、紅等顏色爲主。臺夫特燒製的陶器，雖然在紋樣風格上模仿中國瓷器，但造型上是完全適應於歐洲人的生活習慣，也算是一種東、西合璧的產品。

臺夫特陶器和當時歐洲各窯場燒製的瓷器一樣，是屬有別於中國「硬質瓷」（「眞瓷」）的「軟質瓷」，第二章提過，歐洲人直到十八世紀初，才由德國麥森廠獲得突破性的進展，找到燒製「硬質瓷」的工法。（**前文提到笛福的文章透露出他瞭解臺夫特瓷屬「軟質瓷」，與中國真瓷的「硬質瓷」不同，可見他對瓷器是有一定的認識。**）不過，由於荷蘭做爲中國進口瓷器的大國，並沒有經濟的誘因去研發工法燒製眞正的瓷器，臺夫特就僅僅止於滿足燒製軟質仿瓷產品。[52]

德國社會學家桑巴特（Werner Sombart）論證，奢侈品消費大大促進了歐洲資本主義的發展；美國社會學家范伯倫（Thorstein Veblen）著述立說，主張與牟利無關的閒散好奇心，同樣是資本主義的動力之一。[53]我們可以發現，做爲奢侈品的東方瓷器與風俗畫的美學創作，以及科學觀察的好奇心，共同在多元化的社會環境中實現創新並積累財富，十七世紀臺夫特、乃至荷蘭整體的發展經驗，爲海外貿易、藝術、科學三大領域的良性互動與相互催化提供了經典的案例。

風俗畫派擅長以寫實主義的技巧追求對日常生活的眞實再現，畫家對視覺空間的測量，對遠近比例的掌握，對光和影變化的感知，對不同事物肌理的洞察，都需要以堅實的科學文化和實驗觀察做爲基礎。維梅爾在作畫時常常借「透鏡暗箱」（Camera obscura）光學工具做爲輔助，觀察世界。「在這奇怪的盒子的一邊，有一個針孔大的洞，由盒子前面的物體反射出的光線從針孔中射入。在透鏡的幫助下，反射進盒子裡的光線會被集中到白色表現上，這樣就能在這白色的平面上看到物體的影像。」[54]藝術評論家認爲，維梅爾〈臺夫特小景〉（View on Delft）畫中特別突出的倒影

維梅爾，〈臺夫特小景〉　來源：Wikimedia Commons

小圓點，就具備了攝影暗箱作用的特點，它使得畫面更爲生動逼真。這表明了維梅爾觀察物體景象的科學性。維梅爾的遺囑執行人列文虎克（Antoni van Leeuwenhoek），同樣出身臺夫特，與維梅爾既是同鄉，又都沉迷於光影與透鏡，是發明顯微鏡的科學家。[55]列文虎克以玻璃透鏡爲核心，在顯微鏡的製作生產和紡織業、自然科學之間建立一種相互推動的協同關係。事實上，爲了記錄科學發現，列文虎克也聘請畫家爲他的科學發現繪製插圖。

科學發明同樣支撐了荷蘭的海權擴張與海上貿易。荷蘭在十七世紀已經取代義大利佛羅倫斯成爲科學用途的玻璃製造中心，相關人才輩出。[56]玻璃透鏡製造能力的提升，光學理論的精進，都是製造航海使用之雙筒望遠鏡的原料，另一方面，生產雙筒望遠鏡的原料銅、黃銅，也是製造航行所需之銅版畫海圖的原料。在維梅爾的許多幅畫，都可以看到海圖的蹤影。荷蘭航海技術的提升，海權的擴張，自然有助於荷蘭在遠東地區的巴達維亞、廣州、長崎建立貿易據點，[57]繼葡萄牙人之後主宰對東方奢侈品如瓷器的貿易，累積財富，從而讓荷蘭人更有餘裕的空閒從事科學與藝術的創新。

不過，在宗教清規與道德戒律的重重束縛之下，突然降臨的富裕生活還是讓荷蘭人感到忐忑，惴惴難安。前文提到靜物畫大師卡爾夫的作品〈靜物：晚明薑罐〉，畫中物品恣意錯落，是一種寫實；但這種物品的失序、錯置狀態，在商品拜物教的表象背後，寓意了「道德經濟」（moral economy）的惶惶不安。[58]十七世紀之前，荷蘭人奉行勤儉節約的美德，但紛至沓來的新商品大潮，造成經濟史家夏瑪（Simon Schama）所謂令人「尷尬」（embarrassment）的富裕。[59]就如同社會學家桑內特的說法，「面對唾手可得的物質財富時，人們的反應往往是感到焦慮。商品的極其豐富引起了神學的憂慮，無論是改革派或是反改革派都很擔心物質的誘惑：在神學家看來，甚至連兒童玩具這種無害的日常用品也值得憂慮。」[60]

對於十七世紀荷蘭的「黃金年代」，或者隨之十八世紀英國的「消費主義」（consumerism）社會，要紓解宗教與道德的沉重心理負擔，怡然自得地放膽消費像東方瓷器這類的奢侈品，都需要在價值觀和生活態度方面進行突破，甚至法令束縛的解除，形成一種孔恩（Thomas S. Kuhn）所謂的「典範」（paradigm）革命，以新的論述把神學家、道德家向來認爲的敗德劣行——貪婪、奢侈、墮落，以及王室貴族視之爲僭越階級本分的攀比妄爲——轉化成爲促進國家經濟發展的強勁動力。

斯特恩（Jan Steen），〈戒奢寧儉〉（Beware of Luxury）。畫中左側的扁平錢包點出了這幅畫的意義。鑰匙下方打盹的女人，從穿著來看應該是掌管這把鑰匙的一家之主，當時的荷蘭觀念是由女人操持家務，但她卻可能飲酒過度睡著了，這象徵家庭生活的消亡。Mariet Westermann 著，張永俊、金菊譯，《荷蘭共和國藝術（1585-1718）》，頁11。

來源：Wikimedia Commons

第六章　英國的消費主義社會與瓷器文化

任何奢侈品都會衰老、過時，可是奢侈品還會死灰復燃，從失敗中再生。

布勞岱爾，《十五世紀至十八世紀的物質文明、經濟和資本主義生活（卷一）》

欲望的政治經濟學

一個國家的消費模式，尤其是像瓷器這類奢華精品的消費，從來就不是憑空發生，而是一系列複雜因素所造成的結果。其中，包括國家的地緣政治與國際貿易的策略，社會階級結構的轉型，社會的模仿行爲，性別的偏好，美學的品味，以及道德觀與價值觀念的轉變。

對於浸淫在濃濃宗教氛圍的基督世界，奢侈消費要能被社會所接納，首先就必須在價值觀上擺脫宗教信仰與道德規範的束縛，取得社會正當性的認可。十七世紀令荷蘭人感到忐忑的這一問題，其實自文藝復興時代以來已經讓許多歐洲思想家、神學家爭論不休：仁慈萬能的上帝怎麼能讓邪惡的動機來支配人的行爲？[1] 韋伯在那本討論新教倫理與資本主義之間存在某種「選擇的親近性」(selective affinity)的經典著作中問道:「那種至多僅在倫理上得到容忍的活動是怎樣變成了富蘭克林意義上的天職(calling)的呢?」[2] 也就是說,過去幾百年來,在歐洲受到譴責的商業行爲、金融借貸等營利活動,被貶抑成一種貪得無饜的敗德劣行,又是如何搖身一變成爲象徵上帝恩寵的榮耀行爲?

無獨有偶,晚明時代的中國文人其實也有類似的心理焦慮。當時,隨著中國商品出口並與世界市場連結,境外白銀大量流入,造就了大明國商業繁榮的昇平景象。[3] 文人面對經濟、商業、事物觀念天翻地覆的轉變,也被迫重新省思宋明「理學」的價值意義,並嚴肅思考道德與財富積累之間的關係。例如,明代文人袁黃的解決方法,就是以儒家思想揉合佛教因果報應之說,認爲功德之積累,有助於發家致富、求得功名,並透過建立「功過格」的方式,考評善惡行爲,據此衡量個人財富,以緩和道德與財富之間的緊張壓力。[4] 面對商業利益造成的社會變遷,歐洲人又是如何紓解宗教信仰與道德倫理的壓力?

在文藝復興時代,歐洲人已逐漸意識到哲學的道德教化與宗教戒律無法有效約束人的欲望,有必要對人性做更細緻和坦誠的認識。也就是說,要從「眞實的人」來思考人,承認欲望的眞實存在,不要妄想根絕它,套用赫緒曼(Albert O. Hirschman)的說法,而是要設法「馴服」(harnessing)欲望。馴服的手段,就是讓欲望自己制衡自己,用相對無害的欲望去壓制更凶惡的欲望,或者讓欲望分而治之,彼此對抗,來化解或馴服欲望,甚至最終創造公共利益。這種思維模式,體現在當時思想家如馬基維利（Niccolò di Bernardo dei Machiavelli）、霍布斯（Thomas Hobbes）、斯賓諾莎（Baruch Spinoza）、休謨的論述中，甚至在美國國父們也用這套知識工具來制定憲法。赫緒曼認爲十八世紀初思想家維柯（Giovanni Battista Vico）闡述了這一知識思維，並且以一種令人振奮的發現而使這種思維別具一格：

> 社會利用使全人類步入邪路的三種罪惡——殘暴、貪婪和野心，創造出了國防、商業和政治，由此帶來國家的強大、財富和智慧。社會利用這三種注定會把人類從地球上滅絕的大惡，引導出了公民的幸福。這個原理證明了天意的存在：通過它那智慧的律令，專心致力於追求私利的人們的欲望被轉化為公共秩序，使他們能夠生活在人類社會中。[5]

這種以欲望馴服欲望、以「惡行」促成公共利益的討論，在十八世紀的英國十分盛行，例如，荷蘭裔英國人曼德維爾（Bernard Mandeville），時人以其名字嘲諷他是「人魔」（Man-devil），[6]就在他的著作《蜜蜂的寓言》（*The Fable of the Bees*），以聳人聽聞的口吻詳盡論證貪婪私欲的邪惡之花，可以開出公共利益的善果，而意圖以公共德行來建構繁榮的社會只是一種浪漫的癡心妄想，因爲受到私欲支配的惡行才是社會繁榮根源。[7]亞當．斯密則是以著名的隱喻「看不見的手」，探討傳統上被視爲貪婪、貪財的欲望，如何形成公共利益；只不過在修辭技巧上，亞當．斯密後來在《國富論》中以較為溫和、中性的「利益」(interest)，[8]避開曼德維爾驚世駭俗所採用的「欲望」或「惡行」字眼，推演所謂的「曼德維爾悖論」。

亞當·斯密分別在《道德情感論》(1759)與《國富論》(1776)提到「看不見的手」這一著名術語：

儘管他們(富人)生性自私貪婪，儘管他們只在意他們自身的便利，儘管他們所僱用的數千人的勞動中，他們所圖謀的唯一目的，只在於滿足他們本身那些無聊與貪求無厭的欲望，但他們終究還是和窮人一起分享他們經營改良所獲得的一切成果。他們被一隻**看不見的手**引導做出的那種生活必需品分配，和這世間的土地平均分配給所有居民時會有的那種生活必需品分配，幾乎沒什麼兩樣；他們就這樣，在沒打算要有這效果，也不知道有這效果的情況下，增進了社會的利益，提供了人類繁衍所需的資源。

誠然，他(商人)通常並無意去促進公眾的利益，也不知道他促進了多少。他寧願支持國內勞動，而不支持國外勞動，因為他追求的只是他自己的安全；他引導勞動去生產具有最大價值的產物，因為他追求的只是個人的所得，而在這一點上他就像在其他許多場合一樣，他總是被一隻**看不見的手**牽引著去促成一個他全然無意追求的目的。而且也並不因為他沒有任何

> 這種意圖，就對社會更壞。他在追求個人的利益時，他時常比其他真實地有意促進社會利益還更有效地促進了社會的利益。[9]

哲學家諾齊克（Robert Nozick）認爲亞當．斯密「看不見的手」的解釋，「可愛之處」（lovely quality）就在於它可以表現出「某種總體性模式或設計」，但這種總體性模式或設計，又不必像先前訴諸某一個體或集體是有目的地刻意爲之。[10]人總是希望能在有序的世界追求幸福圓滿，然而，之前的歐洲人，往往「把世界理解爲是爲了表現或體現理念的秩序或原型的秩序而存在的，理解爲是對於神聖生命的韻律、諸神的根本法則或者上帝意志的證明」。[11]這時，亞當．斯密藉由「看不見的手」的隱喻告訴世人，人的私欲是可以與多數人的利益相調和而形成秩序，當個人、群體乃至整個人類都被納入這個秩序之中，這個自然的秩序便會利用人的私欲，創造出公共利益。這個自然形成的秩序，就像黑格爾所謂的「理性狡詐」（cunning of reason），人在「激情」之人性的本能催化下，不自覺地成就了更高拔的世界史目的。[12]這種自然形成的秩序，更不必依托在人的自主性之外，倚靠任何全知全能的力量，如《聖經》所宣揚超越塵世之上的上帝意旨。

結果，亞當．斯密市場經濟裡的那隻看不見的手，取代了喀爾文（Jean Calvin）「預定論」教義中，上帝神祕、「無所不在的手（ever-present hand）」，人們對私欲的追求透過市場機制創造了共同的善，就像上帝在「惡」中創造「善」，在「原罪」裡實現「救贖」一樣。於是，亞當．斯密挪用了喀爾文教派的神意說，以自由市場的狡詐，取代了無所不在的萬能上帝。[13]

在觀念翻轉的過程，追逐利益的私欲，擺脫了宗教與道德的束縛，商業活動隨之也贏得自己的尊嚴，甚至昇華成爲一種「溫和得體」（douceur）的姿態。孟德斯鳩（Montesquieu）在《論法的精神》（*De l'esprit des lois*）討論經濟的部分，開宗明義提到：「……哪裡有溫和得體的風俗，哪裡就有商業；哪裡有商業，哪裡就有溫和得體的風俗，這幾乎就是一條普遍的規律。」「我們每天都可以看得到，商業……使得野蠻的風俗變得優雅而溫和。」[14] 這種溫和得體的商業觀，很快就傳遍歐洲，蘇格蘭與英格蘭普遍接受了這一觀點。例如，蘇格蘭歷史學家羅伯遜（William Robertson）在他的著作《歐洲社會進步概觀》（*A View of the Progress of Society in Europe*）寫道：「商業易於使維持各國之間的差別和敵意的偏見逐漸消失。它使得民風變得溫和而優雅。」[15] 前文馬戛爾尼便是懷抱著對商業正面的價值觀出使中國。英王喬治三世在透過馬戛爾尼轉呈給乾隆的信裡卽明白表示，商品交換有助於促進相隔遙遠國家之間的互利；雖然各民族之間因風俗習慣的差異產生隔閡，但是商品與知識的交流有益於增進彼此的瞭解，防止衝突。英國使節團就是以這套價值觀試圖說服乾隆皇帝商業交流有助相互理解，消弭彼此的差異和誤會，以便開拓大英帝國在華的龐大商機。[16]

然而，隨著商業的擴張與貿易的興盛，引發了歐洲各國對貿易失衡、經濟脫序的疑慮和憂心，特別是，十八世紀歐洲各國從東方進口大量的所謂奢侈品，例如中國瓷器、日本漆器、印度印花棉布等，進而演變成對奢侈、奢侈品與奢侈品消費的大辯論。對於古典時代和基督教世界的傳統，奢侈、奢侈消費往往象徵女性的柔弱傾向，欲望的潛在顛覆力量。法文「mollesse」一詞，意即驕奢逸樂／軟弱，可同時應用於道德與身體領域；就後者而言，它暗示女性作風，陽剛之氣缺乏，具有強烈的性暗示。批判奢靡之風的法國人認爲，驕奢造成性別邊界的解體，甚至造成法國人陽剛之氣不足，導致人口下降。[17]其次，個人揮霍的逾越身分和道德墮落，擾亂了社會階級秩序，使得社會標誌出現混淆。誠如當時法國哲學家霍爾巴赫（Paul-Henri d'Holbach）的諷刺說法：「奢侈是一種冒名頂替，人類同意藉此相互欺騙，甚至設法欺騙自己。」[18]對於奢侈行爲可能帶來世界觀的崩潰、性別界線的混淆、社會階級的瓦解，必須透過禁奢法令[19]予以遏制，以維護社會秩序與階級結構的穩定。[20]

但是，隨著這場大辯論的開展，傳統上與貴族的欲望、財富、地位、權力相關聯的奢侈概念，逐漸演變成一種對商業、功效、品味、美學、生活風格的認識與接納，把奢侈、奢侈消費與商業擴張，以及城市新興中產階級孕育的消費主義扣連。同時，奢侈與奢侈消費觀念的翻轉與重新定義，歐洲各國的官員與作家開始爭辯國家如何回應奢侈消費，國家的社會與經濟結構是否有能力創造及吸納奢侈與奢侈消費的現象。[21]

把奢侈與奢侈消費的論辯，從道德與宗教的傳統轉向功效的政治經濟學，主要的關鍵是上述提到的曼德維爾。他在《蜜蜂的寓言》一書中論證，因奢侈消費滋長的貪婪惡行，意外地刺激製造業的發達和促進商品的流通，從而增進國家的富裕。在這本書的詩歌部分曼德維爾寫道：

無數的人們都在努力
滿足彼此之間的虛榮與欲望，
到處都充滿邪惡，
但整個社會卻變成了天堂。
在這種情況下，窮人們也過著好日子。

奢侈驅使著百萬窮漢勞作：
可憎的傲慢又養活著另一百萬窮漢。
嫉妒和虛榮，是商業的獎勵者；
其產物正是食物、傢俱和衣服的變化無常，
這種奇怪而荒唐可笑的惡德，
竟然成為回轉商業的車輪。[22]

曼德維爾認爲，人類的天性自私，追逐歡愉，愛慕虛榮，追求奢華以滿足人與生俱來的這些天性，對奢侈品的渴望，使得社會受到炫耀性的消費所驅動。而有能力追逐奢侈品的富人，弔詭的，卻意外促成了商業的擴張，擴大窮人的就業機會，精進商品的品質。觀念的翻轉，讓商品供應與消費需求從道德教化與宗教倫理的束縛中獲得解放，為十八世紀英國消費主義（consumerism）的降臨敞開了大門。

十八世紀英國這波消費革命，根據社會學家坎貝爾（Colin Campbell）的分析，主要特徵之一，就表現在對「奢侈品」的消費上，[23]即曼德維爾書中所謂「並不直接滿足人的生存需要的東西」，例如約書亞·瑋緻活家鄉斯塔福德郡生產的陶瓷，伯明罕生產的別針、帶扣等小金屬器物，雪菲爾（Sheffield）製造的刀具，以及其他林林總總的書籍、女性刊物、兒童玩具等。

除此之外，當然，還有來自東方世界進口的奢侈品，[24]例如印度的棉布。十七世紀中葉之後，英國東印度公司開始自印度進口棉布，深受英國王公貴族的青睞，一時之間印染著各式花樣、條紋的棉布以其罕見的異國風情，帶動了英國社會的流行時尚，形成了所謂的「棉織物熱潮」、「印度熱潮」，讓毛紡織歷史悠久的英國，「以獸皮披身」的「生活」，終於「變得細膩而豐富起來」。然而，到了十八世紀初，印度棉布大量進口的結果，造成英國紡織工人的失業潮與大規模抗議。英國政府雖然祭出《禁止使用棉織物法》法令，但是進口商和消費者還是利用法條的種種「例外」規定鑽法律漏洞，在陽奉陰違的情況下使得這項法令淪為空頭具文。[25]

社會階級與模仿消費

十八世紀英國消費革命還有另一項特點，即除了傳統貴族與富豪之外，所謂的「中等階級」（middling Classes）構成了新興的消費主體和消費力量。[26]這個群體的類別十分複雜，成員包括工匠、商人、自耕自食的農夫、工程師和城鎮的從業人員等。[27]據此，令人好奇的是，究竟是什麼因素促成這一群體擴大消費，形成消費革命的洪流，而龐大的消費需求，甚至帶動了英國工業革命？

學界在探討這一問題時，已經注意到消費需求的增加，不單單只是人口數量成長與消費能力提升所造成的結果，前文提到消費新觀念的醞釀與發酵也是相當重要的因素。換言之，在探討這一問題時必須區別消費能力與消費意願；而後者涉及到消費者在進行消費行爲時的「心理狀態」。

英國史家麥肯德里克（Neil McKendrick）分析十八世紀英國家庭需求擴大與經濟成長時，提到了當時英國女性受薪階級的消費動機，彷彿她們就是英國消費主義的助產婆：「她們漸漸增長的所得釋放出與上層社會比肩的欲望，這種欲望幾個世紀以來都受到壓抑，若不是如此，起碼也是被局限在偶爾的鋪張行爲……然而，正是這種新的需求，紡織女工渴望穿得像公爵夫人，這種需求有助於推動工業革命。」[28]而紡織女工之所以競相仿效上流社會穿著服飾，同年代的曼德維爾在《蜜蜂的寓言》書中解釋說，「漂亮的外衣最被看重……在沒有人認識自己的地方，人們往往會因爲衣服和其他隨身用品而受到相應的尊敬。我們根據人們的外表華麗去判斷其財富，根據人們訂購的東西猜測其見識」，其中，又以人口衆多、資訊管道暢通的大城市尤其如此，「在那裡，無名之輩在一個小時之中能遇上五十個陌生人，卻只能遇見一個熟人，因此可以享受到被大多數人尊重的快樂……這是對貪慕虛榮者一種更大的誘惑。」[29]社會科學家把這種模仿上流社會「炫耀性消費」的跟風，借用對此現象有系統性、開創性研究的經濟學家范伯倫（Thorstein Veblen）之名，稱之爲「范伯倫效應」（Veblen effects），[30]認爲十八世紀的英國社會，各階層間充斥著這種社會模仿的消費行爲，因而開創了消費革命的風潮。在這種消費模仿與跟風的潮流中，是由少數上流社會的貴族與富豪扮演引領時尚的重要角色。誠如十八世紀經濟學家亞當．斯密對流行時尚的觀察，「時尚是一種特殊的社會習慣。每個人身上穿的衣服衣裳，不是時尚。但，有地位或名聲的那些人身上穿的，卻是時尚。權貴人士那種優雅、從容與威風凜凜的儀態舉止，和他們的衣裳一向慣有的貴重與華麗結合在一起，使他們偶爾穿上那個式樣，而被賦予了優美的性質。」[31]亞當．斯密進一步還提到，由上流社會所帶動的社會習慣與時尚，其影響所及，除了衣裳之外，還擴展到所有可以品味鑑賞的事物，如音樂、建築、詩詞等。

約書亞．瑋緻活本人在行銷陶瓷時便十分看重這群人引領時尚的影響力，稱呼他們是「品味的立法者」（legislator of taste）。基於行銷策略的考量，他會爲皇室成員的生日燒製紀念商品，贈送新的商品樣式給貴族，然後，再以更爲廉價的材質燒製類似的產品，以滿足社會各個階層的需要。平民階級一旦發現皇室貴族在使用一些新式樣的商品，也會立刻就爭先恐後模仿他們的消費行爲。約書亞．瑋緻活在皇室貴族之間擁有各種關係網絡，經營陶瓷事業時更深諳在英國的中等階層之間釋放出社會模仿效應。他擅長掌握皇室貴族的流行品味與渲染能力，鼓動新古典主義品味的興起，爭取設計師的支持，運用媒體廣告與專賣店展示的推波助瀾效果，創造並激發出上層與中等階層前所未有的消費欲望，行銷策略大膽創新。

傳統對約書亞．瑋緻活歷史成就與貢獻的評論，往往著重在他身爲實驗家、工業發明家、英國皇家學會會員，在技術上的實驗與創新、建立大規模生產制度、規訓勞動生產紀律與專業分工等領域的創新和建樹；近來以約書亞．瑋緻活爲英國十八世紀商業化社會象徵的新研究取向，已經開始跳脫前述那種「供給面」的分析，轉而注意到約書亞．瑋緻活如何藉由嶄新的行銷策略，激發出社會集體的潛在欲望，誘導模仿消費，成爲英國商業社會「需求面」的開創者。就這點而言，套用麥肯德里克的說法，或許稱之爲「瑋緻活效應」（Wedgwood effect）也不爲過。[32]

性別消費與審美品味

前述以欲望馴服欲望所孕育的「經濟人」（economic man），東征西討、攻無不克，充滿英雄主義的陽剛之氣，就宛如十九世紀工業化的序曲。這個「經濟人」正如馬克思、恩格斯在《共產黨宣言》對其力量所發出的驚嘆，「隨著生產的不斷變革，一切社會關係的不停動盪」，結果，「一切固定的古老關係以及與之相適應的要素，被尊崇的觀念和見解都被解消了，一切新形成的關係等不到固定下來就陳舊了。一切固定的東西都煙消雲散了。」

但是，英國學者波考克（J. G. A. Pocock）還是提醒我們，「潘多拉乃是先於普羅米修斯登場」，這個「經濟人」在十八世紀時，大體上仍是一個女性化、甚至柔弱的形象，「他仍然在與自己的欲望和歇斯底里、與他的幻想和嗜好釋放出的內在和外在的力量抗爭，這些力量是以打破秩序的女神形象做爲象徵的。」[33]於是，不知饜足追求欲望的奢華，總是被認爲是女性扮演的角色。

從消費與流行時尚的歷史來看，清楚表明引領消費潮流的社會群體，「性別」因素的分量要大過「階級」。這也難怪，英國十七、十八世紀最重要的瓷器蒐藏家瑪麗王后（Queen Mary）、安妮王后（Queen Anne）、亨麗埃塔·霍華德（Henrietta Howard）、昆斯伯里公爵夫人（the Duchess of Queensbury）全都是女性。[34]約書亞·瑋緻活的行銷魔法，成功激發出女性群體的龐大消費力，確實，正如學者瑪辛·博格（Maxine Berg）的結論，「女性是瓷器消費的主力，自然在約書亞·瑋緻活的成功事業中扮演關鍵的角色。」[35]

對於女性消費主導消費革命潮流，過去的學者往往以貶抑的口吻把這種消費性別化傾向的刻板印象與女性的情欲連結。桑巴特（Werner Sombart）在《奢侈與資本主義》（*Luxury and Capitalism*）書中解釋歐洲奢華消費的出現，最終把這種消費的驅力與滿足感官需求連結，而這種感官需求主要源自情欲。情婦、高級妓女、沙龍文化是消費社會的一種誘惑深淵。[36]事實上，在十七世紀的英國社會，存在一種隱喻，把瓷器等同女性，代表商品和欲望，而陳列擺設瓷器的「瓷房」（china house）就成爲一種象徵誘惑、交流和性商品化的場域。[37]社會學家齊美爾在流行時尚中也看到了女性消費的關鍵作用。齊美爾認爲女性的消費行爲受到心理驅力的導引，只不過他主張這種心理驅力係來自模仿與追隨，是一種虛榮心作祟、盲目跟風產生的炫耀性消費。齊美爾看到了社會存在一種矛盾：適應所屬社會集團的行爲模式和角色，以及個人向上層社會集團流動的渴望。女人追逐流行目的是要創造差異化與擁有社會地位。[38]根據前面所引述英國史家麥肯德里克的說法，不僅女性貴族和高級妓女，就連紡織女工也都受到「范伯倫效應」的牽引，無法抗拒這種心理渴望。

但是，單從虛榮感貶抑女性的模仿消費，並不足以全面解釋時尚流行的歷史獨特性。首先，可想而知，女性本身必須要擁有足以負擔這種消費的經濟能力。根據經濟史家德弗里斯（Jan de Vries）的研究，歐洲家庭主婦是積極的消費者，不是受到流行時尚操弄的被動消費者。女性之所以願意在市場上購買奇異奢華的商品，首先她在家庭裡必須擁有決策權力，這種決策權力則來自女性就業機會的提升而拉抬了女性的所得能力。前工業革命時期與工業革命之初，主要仰賴女性勞動力，女性勞動力又爲商業社會創造了消費群體。德弗里斯依據英國的經濟與家庭結構解釋，家庭主婦扮演決定家庭消費的角色，在生產、消費、再生產的交錯中占據戰略性位置。[39]

儘管如此，時尚又是如何成功流行？何以某些時尚會在特定時刻成爲潮流，被廣爲接受，而其他有潛力成爲時尚者卻不能？這些問題其實同樣困擾著有「時尚魔法師」美譽的約書亞・瑋緻活。約書亞・瑋緻活有時會覺得納悶不解，他高度期待的瓷器款式，有些會大爲流行，有些則是在市場上乏人問津。他體認到似乎在模仿上流社會的「范伯倫效應」發酵之前，就已經存在某種的集體渴望。無止盡地追求新奇，以及由此得來的聲望和地位，雖然在催化這種集體渴望時扮演非常重要的角色，但還是不如原始的欲求。對於這種原始欲求，並不是菁英的聲望促成了設計的流行，而是設計的恰如其分，使得菁英因而博得聲望。所以，設計就必須迎合消費者的「原初品味」（incipient taste）。[40]

法國社會學家布迪厄（Pierre Bourdieu）通過「審美秉性」（aesthetic disposition）的觀點進一步推演這種「原初品味」觀念。對於任何的文化產品，不論是音樂、服裝、室內設計，訴求某一階級群體，前提必須與其品味生活偏好的特殊形構（configuration）相一致。這種一致性是對應於這一群體的社會條件與自我認知。例如，瓷器消費的時尚，一般較易吸引中上層階級的女性消費者，而體現出一種獨特的品味母體（matrix），正是這一特質受到這群人的青睞。對布迪厄而言，階級與社會認同就是經由群體日常生活衆多品味判斷的建構與揭示而歷久不衰。[41]所以，文化產品的消費行爲另外還涉及審美品味的判斷及其蘊含的社會象徵意義。

消費模式普遍存在性別化的趨勢，這種現象同樣表現在十七、十八世紀英國女性對中國瓷器的消費心理動機，大衛・波特根據圖像、性別、想像的置換三個軸線，認爲英國女性透過消費中國進口瓷器，在心理上建構了一種他所謂「女性中心烏托邦主義」（feminocentric utopianism）的想像空間。

十七、十八世紀，英國進口的中國瓷器，常見「仕女畫」的圖案，畫面招喚出一種受到保護的烏托邦空間。其間，三三兩兩穿著優雅服飾的女人，慵慵懶懶地在看似是花園的封閉空間活動，時而焚香彈琴、時而作畫下棋。呈現出閒散安詳的氛圍。中國女人優雅飄蕩的衣袍，遮掩了肉體具象的形態，在看膩了女人赤身裸體的西方人眼中，給予他們一種詭異的無性徵、甚至是雌雄同體的形象，與受到波提且利（Botticelli）、提香（Titian）、布歇長期餵養的男性凝視，形成強烈的對比。就如同約翰・伯格（John Berger）對西方裸體畫藝術傳統的總結：「畫家、鑑賞者、蒐藏者通常是男性，而畫作的對象往往是女性。這不平等的關係深深植根於我們的文化中。」[42]在這種根

清康熙年間的五彩仕女畫瓷器

來源：The Metropolitan Museum of Art

波提且利畫作　　來源：Wikimedia Commons

提香畫作　　來源：Wikimedia Commons

深蒂固的藝術傳統之下，裸畫中的女性，只是屈從於主人即男人和畫作擁有者的感情或要求。然而，中國仕女畫散發出來的女性尊嚴、自主與親密同性情誼關係，超越了這種西方視覺傳統的想像界限。

大衛．波特認爲英國人、尤其是英國女性這種對中國瓷器異國風情的審美情趣，呼應了當時女性對自主空間的想像與建構。在十七、十八這兩個世紀間，英國女性（少部分男性），如瑪格麗特．卡文迪什（Margaret Cavendish）、瑪麗．阿斯特爾（Mary Astell）、莎拉．斯科特（Sarah Scott），創造出許許多多的詩歌、戲劇、小說、散文，直白地關懷女性的生活世界和自主空間的建立。這段期間，對女性受教育機會有限的挫折情緒，對女性婚姻理想的懷疑，以及後宗教改革（Post-Reformation）時期對女修道院制度促進女性情誼、學習熱誠、宗教慈悲的緬懷，共同孕育出這段女性主義的史前史。大衛．波特在英國女性中心烏托邦主義的社會氛圍與想像，以及對中國仕女畫瓷器的消費與審美情趣之間，看到了一種象徵的扣連。[43]

受到好友兼合夥人班特利的啓發，又時常向貴族、鑑賞家請教，約書亞．瑋緻活已經逐漸有能力掌握這種「審美秉性」，進而推動陶瓷工業生產的美學化，把當時流行的新古典主義藝術風融入到他的生產的產品中，引起了消費者追捧和熱潮。

十八世紀中葉之後，英國的資本主義與工業革命逐漸達到一定規模，但是，不同於後來十九世紀興起的演化、進步史觀，把社會的進步視爲是一種歷史的必然；伴隨著當時時代進步而來的是一種迷惘和不安，這種對社會進步的猶豫情緒，具體地體現在那個時代對古典文獻的癡迷。這是一個醉心進步的時代，同時也是歐洲人致力於研究希臘羅馬的時代。[44]英國歷史學家吉朋（Edward Gibbon）就是身處在羅馬廢墟之中，感受到無以名狀的毀滅力量，殘酷殺戮的歷史悲愴，凝視沉睡的壘壘石塊，面對羊群漫步的神廟遺跡，對遺忘的關注召喚了記憶的覺醒，而興起寫作《羅馬帝國衰亡史》（*The Decline and Fall of the Roman Empire*）的想法：「在羅馬，當我坐在朱庇特神堂遺址默想的時候，天神廟裡赤腳的修道士們正在歌唱晚禱曲，我心裡開始萌發撰寫著個城市衰落和敗亡的念頭。」[45]

新古典主義藝術潮流的興起，正是這種時代悖論的產物。新古典主義渴望擺脫巴洛克、洛可可風尚那種繁複、帶有異國風情的審美情趣，而在古希臘羅馬的藝術中挖掘純粹的形式與表現，追尋十八世紀藝術評論家溫克爾曼（Johann Joachim Winckelmann）所形容的「高貴的單純、靜穆的偉大」，彰顯優雅、簡約、和諧與平靜的審美品味。當時歐洲上流社會，一方面研究古典文獻、踏尋古蹟、蒐集古物，沉醉在與古文明的交集；一方面又希望壓抑時代變化莫測的趨勢和心理不安，也就樂見將這種古典的原則與設計融入到瞬息萬變的生活中。約書亞·瑋緻活的新古典主義產品，滿足了歐洲人這種時代的矛盾情結和想像。

飲茶文化與瓷器消費

英國人之所習慣把瓷器與女人連結，部分原因是受到英國社會飲茶文化盛行的影響。十八世紀初，英國安妮女王嗜好品茶，她在位期間帶動英國社會飲茶的時尚。英國人流行飲茶，是由女王或公主這類貴族女性引領而起，所以飲茶被視爲特屬女性的活動。珍．奧斯汀（Jane Austen）筆下的女性角色都嗜好飲茶，在她的《傲慢與偏見》（*Pride and Prejudice*）小說中，就出現了八個喝茶的場景。由此可見，英國人對飲茶著迷的程度。從十八世紀的英國畫常常可以看到，舉行茶宴時，女主人泡茶彷彿就像是高高在上的君王，君臨茶几四周

茶宴就像女人的合法帝國。海曼（Francis Hayman），〈強納森．泰爾斯和他的家庭〉（Jonathan Tyers and his Family）
來源：Wikimedia Commons

的男男女女。在男權至上的時代，家庭中的茶室，就是女性自主的小天地。如同英國小說家瑪麗·布雷頓（Mary E. Braddon）所說的，「拿走茶几，就形同搶走了女人的合法帝國。」[46]

飲茶是女性重要的社交活動，這種活動可以是公開的，也可以是私人性質的，茶館於是成爲英國女性重要的公開社交場所。在十八世紀中葉英屬東印度公司還未從中國大量進口茶葉、茶葉尚未成爲英國國民飲料之前，咖啡館曾是倫敦最重要的公共空間。當時，咖啡館是一個浪漫化、理想化的場所，社會學家桑內特形容，咖啡館「充滿歡聲笑語，人們之間彬彬有禮地交談，氣氛很融洽，一杯咖啡就能促使人們成爲好朋友，而且不像售杜松子酒的店舖那樣，顧客喝醉了之後便陷入沉默」。[47]德國社會學家哈伯瑪斯（Jürgen Habermas）以咖啡館做爲「公共領域」（public sphere）概念的歷史雛型之一，分析西方資產階級民主政治的崛起，更是強化了咖啡館的浪漫與理想色彩。確實，如當代學者卡爾霍恩（Craig Calhoun）所做的分析，十八世紀英國的政治與社會關係，乃是哈伯瑪斯構思公共領域概念的典範，而英國咖啡館的確也扮演了資訊交流與輿論發聲的種種社會功能，人們可以在咖啡館超越社會階級身分高談闊論，閱讀書報，甚至獲取最新科學知識和研究成果，把科學新知識商業化。

但是，英國咖啡館的這種「公共性」還是有限度的，它是專屬純成年男性的天地，女性則被排除在這個公共領域之外。[48]與中國茶館帶有對女性性別歧視的社會規範不同，[49]英國茶館容許女性入內消費。當時，英國女性如果要喝茶，可以選擇到湯瑪斯·川寧（Thomas Twining）開設的「金色里昂」（The Golden Lyon），這是倫敦第一家茶館，自一七〇六年起卽開始賣茶葉。前往消費的有男人也有女人，顧客絡繹不絕，生意一直如火如荼。

飲茶當然也在私人空間廣爲流行。現在，家裡的女主人終於有了酒精飲品之外比較溫和、可以沏泡飲用的飲料招待親朋好友。英國飲茶風最早流行於貴族與紳士家庭，這種招待過程給予女主人一個可以展示良好教養、舉止、禮儀的場合。「在一個社會階層分明但各階級之間流動性尚可的社會裡，語言、動作和外在的細微之處，都可以被用來判斷一個人所屬的社會階層。」在這種情況下，喝茶時的舉手投足，就成爲判斷一個人所屬階層的重要方法了。

另外，對於像英國這樣矜持、社會等級分明的民族，他們使用的物品、細微的禮貌行爲、尊敬和喜好的符號等無法用言語傳達的東西可以傳遞許多訊息。正如珍．奧斯汀、狄更斯的小說情節所描述的，在氣氛親切和睦的茶宴上，席間卽使是要傳播蜚短流長，或者惡毒的批評，彼此也都必須心照不宣地刻意維持在一定的禮儀限度：

川寧的「金色里昂」茶館仍然屹立在原址倫敦岸濱街（Strand）216號，茶館上方坐落著名的金獅和兩個中國人塑像。　來源：Wikimedia Commons

席間談話的方式在很大程度上取決於女主人招待大家所使用的茶。如果是正宗的熙春嫩茶（Young Hyson）……人們的談話就會活潑、熱烈、快樂；如果是珠茶（Gunpowder）（外形像砲彈），人們談話就會有「火藥味兒」，肯定會有某個人被批駁的聲譽掃地。如果是綠茶……人們的談話會產生一種毒性，破壞大家的道德標準。[50]

英國女性、特別是中產階級的女性，就這樣藉由喝茶的消費行爲和社交禮節，表達友誼的美好，進行觀念的交流，排遣寂寞的時光。

英國人對飲茶的癡迷，是不分性別的。茶甚至漸漸演成爲一種普及社會各個階級的國民飲料。因撰寫辭典而聲名大噪的詹森（Samuel Johnson），是英國首屈一指的茶癮君子，當有清教徒撰文抨擊英國的飲茶風潮和運送茶葉的船隻、水手時，詹森卽坦率表明他對茶的癡狂。他說自己是「一位經年不變的飲茶者，多年來一直都是在這種醇香植物浸泡液的陪伴下飲食進餐，茶水壺從未冷卻過，晚上靠茶來歡愉身心，午夜靠茶來安枕慰眠，早上靠茶來迎接新的一天」。[51]茶癮君子詹森從早到晚，生活作息都離不開茶了。

英國人的喝茶時尚，同時大大推動了陶瓷業的發展。相較於英國人習慣使用木質、錫、玻璃等材質的器具，陶瓷製品耐高溫，又容易清洗，是比較適合用來做爲茶具的材料。與中國人習慣不同，英國人喝茶喜歡添加糖、牛奶，還搭配餅乾、蛋糕等甜點；所以，英國人喝茶時，除茶壺、茶杯之外，額外還需要許多配套小器具，如端茶給客人時使用的茶碟，方使客人放置勺子，盛放糖、牛奶、甜點的糖罐、牛奶罐、盤子，甚至還有雅致的茶几、椅子、屏風、壁爐，豐富喝茶的閒情與內容，成爲一種炫耀財富、禮儀、身分地位、審美品味的活動。英國茶葉消費的蓬勃，更使得陶瓷製造成爲當時英國工業化的重要支柱。其中的佼佼者，除了瑋緻活（Wedgwood），還有普爾（Poole）、伍斯特（Worcester）、斯波德（Spode）、切爾西（Chelsea）等公司。[52]

十八世紀英國陶瓷茶壺、茶罐上有時會出現「Bohea Tea」的字樣。Bohea Tea有別於時下知名的奢華精品如Tiffany、CHANEL、GUCCI等，它並不是茶壺的品牌名，而是英國人對「武夷茶」的稱呼。十七世紀末，英國人不再仰賴荷蘭人的中介，開始直接自福建廈門港進口茶葉，所以Bohea是福州方言「武夷」的英語發音。武夷茶多是半發酵的烏龍茶，或是全發酵的紅茶，而在沒有紅茶的概念下，英國人就以Bohea概稱紅茶，和綠茶做一區隔。[53]

英國還有一種茶叫「Lapsang Souchong」，茶的名稱也必須從福建方言去理解。這款茶葉就是產自武夷山的「正山小種」，英國人從福州口岸廈門進口，所以也用福州口音稱正山小種爲Lapsang Souchong。福州方言「松」發「Le」的音，以松材燻焙則發「LeXun」的音，Lapsang是取LeXun的諧音；Souchong則是「小種」的諧音。所以，Lapsang Souchong就字面意思是「用松木煙燻過的小種茶」。正山小種原產地武夷山桐木村，「正山」是指武夷山，當地使用正山小種這個名稱，是要強調它源自正宗武夷山的產地；英國人以福州方言Lapsang Souchong命名，則是要凸顯這款茶獨特的松木煙燻做法，雖然是同一款茶葉，但兩者名稱各有不同的側重。[54]

語言承載歷史記憶，透過世界各國對「茶」一詞發音的音韻學研究，我們可以瞭解各國與中國進行茶葉貿易的運輸路線。根據梅維恆（Victor H. Mair）、郝也麟（Erling Hoh）對各國「茶」的詞源考據，[55]英語的「tea」，三百年前的發音和「obey」是同韻，荷蘭語、法語、德語也都是類似的發音，其詞源來自閩南語方言，廈門港附近當地人稱呼「茶」爲「te」。所以，這一詞彙的發音，主要是先後透過荷蘭、英國循著海上貿易傳播到歐洲各國。另外，漢語普通話茶的發音是「cha」，廣東話、葡萄牙語、泰語、藏語的發音類似，「cha」的傳播也存在類似的地緣關係與規律，要不從中國北方或者西北地區經陸路傳到鄰近地區如西藏，就是通過粵語系的廣州港口經由葡萄牙商船，傳播到沒有荷蘭、英國大量貿易往來的地區。

英國自中國進口大量的茶葉，根據馬戛爾尼使節團副使斯當東的統計，十八世紀初，「除少數私運進口的茶葉而外，東印度公司每年出售的茶葉尚不超過五萬磅。現在該公司每年銷售兩千萬磅茶葉，也就是說，在不到一百年的時間茶葉的銷售量增加了四百倍。從總的數量來看，在英國領土，歐洲、美洲的全體英國人，不分男女、老幼、等級，每人每年平均需要一磅以上的茶葉。」[56]然而，這只是東印度公司的正式統計資料，還尚未把非法走私的數量計算在內，[57]所以，英國人進口茶葉的數量實際上應該要比斯當東估計的還要多。隨著進口數量的激增，如前述茶葉已經成爲英國人生活的必需品，但英國人卻無法取得與中國茶葉同等價格、品質的其他替代來源。英國人的舌尖味蕾完全受到中國人壟斷和控制。對中國茶葉的絕對依賴，讓英國人既感無奈，又覺得憤慨，當代作家薩拉．羅斯（Sarah Rose）形容說，「由這一重要產品而產生的對別國的嚴重依賴，是對大英帝國經濟自給自足感的嚴重打擊，尤其令人惱怒的是，這個國家通常利用這種依賴，對英國持著粗魯無禮而不合作的態度，隨心所欲地對茶葉次品大肆抬價。」[58]可以略帶誇張地說，正是因為這一壺壺茶，迫使大英帝國派遣浩浩蕩蕩的馬戛爾尼使節團前往中國，藉著為乾隆皇帝賀壽的名義，直接與北京中央談判，希望中國能夠調整既有的廣州一口貿易政策和制度。

時任英國皇家學會會長的植物學家班克斯，一直非常關心馬戛爾尼使節團的籌備，不管是出發前，或者是出使後的整個過程，也都一再給予使節團許多寶貴的建議，並向使節團推薦團員。班克斯曾追隨庫克船長第一次環球航行冒險，前往南太平洋島嶼大溪地（Tahiti）觀測金星凌日的天文奇景。後來擔任皇家林園邱園榮譽園長，是英王喬治三世的好友、倫敦社交界的重要人物。邱園對英國人而言，除了具備休憩玩賞的美學功能，它還像是一座培育植物的知識和實驗中心。邱園所蒐集栽種的植物，大都富含極高的經濟價值，特別是熱帶植物，其研究成果往往是大英帝國財富的重要來源。班克斯說服英國政府投資科學研究事業，有助於商業的發展和帝國的擴張。[59]

中國地大物博，生長許多奇花異草，對身為植物學家的班克斯而言，中國植物兼具研究、觀賞和經濟的價值；對此十分關心的班克斯，特別寫信給馬戛爾尼，交代他抵達中國後蒐集中國茶葉栽種的資訊，並向使節團推薦兩名園丁斯壯納柯（David Stronach）與哈克斯通（John Haxton），隨行前往觀察、蒐集中國植物，必要時甚至竊取中國植物種子；前者被使節團納爲正式團員，後者則由馬戛爾尼副使、業餘植物學家、皇家學會會員斯當東私人贊助費用。

班克斯除了對中國植物感興趣之外，也一心想要爲自己的夫人蒐集中國瓷器，他還寫信給英國各大工業領袖和陶瓷大師，其中包括約書亞・瑋緻活，建議他們派遣工業間諜喬裝混入使節團，打探中國工藝技術的機密。班克斯後來撰寫了一份關於瓷器的手稿，展現出對中國瓷器欣賞的趣味與消費的變化。由於班克斯是一位精通編目與分類方法的植物學家，根據美國陶瓷史家畢宗陶（Stacey Pierson）的分析，班克斯這份手稿「既是藏品目錄，又是製作的歷史」。[60] 班克斯期盼英國的陶瓷工匠閱讀他的書目內容，以便瞭解中國的燒製工法，提升

由外國船和英國船從中國輸出到歐洲的茶葉數額統計：

年別	外國船	茶葉（磅）	英國船	茶葉（磅）	船隻總數	茶葉總數
1772	8	9,407,564	20	12,712,283	28	22,119,847
1773	11	13,652,738	13	8,733,176	24	22,385,914
1774	12	13,838,267	8	3,762,594	20	17,600,861
1775	15	15,652,934	4	2,095,424	19	17,748,358
1776	12	12,841,596	5	3,334,416	17	16,176,012
1777	13	16,112,000	8	5,549,087	21	21,661,087
1778	15	13,302,665	9	6,199,283	24	19,501,948
1779	11	11,302,266	7	4,311,358	18	15,613,624
1780	10	12,673,781	5	4,061,830	15	16,735,611
合計	107	118,783,811	79	50,759,451	186	169,543,262
九年平均	12	13,198,201	9	5,639,939	21	18,838,140

資料來源：George L. Staunton 著，葉篤義譯，《英使謁見乾隆紀實》，頁620。

英國陶匠的工藝技術。[61]

以西洋傳教士爲文化媒介，在歐洲人心目中樹立了中國「穩定有序」的進步文明圖像，從中孕育而生的「中國風」潮流，席捲了歐洲大陸，使得中國的文化思想、典章制度，甚至包括瓷器、茶、絲織等奢侈商品，成爲歐洲人欽羨、追逐的對象。然而，隨著東、西交流的頻繁，西方現代性文明的發展，中國逐漸逆向墮落成爲靜滯不前的國度。[62]瑋緻活王國在十八世紀的建立與擴張，既體現、同時也見證了東、西方勢力消長的過程。

英國新古典主義畫家韋斯特爲班克斯所畫的肖像。這是一幅帝國殖民者的形象。圖中，班克斯就像英勇的士兵一樣穿著被征服的美洲原住民的服飾。他手指的是用紐西蘭盛產的亞麻所製作的斗篷，腳邊的植物圖鑑剛好翻到亞麻圖像那頁，暗示科學研究與商業利益的結合。詳見 Patricia Fara 著，李猛譯，《性、植物學與帝國》。

來源：Wikimedia Commons

第七章　科學企業家

「土地」非常廣闊，「土壤」也堪稱肥沃，因此，憑我的經驗觀察，任何一個肯下工夫勤奮鑽研、努力「耕耘」的人，都會收穫「纍纍碩果」。

約書亞·瑋緻活

社會資本與關係網絡

陌生人社會

陶瓷業是十八世紀英國工業革命代表性的新興產業之一，約書亞·瑋緻活則是這個產業的佼佼者。綜觀約書亞·瑋緻活一生，科學實驗，以及把科學實驗的知識成果應用在產品的創新發展上，構成了他事業的兩大主軸，而使得他具備了類似科學史家謝平所定位的「科學企業家」（scientific entrepreneur）角色，一方面既從事科學研究，一方面又像商業企業家一樣，承擔利益風險，把他們自己或者他人所生產的知識商業化。[1]從約書亞·瑋緻活獲接納爲英國皇家學會會員（詳見

第二章「波特蘭瓶」），並且建立龐大的瑋緻活陶瓷器王國，可以證明他能夠毫不矛盾地同時扮演好這兩種角色。

即使具備技術創新和管理才能的種種稟賦，擁有對產品需求或市場機會的敏銳洞察力，但成功的企業家不一定要是個多才多藝、全知全能的領導人；在層級節制的公司治理方面，古典經濟學所講究的依專業勞動分工，與專長互補的比較優勢原理同等適用。所以，企業家一樣必須有能力尋找卓越人才，知人善任，透過相互合作，合作模式可以是合夥或者聘用爲經理人等，來拓展他的事業王國。正如經濟史家波拉德（Sidney Pollard）所說，「尋找這樣的人才本身就是一項重要的技能」，[2]同時也是我們評斷企業家的關鍵性指標。約書亞．瑋緻活擁有科學家孜孜不倦的實驗精神，又兼具將知識轉化成商品的非凡能力，但瑋緻活王國的建立和發展，約書亞．瑋緻活的合夥人班特利同樣功不可沒。

班特利與約書亞．瑋緻活相識時，他已經擁有二十年豐富的從商經驗。他曾追隨曼徹斯特一位羊毛、棉花批發商做生意，並在利物浦開辦一家成功的羊毛倉儲，也是一家公司的合夥人，與北美、西印度群島都有商業往來。同樣重要的是，班特利擁有深厚的古典教育，精通多種語言，他曾遠赴法國、義大利旅行，孕育、培養對古文物的愛好。班特利開啓了約書亞．瑋緻活對人與觀念的新世界和新視野。班特利把約書亞．瑋緻活引進他所屬的沃靈頓文人共和國，與日後同爲月光社成員的普里斯特利這樣優秀的化學家等建立友誼。班特利爲約書亞．瑋緻活推薦書目，讓他的自我教育和自學計畫有了嶄新的方向。誠如傳記作家所說的，約書亞．瑋緻活把他日後成爲科學陶匠的歷程歸功於班特利。從他的「實驗筆記」可以瞭解，在與班特利結識之前，他雖然熱衷實驗，但他的實驗只不過是經由不同原料、火的溫度以改進顏色和釉彩等一連串單純的試錯過程。認識班特利之後，約書亞．瑋緻活的實驗更富有科學精神和知識的內涵。[3]

約書亞．瑋緻活與班特利堪稱天造地設的一對合作夥伴，來自偏鄉陶匠的純熟技藝，結合城市商人的見多識廣、涉獵廣泛，成爲一種互補的同盟。從兩人常年不斷的書信往返可以瞭解，班特利不僅是約書亞．瑋緻活無所不談的知交摯友，他們還一同催生運河的開鑿，聯手推動參與解放黑奴運動，而他的高卓藝術涵養，也賦予這位斯塔福德郡陶匠連結市場需求的美學品味，一條通往具普世意義之時尚世界的道路。

當約書亞．瑋緻活在信裡告訴班特利「你有品味」時，並不是在違心奉承這位商人；約書亞．瑋緻活唐突地直接表達他的觀感，是因爲這對於殷切渴望精準掌握消費社會脈動的製造業者來說十分重要。雖然，約書亞．瑋緻活有能力複製一七七〇年代斯塔福德郡匠人的成功故事，但是這位科學企業家清楚意識到他的偏鄉教育和工藝技術就只能讓他的成功僅止於此，無法攀越卓越的險峰。多次造訪倫敦、利物浦的約書亞．瑋緻活心裡明白，在這遼闊的世界，成功取決於關係網絡的建立，以及要能超越鄉野工匠的眼界。在英國這等級分明的階層社會裡，約書亞．瑋緻活與身爲「品味立法者」的上層社會之間依然存在著難以逾越的鴻溝。所以，爲了跨越這道藩籬，約書亞・瑋緻活投向班特利，他的商人身分，他對藝術、文學的業餘愛好，他的人文主義素養，能夠引領他邁向這一高雅的文化圈。博學多聞的班特利，擁有高雅的外表和風度翩翩的氣度，很容易讓文化圈和時尚界的人士產生好感；而透過他的社會關係網絡，更有助於約書亞・瑋緻活開創性地編織他的時尚地圖。

於是，兩人分工合作，約書亞・瑋緻活監管伊特魯里亞工廠的營運，開發新的技術和產品；班特利則遷往倫敦，照料新港街（Newport Street）和聖馬丁道（St. Martin's Lane）的展示廳；一七七三年，班特利又把展示廳遷往倫敦蘇活區（Soho）更為流行時尚的希臘街（Greek Street）。一般來說，班特利會特別留意消費者偏好的某些產品，約書亞・瑋緻活也都會給予重視並回應。例如，班特利曾觀察到有一陣子英國女性特別喜歡她們白皙皮膚與黝黑茶壺形成的強烈對比。約書亞・瑋緻活去信感謝班特利的這一發現，並說道：「我希望這白皙的手繼續維持流行，然後我們就可以持續燒製黑色茶壺，直到你為我們挖掘到更好的工作機會。」[4]

身處在像十八世紀英國這類「陌生人社會」（society of strangers）[5]的經濟生活，約書亞・瑋緻活與班特利之間的人際關係網絡，尤其顯得重要。根據當代歷史學家弗農（James Vernon）的分析，隨著英國成為歐洲有史以來第一個打破「馬爾薩斯陷阱」（Malthusian trap），人口增長趨勢擺脫傳染疾病、饑餓、戰爭、自然災害等不可抗拒的遏制力量，同時提高生活水平，英國的持續發展與人口不斷增長所造成的流動性，創造了一個陌生人社會。所謂「陌生人」，就像社會學家齊美爾所描述的，

「在他的行爲中，沒有習慣、忠誠、先例的約束」，「他的位置既在群體之外，又在群體之中。」[6]這種英國獨有的現代性（modernity），對其政治、經濟、社會生活的組織型態開啓了一系列的挑戰。在陌生人社會，其經濟生活特徵，就像經濟史家莫基爾（Joel Mokyr）所勾勒的，「人們不僅要購買他們日常所需的麵包、衣物和房屋，還會出售他們的勞動力，將他們的積蓄投資於市場——即在經濟生活的方方面面都會與陌生人進行交易。」[7]

弗農並不同意十八世紀

歐洲各國的人口成長率（每千人）

國家	1600-1650	1650-1700	1700-1750	1750-1800	1800-1870
不列顛	4.8	-1.2	2.6	7.3	12.7
巴爾幹			2.9	3.8	9.7
斯堪地那維亞			4.3	7.5	8.5
俄國			1.9	9.3	8.4
荷蘭	4.7	0.0	0.0	1.5	7.9
波蘭			5.6	3.0	7.8
比利時			3.8	4.6	7.5
德國			4.3	6.7	7.4
瑞士			1.6	5.4	6.6
義大利	-2.9	3.0	2.8	3.1	6.2
西班牙	0.9	1.1	4.6	2.4	6.2
葡萄牙			5.2	2.2	5.6
奧匈帝國			3.3	5.7	5.5
法國	0.7	2.1	2.7	3.3	3.9
愛爾蘭			9.9	10.2	1.6
歐洲	0.2	2.2	3.2	5.5	7.1

資料來源：Roderick Floud, Jane Humphries and Paul Johnson, eds., *The Cambridge Economic History of Modern Britain, Volume 1, 1700-1870*, p. 14.

亞當・斯密的見解。亞當・斯密主張，商業社會催生了陌生人社會，弗農反而認爲，是陌生人社會重新建構了英國人的經濟生活。陌生人社會經濟生活的「匿名性」特點，一切交易形式都標準化，買賣的重心從與「誰」做生意，轉變爲「如何」做生意。然而，根據弗農的分析，英國這種陌生人社會的發展，是一種辯證的形式：

為了應對經濟生活的匿名性，交易關係被重新人格化。經濟生活的新樣式，即我們後來所稱的工業資本主義，將交易行為從原有的社會生活剝離、提取，並將之置入新的社會關係中，令人驚訝的是，後者卻以更「傳統」的樣式呈現。[8]

於是，個人關係不僅是陌生人社會經濟生活的關鍵，往往也是適應陌生人社會之生活、工作、交易新環境的一種憑藉。尤其是，儘管海耶克（Friedrich Hayek）論證，市場的神祕性，就在於它可以做爲自我重組的機制，將衆多彼此陌生的買賣雙方集合在一個系統裡進行成千上萬的交易；但是，在這種自我重組的魔力發生之前，還需要有許多干預的環節，譬如由法律保證履行契約的效力，建立交易的信任機制，就此而言，我們就不難理解，爲何學者認爲「自願結社」和「社會資本」現象在英國這時候的經濟生活中扮演如此重要的角色。[9]

事實上，英國獨特的自願性結社現象尤其有利於建立事業的合夥關係。十八世紀，在既有宗教和經濟自願性組織如兄弟會、共濟會的基礎上，英國社會見證了科學研究社群、咖啡館、俱樂部自願性組織的飛速成長，甚至把這種傳統擴及到北美地區。[10]隨著這類組織或共同體的擴散，社會學家科爾曼（James Coleman）所謂的「社會資本」（social capital）——「群體或組織內部的成員爲了某些共同目標而合作的能力」——獲得史無前例的增長。這類組織或共同體，是以成員的互助互信爲基礎，基於道德習慣和道義回報，不必然是建立在經濟私利的計算上。[11]儘管如此，學者林南（Nan Lin）認爲，投資社會關係確實能夠在市場上獲得回報，原因是社會資本有助於加速資訊流通並降低組織的交易成本，影響決策過程中的有力人士，表徵個人的社會信賴感，強化團體的認同與認可。[12]所以，社會資本能夠創造支撐市場運作的非正式制度框架，爲促進合作的社會關係創造了理想的條件。市場要能存在，契約要獲得履行，這類社會關係網絡的存在至關重要。[13]

以信貸爲例，信貸終究必須償還，因此很大程度上是依賴信賴和信任，在信貸市場上關係網絡特別重要。一六九四年英格蘭銀行（Bank of England）創立，標誌了英國的金融革命，帶動英國金融政策和制度的創新，改變了不列顛籌措資金的能力和國家投資的習慣。這場革命的重大結果，讓英國達到超越敵人所必須的金融能力，而在「漫長十八世紀」的全球各地衝突中確保勝利，並躍升成爲歐洲乃至世界的強權。不過，這一成就仍難以掩蓋經常性戰爭所累積之國家債務。尤其是，正當英國處於工業起飛的階段，其金融體系無法支撐蓬勃的工業發展，並不利於私人企業。所以，大部分個人的工業投資，都是借助家族、宗教和社會關係網絡的渠道來進行。當時，英國資本市場「仍然是建立在個人關係和聲譽的基礎上」。[14]

根據學者的研究，「漫長十八世紀」英國金融體系的創新，是在回應和反映國家的需求，這一結果，導致其創建的資本市場主要是爲公債部門，以及像英格蘭銀行、英屬東印度公司、南海公司（South Sea Company）這類鉅型商業機構服務，同時，透過巧妙的制度設計，以維持英格蘭銀行的特權地位。例如，儘管英國的國債因戰爭的原因，如美國獨立戰爭，上升到令人怵目驚心的地步，但一七五七年以來，三%長期定息國債的發行還是相當穩定，在政府的鼓勵下，英國的投資人仍然願意繼續從事長期的公債投資。[15]又如，一七二〇年夏天英國政府通過《泡沫法案》（*Bubble Act*），[16]規定任何投資人團體必須有一個是合夥人，最多不能超過六人，合夥人必須爲公司的整體虧損負責。這個法案對公司施加的限制，同樣適合於銀行。結果，到了十八世紀末，英國的銀行林立，但大都屬於法國經濟史家布勞岱爾（Fernand Braudel）戲稱爲「小人國」（Lilliput）[17]的小型銀行，且多著眼於短期而非長期的借貸。英國金融體系這種規模、範圍和業務的局限性，對企業的成長造成了壓抑的副作用。[18]

儘管理論上對工業的投資在英國是不成問題的，英國的貿易商、商人、農場主、小生產者都累積了龐大的存款，但是英國金融體系的這一特點，即挹注長期的國債而非短期的企業貸款，以及銀行規模小型化、覆蓋面不廣，無法與英國各地的工業發展形成良性互動。所以，工業資本家之間的相互投資，就成爲籌措資金的重要來源，而建立在社會資本之上的自願性團體和組織，基於成員之間信任和信賴的基礎，自然就更容易成爲資金借貸和商業合作的管道。除了約書亞・瑋緻活與班特利之外，月光社成員中的瓦特與博爾頓，他們合夥開公司發展蒸汽機事業也是一個典型的例子。**（月光社詳見第二章「波特蘭瓶」）**

月光人瓦特與博爾頓

瓦特，蘇格蘭人，家族屬長老教派，父親原本是一位工匠，後來轉行成爲船務的零售商。瓦特出身工匠之家，從小就在工坊長大，雖然不曾接受正規教育，沒進過大學，但耳濡目染，承襲父親對牛頓力學、數學的興趣和能力，自學成材，兼具科學理論和實用技能，是自我學習和自我教育的典型。[19]

透過父親的支持和安排，瓦特在格拉斯哥大學（University of Glasgow）附近開店，以大學數學儀器製造業維生。蘇格蘭於一七〇七年與英格蘭合併之後，將其商業活動擴張至英格蘭、美洲市場，與英格蘭人同等享有海外的商業特權，經濟開始起飛。[20]當時，蘇格蘭人創建不少新式的現代化教育，傳授新知識和新科學，而不是鑽研古典文獻，像格拉斯哥大學、愛丁堡大學（University of Edinburgh）、亞伯丁大學（University of Aberdeen）紛紛開設最現代化和經驗主義的課程體系。[21]瓦特在格拉斯哥大學的店面並沒發家致富，倒是結識不少飽學之士，建立豐沛的知識網絡。例如，著名的化學家布萊克（Joseph Black），他的「潛熱」（latent heat）理論啓發了瓦特對蒸汽機的改良。

布萊克和瓦特甚至合作，研究利用海水提煉石灰，開發製造純碱（碳酸鈉）的新方法，只是最後都落了一場空。另外，透過布萊克的引介，瓦特認識了畢業於愛丁堡大學醫學院、發明鉛室法（lead chamber process）製硫酸技術的大企業家羅巴克（John Roebuck），日後成爲瓦特發展蒸汽機事業的重要金主。

瓦特也是一名生意人，興趣廣泛，在一次偶然的機會讓他專注在蒸汽機上。格拉斯哥大學自然哲學教授安德森（John Anderson）給了他一具紐科門蒸汽機模型，這個模型是由倫敦製造商希森（Jonathan Sisson）製造的，機器已經故障，安德森委託瓦特研究這具蒸汽機的構造並修理它。

從蒸汽機發明的沿革來看，它其實是一種「集體性發明的活動」，而不是瓦特個人天才的產物。蒸汽機原理主要來自十七世紀義大利天文學家伽利略（Galileo Galilei），他發現了「大氣具有壓力」這一令人驚愕的現象，隨後這一現象就成爲實驗物理學學門的熱門問題。基於這一理論前提，紐科門（Thomas Newcomen）發明了第一臺具有廣泛運用前景的蒸汽機。一七一二年，紐科門成功設計的第一臺蒸汽機在杜德利（Dudley）投入運轉，主要是用來爲當地煤礦抽出礦井中的積水。不過，紐科門蒸汽機存在兩大缺點，首先，它是「吃煤大王」的高耗能機器，所以只適合在燃料即煤蘊藏豐富、價格低廉的地區使用。其次，紐科門蒸汽機的運轉速率不夠穩定，而且只能推動機械臂完成簡單的反覆運動。所以，紐科門蒸汽機，主要是用來拖動與機械臂相連的抽水機活塞上下移動，並不適用在距離煤礦區較遠的地方。

根據以上兩點可以瞭解，蒸汽機的發明和運用其實是英國人因應煤礦開採的需要。儘管蒸汽機的原理早在十七世紀就已經發現，同時歐洲各國也都曾試圖製造，但唯有煤礦藏量豐富的英國眞正投入運作。學者葛斯通（Jack Goldstone）總結認爲，英國蘊藏量豐富的煤礦與蒸汽機的技術創新彼此強化：

這種良性循環的形成使得煤炭可以在保持低價位的同時實現產量的不斷增加，而這種廉價燃料的易得性又促進了蒸汽機在整個經濟中的推廣，於是煤動力也就被應用到了各種各樣的機械流程之中。這樣，蒸汽機和煤動力的組合就打破了以往所有社會在能源利用上所遭遇的障礙。[22]

所以，經濟學家瑞格理（E. A. Wrigley）將這種能源利用的進程，形容爲「有機經濟」（生產和運輸所使用的能源來自風力、水力、生物）向「無機經濟」（生產和運輸主要仰賴像煤、石油、天然氣這類無機資源的開採）的過渡。而英國人之所以領先完成這種發展過渡，擁有蒸汽機數量遠遠多於其他國家，不是英國人更理性、精明，而是因爲英國的煤炭工業的規模遠較其他國家龐大，煤炭工業恰恰是蒸汽機最重要的用武之地。煤炭雖然燻黑了英國，讓倫敦鎖在迷「霧」[23]之中，但同樣也帶給英國創造現代化工業文明不可或缺的動力。

在羅巴克資金的挹注下，瓦特對紐科門蒸汽機進行改良，並於一七六九年五月獲得專利權，專利期限是七年。但是，初期，瓦特的蒸汽機事業並沒有起色，需要養家活口的瓦特，在英國開鑿運河熱潮期間放下蒸汽機事業，而從事運河測量員的工作。前往倫敦申請專利返鄉途經伯明罕，瓦特結識了工程師兼製造商博爾頓，兩人一見如故，這是瓦特事業的重大契機，也是博爾頓事業的轉機。

這時候的博爾頓在英國製造業的地位已經如日中天，他位於伯明罕蘇活區的工廠舉國聞名。但他似乎更會花錢，而不是賺錢，事業版圖大幅擴張的結果，已經讓他債臺高築。透過向同為月光社成員的戴伊借貸，博爾頓才度過燃眉之急，直到一七七六年，博爾頓總計向戴伊借款三千英鎊。[24]慧眼獨具的博爾頓，看好蒸汽機市場的前景，無奈掌握瓦特蒸汽機專利權利益三分之二的羅巴克，不肯把他的股權讓渡給博爾頓。直到一七七三年，羅巴克本人身陷財務危機，瀕臨破產，才在瓦特的居間協調下，不情願地把他的股權讓渡給博爾頓。充滿創意、工業眼光獨到卻不擅長商業管理的博爾頓，直到與瓦特合夥之後，才穩定了一度瀕臨破產的商業信譽。

與博爾頓合夥後，瓦特拆卸蒸汽機機械，一同遷往伯明罕繼續他的改良工作。一七七四年底，瓦特開發出分離式冷凝器裝置，終於完成一臺可以運轉且功效提高四倍的蒸汽機。不過，這時距離專利權的保護期限只剩下一年多，嚴重壓縮蒸汽機的獲利。這一隱憂其實是與瓦特與博爾頓公司的經營模式有關。援引類似紐科門蒸汽機的營運模式，瓦特與博爾頓公司並未製造、銷售蒸汽機，他們僅僅提供蒸汽機的設計藍圖，在博爾頓的蘇活工廠生產關鍵性小零件，大型零組件則由他們所強力推薦的工廠製造，同時監督零件的組裝和機器的初步運作。所以，瓦特與博爾頓的公司並未製造、銷售蒸汽機，他們的收入主要來自提供知識、擔任顧問，以及在專利權保護期間授權權利金的費用。其實，英國當時許多優秀的工程師都有能力透過專利權說明書的訊息來製造蒸汽機。所以，對於承接股權的博爾頓，甚至對瓦特也是一樣，要持續從蒸汽機獲利，就有必要設法延續專利權的期限。因爲專利權，「理論上，意味著創新者釋放出創新產品的資訊，以換取一種暫時的壟斷權利。」[25]

瓦特與博爾頓的合夥，就像約書亞．瑋緻活與班特利，是一種互補型的合作關係。瓦特精通科學理論，擅長研發，但個性抑鬱，充滿悲觀色彩。誠如科學史家對他的描述，瓦特「害怕承擔風險，成功對於他減少猶豫不決的沉思是毫無用處的」。反而，「激烈的競爭緊緊向他逼來。由於蒸汽機事業而產生的債務常使他身處焦慮的狀態。」博爾頓的個性剛好相反，他是精力充沛的樂觀主義者，又擅長政治操作、經營人脈關係。根據當時的法律，專利權的延長，必須向國會遊說通過，套用瓦特友人略帶挖苦的講法，就是「去溜鬚拍馬，去舔那些大人物的屁股」。[26]博爾頓的廣結善緣最終成功說服國會議員同意，將瓦特的專利權再延長二十五年。專利權是一種利益的壟斷，又可能造成技術創新的障礙，所以瓦特蒸汽機的專利權保護期限過長，從一七六九到一八〇〇年這段期間任何人對蒸汽機提出的改良方案都是法律所不允許的，這也成爲瓦特生涯中最大的爭議，歷史學家對他濫用專利權的保護，阻擋可能的技術創新迭有批評。27

在月光社中，除約書亞．瑋緻活之外，瓦特對製陶業也有興趣。在遷居伯明罕之前，瓦特曾經在格拉斯哥「臺夫特菲爾德窯場」(Delftfield Pottery) 擔任技術顧問，爲該窯場選用適當的黏土，實驗新的釉彩，試驗新的高嶺土，協助招募合適的工匠、規劃新的工作方法，提供技術上的建議。爾後，終其餘生，瓦特一直與格拉斯哥的這家窯場維持關係，這使得約書亞．瑋緻活與瓦特有了一層特殊的連結，所以，約書亞．瑋緻活樂於稱呼瓦特爲「我的蘇格蘭陶匠友人」。

儘管約書亞．瑋緻活與瓦特曾同行、同好，但兩人並未在製陶事業正式合作，月光人之中，與約書亞．瑋緻活成爲事業夥伴的是博爾頓。博爾頓與約書亞．瑋緻活認識之後，開始對製陶業產生興趣。一七六八年，博爾頓有了結合「蘇活」與「伊特魯里亞」兩廠工藝技術的想法，約書亞．瑋緻活也覺得雙方的合作是好主意。於是，兩人開始規劃合作項目。

蘇活廠吸引約書亞．瑋緻活的不僅是它的宏大規模，還有它的先進技術。對技術追求十分熱衷的約書亞．瑋緻活，每次拜訪博爾頓，總會發現一些值得注意和模仿的事物。例如，一七六七年，約書亞．瑋緻活在蘇活廠看到一具新型的蒸汽機驅動車床，直覺認爲這部機具在他的伊特魯里亞廠有發揮的潛能。又如，他發現博爾頓正在實驗一種新的黃金軋紋技術，兩人經過一番細談，意識到製陶業和金屬業之間合作的商業榮景，他們的目標是開發中國風味鑲金邊花瓶的市場。28

在一七六八年三月十五日的信裡，約書亞．瑋緻活告訴合夥人班特利，「我星期五抵達蘇活，花了一整天，還有星期六、星期日半天與博爾頓先生在一起，我們決定了幾個重要事項，並且為改善產業，把產品拓展銷售到歐洲各個角落，奠定基礎。」[29]

從此之後，雙方的合作持續了幾年，主要由約書亞．瑋緻活供應瓶子，在蘇活廠進行技術性的裝飾，不過自合作之初，約書亞．瑋緻活就非常有自覺地認為合作關係不能像博爾頓所期待的主導模式。約書亞．瑋緻活並不甘心只是單純扮演瓶子供應商的角色。他告訴班特利，「如果伊特魯里亞不能固守陣地，勢必會被蘇活廠取代，在蘇活廠面前倒下。」儘管「我喜歡這個人，我欣賞他的精神，他不像我目前遇到的所有競爭者，只是假裝可憐兮兮的模仿者」。[30]最終，博爾頓決定自行生產瓶子，並於一七六九年開始籌備設立工廠。迄至一七七二年，蘇活廠與伊特魯里亞廠一直處於商業競爭的態勢，不過兩人依舊惺惺相惜，無損於他們的情誼，博爾頓的製陶業也從未對約書亞．瑋緻活的事業版圖構成威脅。

「薩羅門之家」

月光人有志一同，都熱衷透過實驗的方法追求科學知識。約書亞．瑋緻活、博爾頓這類的科學企業家，尤其擅長將科學知識與科學技術轉化成商業用途，所以，參與月光社的活動，與月光人之間的知識分享、交流，大大改善、精進他們的產品品質，提高他們的商業利潤。

約書亞．瑋緻活開發出的「王后御用陶器」，不是使用普通白陶土和燧石燒製而成的尋常胎體，原料之中還包括數量可觀的「瓷土」（高嶺土），一七七五年之前，在約書亞·瑋緻活的家鄉都還沒有發現這種原料。所以，約書亞·瑋緻活四處打探「瓷土」的供應來源，設法以較爲廉價的方式取得這項關鍵性原料。月光社的成員，如地質學家懷特赫斯特、伊拉斯謨斯·達爾文在英格蘭從事地質探勘和調查時，都會把各地採集到的黏土樣本寄給他。

在爲胎體上釉時，約書亞·瑋緻活時常使用燧石玻璃，而燧石玻璃和玻璃材質在加熱時會產生許多棘手問題，約書亞·瑋緻活爲此時常請教月光社的化學家凱爾。凱爾本身開辦一家玻璃工廠，對這些問題也同樣感到好奇和興趣。經過凱爾的一番研究，把實驗結果告訴約書亞·瑋緻活，讓約書亞·瑋緻活使用燧石玻璃、而不是磨砂玻璃（ground glass）做爲原料，應用在他所燒製玻璃材質的陶器。凱爾還傳授約書亞·瑋緻活「退火」（annealing）——慢慢冷卻玻璃物質溫度的方法。約書亞·瑋緻活在一七七六年二月十四日寫信告訴班特利，「我花了幾小時的時間和斯陶爾布里奇（Stourbridge）的凱爾先生在一起……參加以『退火』爲主題的有益講座，不過把它應用在我們的浮雕玉石上還有些困難……」[31]

爲了回報凱爾不吝傳授知識，約書亞·瑋緻活也投桃報李，協助凱爾解決他遭遇到的難題。當時，凱爾生產的玻璃會出現條狀紋理，在像消色差透鏡（achromatic lenses）這類高端產品造成瑕疵。約書亞·瑋緻活決定在他的伊特魯里亞廠以及利物浦、倫敦玻璃製造商的工廠分別進行實驗，設法找出成因。約書亞·瑋緻活最後把他的發現與解決方法形諸於文字，以題爲〈試圖發現燧石

月光社的活動（大概日期）

1771年	伊拉斯謨斯・達爾文的語音自動機（speaking automaton）
1775年春	計時實驗
1776年初	確定熱性質的實驗
1779年4月	水平風車的優化設計
1779年夏	改良伊拉斯謨斯・達爾文的壓印機（letter-copying）研究
1781年1月	席爾（Carl Sheele）的熱傳導研究
1781年1月	墨的化學成分
1781年2-3月	重製瓦特的水壺實驗
1781年4月	普里斯特利以電火（electric spark）點燃易燃氣體和普通氣體的混合物
1781年7月	白色晶石（spar）的化學分析
1782年初	確認水和蒸氣組成成分的實驗
1782年10月	斯米頓（James Smeaton）的蒸汽機的圓周運動
1782年12月	普里斯特利的白堊（chalk）實驗
1783年1-5月	普里斯特利與瓦特的水轉化為氣體的實驗
1783年11月	針對席爾發現的普魯士藍（Prussian blue）與柯萬（Richard Kirwan）交流
1783年11月	十進位的度量衡
1783年12月	瓦特進行壓力下沸水的實驗
1784年11月	普里斯特利關於水分解的實驗
1784年12月	熱空氣和氫氣球的實驗
1785年冬春	硝酸的蒸餾實驗
1785年春	針對一種新的氣體（磷化氫〔Phosphine〕）與柯萬交流
1786年6月	兒童教育的理論與實踐
1788年1月	重製拉瓦錫（Antoine Lavoisier）等人的水的實驗
1789年4月	博爾頓的喬治三世康復紀念章的拉丁文題辭
1789年5月	分析布雷特蘭德（Bretland）牧師送來的黑色物質
1790年夏	重製特索斯特維克（Paets van Troostwijk）與戴爾曼（Deiman）有關水分解與合成的阿姆斯特丹實驗
1791年2月	普里斯特利證明水和亞硝酸包含相同元素的實驗
1796年8月	威瑟林（William Withering）撰寫一篇有關燃素（phlogiston）辯論的幽默故事
1797年8月	里斯本燈泡玻璃抗熱抗寒的實驗
1804年2月	導電線路（electric meridian）；鉑（platina）的成分

資料來源，轉引自 Peter M. Jones, *Industrial Enlightenment: Science, Technology and Culture in Birmingham and the West Midlands 1760-1828*, pp. 92-93.

玻璃繩紋和條紋的原因，以及最有可能消除它的方法〉的文章公開發表。[32]

月光社的化學家普里斯特利正在進行「電力」實驗，約書亞・瑋緻活與班特利看好普里斯特利這一實驗成果的商業潛能，提議贊助他的這項實驗。約書亞・瑋緻活還寫信給普里斯特利，詢問他是否可以進行以電鍍金的深入實驗。經濟史家莫基爾認爲，像月光社這類私人的自願性組織，形式上雖然是一種社交聚會的群體，但也是一種知識交換的場域，讓自然哲學家和實業家進行知識交易的空間。通常，「像博爾頓、約書亞・瑋緻活這類企業家是買方，伊拉斯謨斯・達爾文、普里斯特利這類自然哲學家是賣方。」[33]

雖然，約書亞・瑋緻活、博爾頓都很擅長將科學知識轉化成商業利潤，但是他們參與月光社的活動，不純粹只是基於商業利益的動機。從現存月光人彼此頻繁往返的書信中，可以看到他們經常觸及的主題，既不是商業的互助與合作，也不是政治權力的串連與操弄，而是科學知識的分享與交流。有時，基於自家商業的需要，會把他們的關注與興趣導向特定的科學領域，但多數與他們經營的事業並無直接關聯性。他們的科學探索與好奇，純粹是基於興趣。月光社類似培根（Francis Bacon）《新亞特蘭提斯》（*New Atlantis*）一書的科學烏托邦「薩羅門之家」（House of Salomon）[34]，擁有百科全書式的科學知識，追求科學新觀念和新方法，提出可能的科學解答。月光人也都充分展現培根實驗主義的科學文化，而約書亞・瑋緻活更是「工業啓蒙」的具體化身。

英國的實驗主義科學文化

培根的遺產

十七世紀的歐洲，根據孔恩所著《科學革命的結構》（*The Structure of Scientific Revolutions*）[35]一書對歐洲科學發展經典的分析，正在經歷一場科學革命，傳統的亞里斯多德「典範」已經無法充分解釋許多「反常」的自然現象，例如，義大利天文學家伽利略透過望遠鏡的輔助發現太陽存在「黑子」運動，迫使科學家必須提出新的研究典範和新方法。不論是培根，或者同時代的笛卡兒（René Descartes）、霍布斯、虎克（Robert Hooke），無不堅信「只要人們的心靈受到正確方法的導引及訓練」，有關自然世界因果關係的結構就能得到確立。然而，正是在「該使用怎樣的方法來製造自然哲學知識」這一關鍵問題上，出現了分歧。[36]

歐洲科學發展的「方法」轉向，主要有兩種取徑。一是以法國哲學家笛卡兒的理性主義思路爲代表，把數學視爲科學的王后，強調演繹邏輯的推論模式。其次，英格蘭的經驗主義者培根，推崇歸納法做爲建構知識的規則，強調知識應該來自感官經驗。[37]

在所有感官經驗中，又以視覺最爲重要。就像傅柯（Michel Foucault）透過西班牙畫家委拉斯奎茲（Diego Velázquez）的〈宮娥圖〉（Diego Velázquez）、法國畫家馬奈（Édouard Manet）的〈賣啤酒的女侍〉（The Beer Waitress）、〈草地上的午餐〉（The Picnic）等畫作，對觀畫的目光進行考古學的挖掘，以探索西方知識類型的流變，觀看之道與知識論的關係。[38]科學史家史謝平與夏佛也指出，荷蘭風俗畫所偏好的寫實主義風格[39]和培根的經驗主義科學主張，都涉及了一種感知（perceptual）的知識論隱喻，「假設我們是透過心智對自然的反映，而知道我們所知道的東西。」經由虎克所謂「誠實的手」和「忠實的眼」，以「親眼見證」的自然做爲知識確信的基礎，畫家的技藝與科學家的科學觀察和實作，都是透過忠實模仿、未經中介的觀看行爲，「再現」被觀察的對象。[40]荷蘭風俗畫畫家的畫布，和英格蘭經驗主義哲學家的心智，套用哲學家羅蒂（Richard Rorty）的著名比喻，如同一面「自然之鏡」（mirror of nature），[41]對美和眞理的表現，應該如實客觀反映外在的自然，美卽是眞，眞卽是美。

儘管培根主張「知識卽感官經驗」，但是他也十分明白「未經指引的感官容易欺騙我們」；以及，如果想要產生可以被運用在哲學推論上眞實可靠的事實材料，感官在方法上必須受到規訓」。[42]例如，純粹就感官經驗來看，月球看來並不比蘋果派來得大，而太陽顯然是繞著地球轉。所以，爲了克服感官經驗容易受騙，培根認爲，「要想讓自然暴露祕密，用技藝拷問要比任其發展有效。」他以昆蟲做比喻，科學家就應該像「蜜蜂」，從花朵汲取物質，然後憑藉自身的努力予以加工製造；而不是像食古不化的經驗論者，如「螞蟻」一般只知道累積資料，或者像他所批判的同時代自然哲學家，如「蜘蛛」一味地從自身內部來編織蛛網。[43]

培根所指拷問自然的技藝，是一種以實驗爲基礎，藉由適當組織實驗，以獲得更難觀察、更有意義、更爲深遠的自然「事實」。培根雖然點出實驗是生產知識的重要輔助，但並未有系統建構實驗主義的指導原則，他自謙說道，「他敲響了鐘，把才智之人一同喚醒。」[44]顯然，包括波以耳在內英國皇家學會的創始世代，都聽到了培根所敲響的鐘聲，並做出回應。

波以耳主張科學或者自然哲學，應當透過實驗的程序產生，而這類知識的基礎是由實驗產生的「事實」所構成。對於實驗主義哲學，或者經驗主義和歸納法，都有賴於事實的生產，事實乃是感知經驗的客體。波以耳認爲事實的建構，必須經歷一連串的過程，它必須是經驗的觀察，對自己證實，同時，這樣的經驗事實也必須能夠延伸到許多人。而建構事實，牽涉到三種技術：(一)物質技術（material technology），蘊含在望遠鏡、顯微鏡、空氣泵浦等科技產品的建造和操作中；(二)書面技術（literary technology），將實驗結果的現象傳達給未親臨見證的人知道；(三)社會技術（social technology），用以整合實驗者在彼此交流討論知識主張時應該使用的成規。[45]所以，實驗所生產的事實，也就是知識的根源，不僅僅屬於知識論範疇，它也烙印了社會範疇的印記，也就是說知識必須獲得公衆見證的認可。

公衆對知識授權的問題，進一步又衍生出科學活動的「空間」意義。既然科學家私人空間的科學實驗結果不足以成爲眞正的知識，還需要有相關見證實驗之公衆的認可，所以，科學家就不能再像過去煉金術士一般，而必須讓實驗從私人的領域走入公共的空間，才能取得享有眞正知識的身分，科學家的科學陳述和聲明，通過公開的辯論，最後獲得公衆的認可和授權。科學活動從過去的祕密「探索」到公開「展示」、從苦思冥想的「鑽研」到公共辯論的「證明」，使得科學活動必須要在公共空間運作，而具有了「公共理性」的特徵。[46]

然而，大部分的報告或者見證，就像法庭上的法律攻防與辯論，不免有證詞眞僞鑑定的問題，所以，在公共空間進行科學實驗的「見證者」，最好是誠實、値得信賴的人，例如英國的「紳士」，他們是擁有一定財富的自由人，相對不會爲了現實經濟生活而曲折自己的自由意志，能夠獨立做出自主判斷。同時，英國紳士文化所強調的美德、正直、榮譽的品格，[47]促使他們擁有說眞話的道德和勇氣。科學證詞的公信力源自社會身分，紳士的話語，彷彿就像債券，具有票面價値的效力。據此，正如科學史家謝平所說，英國十七世紀的實驗主義，兼具紳士規範和科學實踐，是一種文明與科學的對話。英國皇家學會主要是：

> **紳士、自由人和不受限制的人所組成的機構，擁有現代早期英國紳士的條件、教育、期望，文化遺產與道德才能。他們在科學界堅持他們的個體自由、正直與平等時，使用了英國紳士的自由、正直與平等的文化資源。**[48]

到了十八世紀，隨著紳士階級參與科學實驗，追逐科學知識，使用珍貴稀罕的科學儀器設備，[49]從事科學活動已經成爲一種「文雅文化」(polite culture) 的表徵。伊拉斯謨斯·達爾文寫給瓦特的信，內容卽充分體現了這種文化現象。伊拉斯謨斯．達爾文在信裡請瓦特提供改良蒸汽機的細節資料，好讓他把這部分資料融入他的長篇詩作〈植物之經濟〉。伊拉斯謨斯．達爾文強調他需要的是這類科學實驗的文雅知識：「這些事實，或事情，是令人愉快的；我指的是紳士喜歡的事實，而不是抽象的算術，這只適合哲學家。」[50]伊拉斯謨斯．達爾文的話或許語帶戲謔嘲諷，不過也讓我們注意到十八世紀的英國社會，已經出現一種有關科學、科學活動廣泛且多層次的「社交會話」（conversation）。

從波以耳勾勒的科學實驗綱領，以及英國皇家學會的科學實作，我們可以瞭解，對於實驗主義而言，「事實」的生產是屬於一種集體製造的過程，科學知識的形成，更是在衆人見證的公共領域被建構出來的。科學知識，既是知識論的範疇，也烙印了社會制度和社會文化。英國的科學革命於是邁入了十八世紀啓蒙運動那種以公共對話交流爲表徵的嶄新領域。

實驗科學的大衆化

波以耳在他臨終遺囑裡期勉皇家學會的會員，「在值得稱讚、致力於發現上帝傑作眞實本性的嘗試中，取得令人愉快的成功，並祝願他們以及其他所有自然眞理的研究者們，熱誠地用他們的成就來讚頌偉大的自然創造者，並且使人類過上舒適的生活。」[51]波以耳的遺囑點出了實驗主義哲學追求知識的目的，不僅在於揭開自然的奧祕，尋求宇宙的秩序，同時也要以科學的成就，彰顯上帝萬能的輝煌。

在十七世紀，宗教勢力仍然是強大社會力量的時代，自然哲學家求助於宗教的庇護是顯然易見的，但科學史家默頓提醒說，自然哲學對宗教的服膺，「不純粹是一種機會主義的獻媚態度，而是發自內心深處的一種眞誠努力，他們試圖要證明科學之路是通向上帝的。」默頓認爲，清教倫理教義與英國實驗主義哲學之間有內在的親緣性：把思辨視爲遊手好閒，把實驗操作的體能消耗與勤勞刻苦等同視之。[52]

所以，研究自然就是要尋找出宇宙的規律和秩序，充分讚賞上帝壯麗的創造物，彰顯上帝萬能的榮耀，並引導信徒讚賞、頌揚體現在創造物中上帝的威力、智慧和善行。換言之，自然哲學家就好比上帝所創造之自然的傳教士，在弘揚宗教信仰方面，自然哲學家的功能不比神學家低下。這種新教倫理，深深滲透到英國皇家學會創始世代的科學實踐。牛頓即在他的《自然哲學的數學原理》(*Philosophiae Naturalis Principia Mathematica*) 書中說道：「上帝當然是屬於實驗哲學的事業。」[53]另外，牛頓在他的《光學》(*Opticks*) 也宣稱，自然哲學的「主要目的」是爲上帝的信仰建立堅實的基礎。[54]

牛頓這番話的意思並不是認爲科學實驗也可以是一種展演性的娛樂事業，他的原意是要指出上帝的本質，是可以透過其創造物的秩序而被窺見；所以，可以憑藉著實驗的方法揭示上帝宏偉計畫的元素，並激發信徒虔敬信仰的宗教情懷。事實上，自近代以來，英國的傳記作家如康杜特

(John Conduit),即往往把牛頓聖化成爲基督的使徒。被視爲牛頓「萬有引力」定律象徵的那顆蘋果,在歷史上的知名度,大概可以和夏娃在「伊甸園」偷吃的「禁果」,或是希臘神話中引發特洛伊戰爭的「金蘋果」相提並論,「在宗教團體的詮釋學上,嬰兒的蘋果意謂著基督,第二個亞當,將贖回人性。對於培根的信徒來說,牛頓成爲新的亞當,他揭示了上帝對於自然的數學原理。」[55] 而牛頓發現宇宙運行規律的偉大功績,讓他的詩人朋友波普(Alexander Pope)援引《聖經・創世記》開天闢地的意象讚嘆道,「自然與自然律隱沒在黑暗之中,上帝說,讓牛頓去吧!萬物遂成光明。」

然而,在一般常人心目中,除了虔敬的宗教之外,追求知識眞理的目的,更在於「使人類過上舒適的生活」,滿足個人的利益。就好比剛剛自立爲業的約書亞・瑋緻活,在他的「實驗筆記」所表明的,他從事實驗的目的,就是要「改善我們陶器的製造……日益提高對我們產品的需求……這些考量使我嘗試更爲扎實的改良方法,如我們所製造的胎體、釉料、顏色和造型。」事實上,這看似世俗化的目標,也充滿宗教信念。正如培根所相信的,「眞知灼見的實驗終將引出一系列有益於人類生活狀態的發明。」「改善人類物質條件的這種力量,不僅有純屬世俗的價值,按照耶穌基督的救世教義,它還是一種善的力量。」[56] 就這樣,實驗文化從菁英走向普羅階層,整個英國就沉浸在實驗主義的氛圍,科學實踐與活動也漸漸走向大衆化。

十七世紀英國以實驗主義、經驗主義爲基礎的自然哲學,在科學事業的合法性和鞏固過程,所獲得的成功,原因不在於和宗教信仰對立、衝撞宗教信仰及宗教力量的權威,反倒是自然哲學能被宗教信仰認可與包容。對於科學事業,「自然提供了另一種遭遇上帝的方式,因爲這是上帝的創造,自然秩序證明了上帝的美善。」而「貶低萬物的完美,也就是貶低了神性力量的完美」。[57]

除此之外,我們還必須注意到科學知識傳播,在促成英國科學實踐與活動大衆化所產生的功能。[58]正如文化史家丹屯(Robert Darnton)的解析,啓蒙運動除了存在於哲學家的沉思冥想之外,還必須透過出版商以彈性的版權轉讓、印製流程等方法與管道,避開政治思想檢查的箝制和封鎖,讓法國思想家狄德羅編輯的啓蒙運動聖典《百科全書》(*Encyclopédie*)流傳各地,使得啓蒙理性能夠經由市場機制的運行而在歐陸廣泛散播流通。[59]因此,科學知識傳播的問題,讓我們尤其必須注意知識的生產,是如何從生產地如書齋、實驗室、天文臺、田野調查等,向公共和私人空間領域移動。

在十七世紀的英國,科學知識的傳播媒介形形色色,現代發揮知識殿堂功能的大學體系,當時仍受到宗教神學的控制,轉而由「無形學院」的皇家學會、約書亞·瑋緻活、博爾頓所屬的月光社等百花齊放的科學學會、俱樂部來扮演科學創新和知識傳播的角色。由史普雷(William Shipley)所創設,以鼓勵創業、拓展科學、完善技藝並擴大商業應用爲組織宗旨的「皇家技藝學會」,[60]頒發獎章獎金鼓勵創新,並且規定每位得獎者不就該發明申請專利權。一七六五年,班特利爲了推動運河開鑿計畫寫信給伊拉斯謨斯·達爾文,在信裡,班特利讚許該學會的遠見,認爲該學會推廣的宗旨,「應該成爲全國性的計畫」。這個學會也出版多種期刊文集,而在工程師、自然哲學家、商人之間形成知識交流的網絡和機制。

有時，著名的自然哲學家、科學家，或出於主動意願，或基於被迫不得不然，也會離開他們的實驗室，走入人群活動的公共空間，宣揚科學知識，或者操作實驗。虎克是倫敦咖啡館的愛好者。在一六七二至一六八〇年間，虎克在日記裡提到他光顧的倫敦咖啡館少說也有六十四家，一天之內，虎克至少會上一次咖啡館，有時甚至多達三次，無論天氣多麼惡劣，從無例外。虎克藉由上咖啡館的機會吸收不同領域的知識，並分享、展示新奇的科學儀器，討論、調解哲學與人際的衝突。[61]牛頓的學生惠斯頓（William Whiston），因主張基督是人、不是神，被逐出劍橋大學，在國會議員、散文作家斯蒂爾（Richard Steele）擁有的「聖索瑞瑪」（Censorium）沙龍，以及輝格黨人經常出入的巴登咖啡館（Button's Coffee House），或緊鄰皇家交易所（Royal Exchange）的瑪汀咖啡館（Martine Coffee House），進行天文學講座，展示戲劇性的科學實驗。在咖啡館啜飲咖啡、談天說地的商人，還可以從輝格黨的另一位支持者、皇家學會會員哈里斯（Reverend John Harris）的講座，瞭解牛頓的理論。[62]做爲一種可以就理論與實驗事實進行辯論的「另類」科學公共領域，咖啡館成爲實驗室的一種替代空間。

咖啡時尚之風從威尼斯吹向了倫敦，成爲倫敦城市生活的象徵，儼然是商業與訊息以及科學知識傳播的中心。倫敦市內各類科學社團、協會、俱樂部林立，科學實踐和活動就像座舞臺，市內到處可見演講與實驗操作。仰慕英國與英國文化的法國思想家伏爾泰，發覺在巴黎原本堅固的科學理論與實踐，到了倫敦都煙消雲散了，伏爾泰說道：「法國人來到倫敦，會發覺事情完全兩樣，自然科學及其他任何一切……在巴黎，他們看到微妙事物的漩渦構成這個宇宙。在倫敦，他們找不到這種東西……對笛卡兒主義者來說，光存在於空氣中；對牛頓主義者來說，光以六分半的速度來自太陽。你的藥劑師以酸、鹼和各種微妙的物質做實驗。」[63]伏爾泰以一目了然的簡明例證，闡釋了巴黎的抽象唯理精神與倫敦的科學實驗主義兩者產生的含蓄碰撞。

就像第二章提到的賴特名畫，以白色鸚鵡做為實驗品，證明眞空現象的存在，充滿了戲劇性的張力；有時，科學實驗活動就像是一種公共景觀，確實像座劇場，實驗者演講的語言和肢體動作，伴隨著實驗儀器的閃光和聲響，實驗內容愈戲劇化，科學講座能提供的展示就愈富娛樂效果。科學知識的傳播，需要藉由誇張的表演而普及。在這樣的環境，自然哲學家的個人癖好，甚至可能帶來功成名就。十七、十八世紀天文學家哈奇森（James Hodgson）宣稱他的自然哲學和天文學講座課程，「要爲全部的有用知識奠定最佳、最堅實的基礎」，這是自十六世紀伊莉莎白一世以來所有英國自然哲學家夢寐以求的目標。哈奇森講座課程的創舉有二：他宣稱要展示皇家學會以外罕見的實驗儀器設備；他列出的實驗儀器設備清單，如空氣泵浦、顯微鏡、望遠鏡、氣壓計、溫度計，都是由當時最重要的儀器製造商羅雷（John Rowley）所生產，非常昂貴稀有，一般常人遙不可及，勢必會讓出席的聽眾大開眼界、大飽眼福。

這類講座雖然收費，但是哈奇森的大膽創舉顯示，實驗哲學並不局限於有錢人，普羅大眾同樣能夠負擔、也有興趣接受與參與。然而，實驗哲學大眾化的結果，有時會讓講座的聽眾、科學儀器設備的消費者、公衆娛樂之間的分際逐漸模糊了，科學儀器設備，如稜鏡、望遠鏡、顯微鏡、磁鐵，像玩具一般被交易，成爲公共科學文化的商品。但實驗活動淪爲商品化的過程，並非沒有雜音出現，皇家學會就時常針對這一現象提出警訊，不過最終還是徒勞無功，科學活動大衆化的潮流已經是勢不可擋。[64]

工業啓蒙與知識經濟

終究，隨著科學知識的大衆化，以及因個人收入增長而帶動讀寫能力的大幅提升，印刷品、書籍做爲科學知識傳播媒介的普及，[65]使得科學知識與實驗成果，能夠驅動專業匠人和商人追求利潤的野心，形成科學理論與技術發展的良性互動與相互影響。十七世紀末、十八世紀，英國出現了獨特的社

歐洲各國成人識字率統計表，1500-1800

國家（或地區）	能夠親筆簽名的成年人占總人口的比例	
	1500年	1800年
不列顛	6%	53%
荷蘭	10%	68%
比利時	10%	49%
德意志	6%	35%
法國	7%	37%
奧地利／匈牙利	6%	21%
波蘭	6%	21%
義大利	9%	22%
西班牙	9%	20%

資料來源：Robert C. Allen著，毛立焜譯，《近代英國工業革命揭幕》，頁53。

會關係與社會交往模式。追求科學知識的紳士自然哲學家、受市場激勵的企業家、大規模生產的工廠主、學有專精的工匠和技師，他們在咖啡館、科學俱樂部、科學學會和社團，找到了共通的語言：科學知識和實驗操作；原本存在它們之間的僵化社會藩籬漸漸消失了。

科學文化散播的涓滴效應，匯聚成推動英國工業化的動力。科學史家瑪格麗特．雅各布（Margaret Jacob）以十八世紀英國港市布里斯托爲縮影，闡釋了科學知識與工業革命的完美結合。在布里斯托，商業利潤與工業發展相互融合，雅各布告訴我們，可以看到當地商人、擁有土地的上層階級、工業家、工程師、自然哲學家受惠於他們共同掌握

人均購買書籍數量[66]

國家	1551-1600	1601-1650	1651-1700	1701-1750	1751-1800
荷蘭	34	139	259	391	488
瑞典	1	40	59	84	209
不列顛	27	80	192	168	192
德意志	43	54	79	100	122
法國	34	52	70	59	118
義大利	51	42	56	48	87
愛爾蘭	0	4	14	62	78
比利時	48	33	74	31	45
瑞士	79	9	15	14	32
西班牙	4	9	14	19	28
波蘭	1	6	6	10	23
其他	2	2	5	5	18
俄國	0	0	0	1	6
西歐	29	41	67	67	122

資料來源：Roderick Floud, Jane Humphries and Paul Johnson, eds., *The Cambridge Economic History of Modern Britain, Volume1, 1700-1870, p. 42.*

了牛頓力學的知識，因而結成同盟促進當地的利益。

根據雅各布的描述，十八世紀中葉之前，布里斯托的高中不僅普遍講授牛頓力學知識，而且在數學與技職學校也開設相關課程，目的在培養工業實用方面的人才，使得牛頓力學能在當地獲得傳播。布里斯托位於英格蘭西部，原是英國的大西洋商貿中心，以奴隸、菸草、食用糖的貿易聞名，但在工商發展方面漸漸不敵競爭對手利物浦。於是，布里斯托商人開始苦思結合牛頓力學知識與城市基礎建設，急起直追利物浦。當地政府把老舊的港口和運河維修與改善計畫委由商人協會來推動。這個協會的領導人布萊特（Richard Bright），曾經追隨約書亞．瑋緻活的好友、月光社的成員普里斯特利學習化學，同時也在約書亞．瑋緻活十分推崇的沃靈頓學院進修機械科學。布萊特是一位商業資本家，地主紳士，輝格黨人，服膺科學信仰，堅信社會的進步理念。雅各布還進一步提供布里斯托為了開鑿運河，在議會舉行的聽證內容。根據議員與商人之間反覆的對話，可以證明牛頓力學普及的情況以及傳播的程度。從雅各布的描述，我們可以領略十八世紀中期之後的英國，科學知識已經大幅滲透到受過教育的人士之間，大大促進了英國工商業的發展，創造了現代的生活方式。[67]

雅各布以牛頓力學科學文化的積澱，在科學理論與經濟變遷、工業發展之間建立因果關聯，用以解釋「工業革命為什麼發生在英國」這一重要且具有爭議性的命題。然而，反對者認為，尤其是經濟史家，科學理論本身並不是能動的行為者，它必須透過人類的制度性安排和激勵誘因，才能發揮影響作用。[68] 近年來，莫基爾藉由建構「工業啓蒙」的概念，以較深入且全面的視角，解釋英國科學理論與工業發展的因果關係，引起了科學史家和經濟史家的熱烈討論。而根據莫基爾的定義和闡釋，約書亞．瑋緻活可以稱得上是「工業啓蒙」的化身。

莫基爾首先把知識區分爲兩種形式：一是「命題」（propositional）知識，這是一種關於自然現象與規律的知識；這類知識可以用來生產「指令」（prescriptive）知識，即一種關於技術或技藝的知識。莫基爾以「Ω知識」代表前者，以「λ知識」代表後者；「Ω知識」的特徵表現爲「發現」，用以揭示自然規律的眞相，「λ知識」的特徵表現爲「發明」，目的是創造出一套指令系統，執行這套指令系統，則可以將從前不可能的事情變成可能。顯然，莫基爾將知識區分爲「Ω知識」與「λ知識」，是進一步深化演繹亞當．斯密在《國富論》中探討技術創新時所做的古典分野：「機器製造者（指工人）的心智」和「哲學家或善於思考的人」。[69]

莫基爾提醒，有了做爲認知基礎的Ω知識，並不一定保證就能促成λ知識的出現，Ω知識基礎的存在，只是提供λ知識出現的機會，但不能保證Ω知識基礎必定得到充分的利用。「知識經濟」的巨大效益，只有在鼓勵發明和支持工商業發展方面建立制度化機制的社會，才可能噴湧而出。同時，科學理論是否能充當技術發展的基礎，這又牽涉到知識獲取的效率與成本。換言之，知識要積累成爲一種「文化實體」（cultural entity），就必須要能夠傳播、共享和取得。顯然的，文化和制度在這裡發揮了關鍵性的作用。[70]

莫基爾進一步以「工業啓蒙」的概念，解釋Ω知識與λ知識的相互作用，特別是Ω知識投射在λ知識的方式，並且分析這兩類他所謂「有用知識」(useful knowledge) 發生變化的社會變遷過程。其中，主要有三個面向：(一) 獲取知識的成本降低，以及技術功效的明確，因而導致技術的擴張；(二) 致力於理解技術的功效；(三) 促進掌握命題知識的人與運用技術 (指令知識的一部分) 的人雙方互動，分享知識，進行合作。根據莫基爾的分析，這種「工業啓蒙」運動的結果，把科學革命帶向了工業革命的道路，工程師、製造商等技術實踐者，開始採用科學實驗方法，開發新的技術。莫基爾透過「工業啓蒙」的概念，強調把科學知識和實驗方法，應用到工商業實用技術的開發，而形成了一種理論與實踐相結合的過程，工業啓蒙成了工業革命的助產士。[71]

前述有關英國社會的種種文化與制度，尤其讓工業啓蒙在英國得到充分的發展。培根式實驗主義與基督新教倫理的相互包容與融合，促成了哲學家泰勒 (Charles Taylor) 所稱「世俗性」的興起，即「不接受任何超越人間福祉的終極目標，也不熱愛這一福祉之外的任何事物」。[72] 而英國十七、十八世紀思想家曼德維爾、亞當・斯密等對欲望的政治經濟學的論述，以及爲「奢侈消費」的辯護，使得「商業社會」擺脫了宗教道德規範的束縛，昇華成爲「溫和得體」的品行，追捧財富與名位得到了合法性的肯認。其次，科學知識透過各地的科學社團、協會、「咖啡館公民大學」等公共領域的交流和宣傳，在社會大量傳播，使得各科學領域的專家，與不同行業的製造商之間的交流合作十分便利，並且能夠獲得豐碩的成果。在這種知識網絡中，工業啓蒙爲自然哲學家與工程師、專家與匠人之間搭起了橋梁，這種橋梁形形色色，可以是正式的，如英國皇家學會，也可以像月光社，是非正式的。

從約書亞·瑋緻活世界的「社會動力學」(social dynamics) 來看，亦即對約書亞·瑋緻活的家庭史、家教信仰、價值理念、人際關係、知識網絡和事業發展的梳理，或許我們可以說，約書亞·瑋緻活正是莫基爾「工業啓蒙」的代表人物。

約書亞·瑋緻活出身社會邊緣，是工匠家庭之子，但他二十四歲自行創業之後，便開始養成實驗的習慣，並撰寫實驗報告、裝訂成冊以供參考。他雖然寒微，沒有受過高等的正規教育，但也算天資聰慧，自修成材。他喜愛、擅長數學，靈活的數學頭腦，讓他擁有財務會計的敏銳度，這項技能，日後幫助他度過企業經營的財務危機（詳見下一章的敘述和說明）。約書亞·瑋緻活是一位實驗大師，也稱得上是一位化學家，透過月光社這種非正式的科學社群，他和許多當時科學研究水準領先群倫的科學家往來密切，並且透過頻繁的書信往來，和海外的科學家如法國化學家拉瓦錫、拉瓦錫的明星級學生塞甘 (Armand Seguin) 進行交流。他熱衷蒐集科學文獻，努力追趕自然哲學家之間的科學辯論，例如，一七七一年，約書亞·瑋緻活寫信告訴合夥人班特利，他購買了法國化學家馬凱 (Pierre-Joseph Macquer) 撰寫、由月光人凱爾翻譯的化學辭典。晚年，他更是在英國皇家學會集會上宣讀自己的論文，成爲英國皇家學會的會員。這象徵他的畢生努力，突破超越社會菁英的階層藩籬，得到了社會的認可。

除了科學知識和科學成就之外，約書亞・瑋緻活也是一位創業成功的工業家。他秉持實驗主義的精神，應用科學方法設計實驗環境，進而摸索改良生產技術，歷經數千次的實驗，把這些技術應用到他的產品製造。約書亞・瑋緻活的行事風格和思想觀念不受社會教條的框框所束縛，他貪婪不知饜足地吸收新思想和新技術，結合科學理論與技術創新，提升商業的理念和能量，他就是莫基爾「工業啓蒙」概念的典範。而英國的工業革命，正是由約書亞・瑋緻活，乃至博爾頓、瓦特等，這類兼具科學知識與製造創新的實業家所推動而成的結果。

第八章　審美資本主義

時尚是一種推廣工業產品和使消費大規模統一化的力量

阿蘇利，《審美資本主義：品味的工業化》

消費革命

科學理論與技術創新結合而成的「知識經濟」，成爲英國工業革命的重要動力；另一方面，日益崛起的龐大消費主體和消費能力，以及對時尚和奢華新商品的需求，也在積極響應、附和科學實業家的創新精神和甜言蜜語，刺激了英國工業革命的進展。約書亞·瑋緻活除了是實驗大師、工業啓蒙的化身之外，他還是一位能夠駕馭消費革命和消費主義的藝術巨匠，擅長以新古典主義時尚的設計風格，裝飾他的陶瓷產品。

對於英國消費革命出現始於哪個年代，及其消費性質，該如何與工業革命的大敘事（grand narrative）產生連結，學界的觀點仍有分歧。有學者主張，在工業革命之前已經出現了消費革命，而且是啓動工業革命的原因。另一派的解釋認為，商品欲望的改變是與工業化過程同步發生，但不必然扮演主動性的角色。第三種觀點認為，隨著帝國主義的擴張、海外貿易的發達和生產技術的創新，帶動了奢侈消費，刺激了商品欲望的模仿。有些學者則是懷疑商品欲望做為刺激經濟變革誘因的能力，而強調經濟變遷造成利益向社會底層擴散的基本面。[1]

儘管對消費革命存在種種理論爭議，但經濟史家大體上同意，由家庭需求所帶動的消費，已經擁有了自己的生命力，消費的革命性，不僅表現在消費者規模（scale）層面，除了上流社會，中等階級甚至是工人階級，構成了重要的消費主力；也展示在消費品結構（structural）面向，除維持生活的基本消費之外，奢侈品已經成為一種維持體面的必需品，消費者對新商品的渴望，驅動了英國工業生產流程，以及家庭與市場關係的宏觀變化。

有關英國消費革命的論述，以經濟史家德弗里斯的分析尤其受到學界的重視。[2] 根據德弗里斯的解釋，英國的消費革命出現在工業革命之前的十七世紀末，隨著進口且以市場為導向商品的大量湧現，如茶、咖啡、糖、瓷器等，誘發出一種對這類新商品或奢侈品的欲望，這種強烈的商品欲望，創造出一種為了滿足商品欲望的「勤勉」（industriousness）文化。原本以自給自足為原則的家庭經濟，做為社會的生產部門，開始轉向了為市場而生產，以便增加所得收入購買這類新商品。其中，女性與兒童大量進入勞動市場，是這種所得重分配的主要行為者，對宏觀經濟發揮重要且積極的影響作用，而不是被動回應外在經濟環境的變化。

1688年英國各社會階層經濟狀況統計表

	人數(按所屬階級階層)分類	在總人口中占的比例	人均年收入額	人均年收入額與「維持基本生存」開銷的比值	超出「維持基本生存」開銷的收入占剩餘購買力總量的比例
地主階級	200358	3.5%	46.4英鎊	23.2	21%
中產階級	262704	4.6%	40,2英鎊	20.1	23%
生意人	1190552	20.9%	9.0英鎊	4.5	19%
農場主	1023480	18.0%	10.4英鎊	5.2	20%
工人	1970895	34.7%	5.6英鎊	2.8	17%
茅舍農、窮人	1041344	18.3%	2.0英鎊	1.0	
總計／平均值	5689322		9.6英鎊	4.8	

資料來源：Robert C. Allen著，毛立焜譯，《近代英國工業革命揭祕：放眼全球的深度透視》，頁74。

＊綜合學者的研究，Robert C. Allen以每年2英鎊做爲維持基本生存的開銷額。

＊＊地主階級包括：領主、紳士、神職人員以及科學家、藝術家等。

中產階級包括：商人、政府官員、律師、年收入不低於200英鎊的工匠、軍官。

生意人包括：店主、貿易商、製造業者。

農場主包括：大大小小的農場主、不動產擁有者。

工人包括：一般勞動力者、建築工人、採礦工人、家庭僕傭、水手和士兵。

茅舍農、窮人：指茅舍農、貧民、流民

除了家庭經濟的劇烈轉型，從德弗里斯的分析看來，消費者的品味與偏好也發生了根本性的變化，這是驅動宏觀經濟變化的重要因素，而不是價格的起落或者生產技術的改良。這種消費品味與偏好的變化，首先發生的上層社會，隨之經由社會模仿，滲透到社會的中下階層。然而，這種消費革命的社會與心理因素，顯然很難獲得經驗性的證明，不過大致上還是可以從兩方面來解釋：

首先，消費行爲的改變，涉及到思想觀念的轉化，生活態度的調整，甚至是法律如禁奢法令的廢除，誠如第六章有關亞當．斯密、曼德維爾的論述，當時留下衆多有關貿易量增長和奢侈消費風氣的辯論文獻；其次，與第一點相關，同樣也在前述章節提到的，英國自海外進口大量的茶葉、蔗糖、咖啡、巧克力、印度棉布、中國瓷器，以及英國本身爲了回應貿易逆差，而創造性模仿生產的高質量商品，如服飾、鐘錶、玻璃器皿、傢俱、金屬器具等。經濟史家艾倫（Robert C. Allen）甚至從遺囑財產清單所列財產項目，證明英國人的消費規模和結構確實已經發生了重大的改變。[3]其中，常見的物品有桌子、炊具鍋、白蠟碟盤、黃金或白銀；新潮物品如陶器、書籍、鐘錶、卷軸畫、梳妝鏡、窗簾、瓷器、金屬刀叉、盛烈性酒的器皿等。

休閒、紳士氣派與美學設計

消費革命讓英國人從原本基本生存的需求生活，邁向了追求情趣品味的欲望世界，競相追逐高雅的「生活風格」（lifestyle），而藝術便是這種高雅生活的精緻點綴。就這點而言，在十八世紀的英國，約書亞．瑋緻活可以稱得上是「時尚的魔法師」。

根據消費文化理論，「生活風格」指涉一種消費者的感知（sensibility），消費者透過選擇獨特的商品以及後續形成的慣性，來展現他們個人的獨特性或者個性。身爲特殊生活風格群體的一員，這些人積極利用消費品，如服飾、宅邸、傢俱、室內裝潢、汽車、假期、飲食，以及像音樂、電影、藝術品這類文化商品，以顯示群體的品味或風格感。生活風格成爲一種趨勢指標，讓某一群體的人透過所消費的商品而與其他群體做出區隔。於是，消費實踐成爲一種具有象徵或美學意涵的社會識別。[4]

這種晚期資本主義的消費理論，其分析效度，同樣可以適用在資本主義童年時代的英國。當時，有錢的商人和企業家，已經有能力取代宗教團體贊助藝術創作，風雅的有錢人開始精心蒐集繪畫、雕刻、傢俱等藝術作品，裝飾他們的宅邸，彰顯他們高雅的生活風格。

以德國畫家佐梵尼受夏綠蒂王后委託而畫的名作〈烏菲齊美術館蒐藏室〉（Tribuna of the Uffizi）爲例，畫家虛構了一群社會名流和藝術鑑賞家，聚集在佛羅倫斯著名美術館內的圓形大廳，欣賞歐洲藝術巨擘的作品。提香心目中女性撫媚的典型〈烏爾賓諾的維納斯〉（Venere di Urbino），就被安放在顯目的位置，幾乎主宰了整個構圖畫面。拉斐爾（Raphael）的傑作〈施洗者聖約翰〉（Saint John the Baptist），做爲男性人體的典範，則被掛在後方中央的牆上，和形形色色的精采作品並列。

在佐梵尼的繪畫中，僑居佛羅倫斯的英國臣民，在美術館內流連忘返，追求一種文雅的消遣：他們或比手畫腳，或竊竊私語，或注視詳看，「表現出風雅的執著與求知的渴望和自豪。」[5]

其實，佐梵尼在這幅些許矯揉做作的畫，暗藏了戲謔的諷刺。畫面的右側，有人正拿著鏡片目不轉睛盯著「梅迪奇維納斯」(Medici Venus) 雕像，輕挑褻玩，動作實在有欠文雅。站在這個人前面，眼睛看著畫外，用姿勢示意梅迪奇維納斯雕像的人，根據藝術史家的解釋，正是在「壯遊」圈子惡名昭彰的布魯斯 (James Bruce)，他是「已婚男人的噩夢，朝三暮四的情人。」畫家佐梵尼本人就站在畫面的左側，手裡舉著拉斐爾的〈聖母像〉(Niccolini-Cowper Madonna)，擺出像僧侶般的虔誠姿態。佐梵尼與這位目光褻瀆者，一左一右，形成強烈對比。藝術史家認爲，佐梵尼畫中這種構圖的安排，大概是故意要讓與他私交甚篤的圈內人士會心一笑，是屬於描繪「壯遊」時代（後文詳述）英國藝術鑑賞家群像的諷刺畫作，[6]儘管寓意詼諧、甚至揶揄，但大體上還是呈現出英國當時上流社會社交生活和藝術嗜好的樣態。（見彩圖 8-1）

十八世紀的英格蘭與愛爾蘭，被學者形容是「紳士」的大時代。[7]根據時人對「紳士」的定位，認爲他們必須舉止高雅、彬彬有禮，在品味方面必須擁有獨到的眼光和素養。因應這樣的社會規範認知，爲了打造紳士的獨特品格，與凡夫俗子有所區隔，他們必須表現出對金錢功利價值的漠不關心，培養一種非功利性色彩的品味。所以，在英格蘭、愛爾蘭上流社會的貴族圈子，流行蒐集一些非實用的裝飾物品，例如瓶甕、地毯、掛毯、銀器、傢俱等，尤其是從當時剛成立的拍賣會蘇富比

(Sotheby's)、佳士得(Christie's)購得的珍奇古玩。另外,誠如後文將討論的,當時英國貴族子弟流行以義大利、希臘做為「壯遊」的目的地,持續幾個月在歐洲大陸長途旅行,旅行歸來,攜帶並展示他們沿途蒐集到、經過學會組織權威鑑定深具歷史意義的古文物。因爲這股古風時尚,此刻也見證了歐洲大陸各國博物館的興起,例如,成立於一七六五年的大英博物館,佛羅倫斯烏菲齊美術館則是在一七七三年開館。這些博物館、美術館,館藏充斥了從東方經由貿易路線帶回歐洲的各種文物藝術品。總之,英國的上流社會,就是以高雅的休閒與獨特的審美品味來彰顯地位。[8]

所以,英國人從這樣的休閒時尚很淸楚意識到藝術與美學風潮結合的商業價值。佐梵尼,連同十八世紀英國著名畫家雷諾茲、韋斯特都是倫敦皇家美術學院的發起人。這所成立於一七六八年的學院,設置宗旨在於培育、改良繪畫、雕刻和建築等藝術領域,並且堅守風格宏偉的藝術理論,但是商業的考量與旨趣,在韋斯特首度擔任院長時的就職演講已經有跡可循。韋斯特含蓄說道,「在這裡機靈的年輕人接受設計藝術的教育,他們所接受的指導已經傳遍了這個國家的各種不同產業。」[9]韋斯特口中「機靈的年輕人」,肯定包括斐拉克斯曼。前文提到他是約書亞·瑋緻活所聘請最重要的設計師之一。當時,隨著消費革命的出現,爲了吸引市場有能力的消費者,特別是市場新貴的中產階級,包括約書亞·瑋緻活在內的製造商,在激烈的市場競爭中,開始爲其商品注入具有時尚品味的美學設計理念。在英國尚未成立設計學校,不存在商業設計、工業設計等教育課程之前,唯一受過專業繪圖訓練的,就只有學院派的藝術家。[10]

值得一提的是，包括英國倫敦皇家美術學院在內，十八世紀歐洲各國開始出現設立美術學院的潮流，這股潮流是重商主義觀念發酵的必然結果。根據重商主義的經濟觀念，國家首要的功能就在於介入並完善生產制度，以創造經濟的繁榮，刺激貨幣的流通，增加貨物的出口與黃金的流入。從商業角度來考量，訓練藝術家，培養優良的美學品味，不僅只是爲了繪畫、雕刻，同時還是爲了掛毯、瓷器等商品的美化設計，使本國商品在國際貿易的經濟競賽中立於不敗之地。十八世紀歐洲各國成立的美術學院，在組織方面，大體上是仿效、延續一百年前法國財政大臣、被伏爾泰盛讚是佐國良相的科爾貝（Jean-Baptiste Colbert）[11]所規劃的皇家美術學院，當時科爾貝就已經意識到藝術與國民經濟的正向關聯性，美學是可以被用來爲他的重商主義政策服務。「一方面他（指科爾貝）迫切想讓法國工匠能夠在本國生產威尼斯玻璃器皿、威尼斯花邊製品、英國布料、德國青銅製品，以供國人消費，使外國都市全都喪失其誘惑力，同時還要通過羅馬留學生的工作，讓巴黎也能夠擁有羅馬與文藝復興的藝術。」[12]

新古典主義藝術風

到了十八世紀，新古典主義藝術風格開始主宰歐洲各國美術學院的美學教育理念，雷諾茲、韋斯特都是新古典主義的擁護者、健將。新古典主義具有濃厚的懷舊復古文化，更加強烈擁抱古希臘羅馬的藝術精髓。這種審美趣味的轉變，套用藝術社會史家豪澤爾（Arnold Hauser）的說法，「表達人們對簡單和眞實的追求。」「人們渴望純粹的、清晰的、簡單的線條，渴望規則和紀律。」對比這種渴望，點綴異國風情的「洛可可」藝術，則被認爲過度耽溺於虛假的華美、感官的享樂，是頹廢的、墮落的、病態的、違逆了自然的現象。[13]

新古典主義追求古希臘羅馬的美學，要在寧靜形式中的沉寂尋找美的盛開，期盼把偉大和簡單、尊嚴以及質樸融爲一體，這種藝術風格和境界，就是藝術評論家、希臘品味的「發現者」溫克爾曼（Johann Joachim Winckelmann）心目中的最高典範。溫克爾曼以「拉奧孔（Laocoon）群雕」[14]爲例，認爲這件藝術作品表徵「完美的藝術法則」：

> 希臘傑作有一種普遍和主要的特點，這便是高貴的單純和靜穆的偉大。正如海水表面波濤洶湧，但深處總是靜止一樣，希臘藝術家所塑造的形象，在一切劇烈情感中都表現出一種偉大和平的心靈。這種心靈就顯現在拉奧孔的面部，並且不僅顯現在面部，雖然他處在極端的痛苦之中。他的疼痛在周身的全部肌肉和筋脈上都有所顯現……只要看他因疼痛而抽搐的腹部，我們也彷彿身臨其境……他的悲痛觸動我們的靈魂深處。[15]

溫克爾曼賦予拉奧孔群雕一種象徵靈魂深淵與狂躁的意象，靈魂之偉大，就在於肌肉扭曲賁

拉奧孔群雕　　來源：J. Paul Getty Museum

張下的平靜狀態，而不是像巴洛克風格那種恣意放縱的激情。人最終止於佇足羅馬，僅僅精神飛揚至雅典的溫克爾曼，[16]「高貴的單純、靜穆的偉大」這句形容濃縮了他對古希臘優雅簡約之美的新體驗，成為當時歐洲新美學薰陶的箴言。

十八世紀歐洲人重新發現羅馬、希臘這兩個「古老的新國家」，與當時盛行的「壯遊」文化有關。前述提到，「壯遊」是指富有的歐洲人前往歐陸的重要文明中心、歷史景點進行深度的文化旅行。以英國人為例，主要的路線、目的地有巴黎、瑞士及義大利城市如羅馬、威尼斯、佛羅倫斯、那不勒斯。這一著名傳統始於十六世紀末，至十八世紀達到高潮。有不少社會學家認為，歐洲傳統的「壯遊」，是今日人在生涯的某個階段，拋下學習和工作，選擇深度的教育之旅，即所謂「空檔年」(Gap Year）的原型。[17]

隨著旅遊作家、考古學家、文物蒐藏家作品的相繼問世，歐洲人除了延續文藝復興運動以來對古羅馬軌跡的深化瞭解，足跡進一步深入到過去較少涉及的「東方」（即「黎凡特」（Levant），泛指地中海以東的大片區域），歐洲人重新發現了希臘，漸漸意識到，「羅馬對雅典的精神負債，被占領的希臘征服了野蠻的占領者，將藝術傳授給了刀耕火種的拉丁民族。」這種旅遊在身體和精神所造成的時空「錯位」(dislocation），讓歐洲人自我意識超脫基督世界的桎梏，與重新發現希臘聯繫在一起，歐洲意識的建構與認識希臘之間形成了辯證的關係。[18]

考古的豐碩成果，又進一步讓歐洲文明星空羅馬和希臘雙子星座的光芒更為璀璨。在波旁王室（House of Bourbon）成員、時任那不勒斯及西西里國王卡洛斯（Carlos）的財務支持下，對公元七九年維蘇威火山（Vesuvio）爆發而被火山灰掩埋的兩座羅馬古城龐貝（Pompeii）與赫庫蘭尼姆（Herculaneum）進行考掘。[19]根據凝結在火山灰的廢墟遺物，考古人員可以復原古羅馬時代房舍內部的裝潢細節，古城出土的文物，又進一步激發了新古典主義藝術的風潮。在這場學者稱之爲「考古學古典主義」的運動中，「斯卡威」（Scavi）（即龐貝古城）成爲時代的響亮口號，歐洲知識界爲之震撼，蒐藏古物蔚爲風尚，連德國大文豪歌德也奔赴義大利，重金購買蒐藏品，把赫拉女神半身雕像擺在威瑪的家中。[20]約書亞・瑋緻活的重要贊助人、也是英國重量級的蒐藏家漢彌爾頓爵士，當時就駐節在那不勒斯，美國知名歷史學家鮑爾索克（G. W. Bowersock）認爲，在「讓維蘇威火山城市從沒沒無聞變得舉世聞名方面，威廉・漢彌爾頓爵士起到主導性的作用」。[21]漢彌爾頓爵士占地利之便就近蒐集不少上乘的希臘精品，把瓶甕上的紋飾圖樣分門別類印刷出版，這類圖文並茂的圖冊，是風雅人士喜愛的蒐藏品。[22]這類圖冊，甚至成爲英國建築師羅伯特・亞當（Robert Adam）靈感的泉源，他爲曼斯菲爾德伯爵（Earl of Mansfield）設計的肯伍德公館（Kenwood House）藏書室，被喻爲是「新古典主義傳統在英國最完美的體現」。[23]

在英國，「希臘品味、羅馬精神」（Grecian Taste and Roman Spirit）的風行，與「迪勒坦蒂社」（Society of Dilettanti，Dilettanti意指業餘藝術愛好者）的鼓吹和推動密不可分。壯遊是當時英國有錢年輕紳士必備的歷練條件，這個社團就是由一群抵達義大利壯遊的英國新貴所創立的俱樂部，

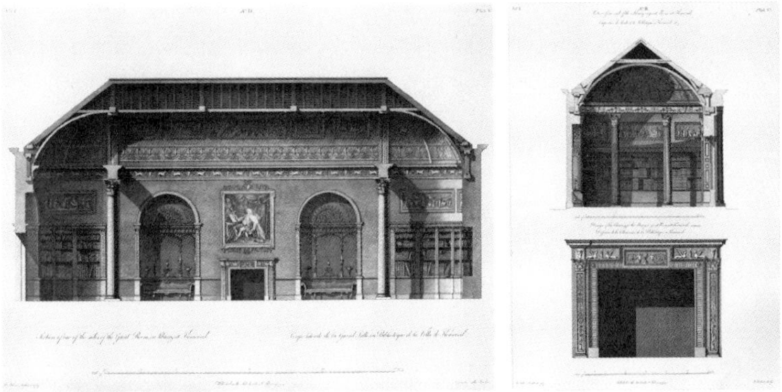

羅伯特・亞當「肯伍德公館」藏書室設計圖　來源：UW Digital Collections

它的組織宗旨在於強化成員之間的關係網絡。迪勒坦蒂社的成員，除了坐擁財富和社會影響力之外，更是藝術的愛好者和蒐藏家，如漢彌爾頓爵士就是其中的會員。事實上，迪勒坦蒂社還被譽爲「英國頭一個體現鑑賞家文化的組織」，是英國人的「麥基納斯」(Maecenas，**指公元前一世紀，羅馬貴族、詩人、文學藝術的保護者，後來泛指鍾愛文學藝術的有錢人**）。[24]

當羅伯特・亞當熱切弘揚羅馬藝術，人稱「雅典的斯圖爾特」(Athenian Stuart）的另一位英國建築師斯圖爾特（James Stuart），也爲迪勒坦蒂社重要社員湯瑪斯・安遜（Thomas Anson）[25]的舒勃勒（Shugborough）大宅邸設計帶有希臘趣味（gusto greco）的建築物，而在英國建築界形成「羅馬精神」與「希臘品味」分庭抗禮之勢。斯圖爾特相信高雅的品味是誕生在希臘的天空下，是十八世紀英國希臘藝術風格的重要推手。

十八世紀中期，斯圖爾特來到羅馬，與英國畫家里維特（Nicholas Revett）共同籌劃將雅典古代遺跡的分布做有系統的整理。爲了得到經濟的支持，斯圖爾特與里維特發表了「關於出版雅典等地古物的精確描述的提議」考古建議計畫書，他們的宏偉計畫終於得到迪勒坦蒂社的青睞和贊助。斯圖爾特與里維特兩人合作研究撰寫的《雅典的古蹟》（*The Antiquities of Athens*），就是由迪勒坦蒂社支持出版。由於這次出版大爲成功，後來迪勒坦蒂社又補助錢德勒（Richard Chandler）與帕爾斯（William Pars）前往愛奧尼亞執行新的希臘研究任務，補充對希臘本土的考察，並出版了《愛奧尼亞古蹟》（*Ionian Antiquities*）的研究成果。[26]

歷經百年巴洛克的繁盛瑰麗與洛可可的奢華細膩，被失序的激情所主導，感性的漂浮與淺薄的幸福讓歐洲人沖昏頭，這時藝術家開始漸漸排除惺惺作態的華麗誘惑，回歸古代理性的簡約秩序和宏大壯闊，追求心智和諧之美，企圖找回簡潔但豐滿的生命力。羅馬與雅典因而獲得了重生，希臘與羅馬的雕刻、建築、瓶甕爲這個時代銘刻下普世價值的烙印。

商品美學時尚

建築史家吉魯阿爾（Mark Girouard）指出，像曼斯菲爾德伯爵的肯伍德公館、湯瑪斯．安遜的舒勃勒大宅邸，這類十八世紀英國鄉間豪宅的社會生活，有一套複雜的儀式。「房子建築是舞臺，傢俱是布景，而兩者之間的對話不只是家居生活的背景。這些都和先前每一個文化對奢華的瞭解與運用相去不遠。」[27]就如同法國學者德塞托（Michel de Certeau）所描述的，居家和日常言談、閱讀、購物、烹飪一樣，雖然全都是一種策略性法則的行為，但同時也蘊含驚奇的可能性。私人的居家空間，歷經某段時間之後，會變成一種類似個人的肖像畫，空間內部能夠傳達家庭收入的程度，或者，至少某種生活風格的野心，是一個人組織空間譜寫「生活敘事」的方法。室內空間就像一則家族傳奇的章節，所有這類昔日的空間與裝飾品，現在則化為一種生活的見證，如同日記、回憶錄、自傳，或者是遺囑的文本和遺贈。[28]就像雅典的共和，英國喬治王朝的美學品味也必須依賴貴族傳統文化的奢華，唯有以龐大的財富為基礎，才有能力提供他們閒暇的雅緻和獨立的自主。

新古典主義住宅建築講究建築物與室內設計在風格上的統一，力求宅內的細節、傢俱和陳設務必一致性地展現出古典的風韻。於是，時尚就成為一種生活風格的選擇。然而，出土的古文物數量終究是鳳毛麟角，所以建築師與室內設計師必須另尋其他的替代品。「雅典的斯圖爾特」的室內設計和裝潢，或使用真品古文物，或以木製、石膏為材料仿製。羅伯特．亞當有鑑於新古典主義室內設計風格的盛行，但又很難找到合適的裝飾品匹配他所設計的宅邸，甚至自己親自操刀設計裝飾品。這類新藝術風格所帶動的需求，正如現代法國精品大師可可．香奈兒（Gabrielle Bonheur Chanel）所說的，「時尚會流逝，風格永留存」，新古典主義風格的歷久不衰，為約書亞．瑋緻活的裝飾陶瓷開創了無限商機。

約書亞．瑋緻活對新古典主義的知識與興趣可能來自合夥人、摯友班特利。班特利與約書亞．

羅伯特．亞當爲「肯伍德公館」設計的各式傢俱

來源：UW Digital Collections

斯圖爾特設計的壁爐草圖　來源：The Metropolitan Museum of Art

瑋緻活合夥之後，先是在伊特魯里亞廠監管「裝飾陶瓷」的生產，後轉赴倫敦負責行銷的業務。顯然是擁有淵博人文知識素養的班特利讓約書亞．瑋緻活意識到新古典主義風潮的龐大市場潛力，從而調整了設計的取向。在約書亞．瑋緻活實驗開發的新胎體中，尤以「玄武岩」的無釉黑色炻器與「浮雕玉石」的無釉白色炻器，最適合新古典主義的美學風格。前者主要是用來燒製甕和小雕像，浮雕玉石無釉光的質地類似大理石，很適合仿製骨董甕、水罐、瓶子和浮雕作品，最能表現新古典主義藝術對「石頭的夢境」的陶醉。結果，新技術工法與藝術時尚的結合相得益彰，迎合了市場的消費需求。

然而，約書亞．瑋緻活對新古典主義風格的接納，就意味著審美典範的轉換，商品風格的重新調整，他一開始還是有些躊躇。約書亞．瑋緻活早年的產品帶有巴洛克的華麗風味，多有複雜的裝飾和鑲金；重量級的古文物蒐藏家漢彌爾頓爵士勸他不要在產品上鑲金，以符合新古典主義風格的品味。約書亞．瑋緻活感到有些猶豫了，因爲這與他向來對陶瓷美學的見識有所出入。約書亞．瑋緻活抱怨：

> 做一個花瓶，顏色要自然多變、歡愉，而不像個罐子，外型要精美，要讓它看起來價值連城，但不要有多餘的柄、裝飾品和鑲金。這可不是輕鬆的差事。[29]

約書亞．瑋緻活爲了把新古典主義的美學元素注入他的陶瓷產品，啓用不少藝術家爲他設計產品，其中以斐拉克斯曼最富天分，約書亞．瑋緻活甚至贊助他前往義大利。藝術評論家斯塔羅賓斯基提醒說，斐拉克斯曼除了與約書亞．瑋緻活合作，爲他設計裝飾商品之外，也爲《伊里亞德》與《奧德賽》荷馬史詩、古希臘戲劇家埃斯庫羅斯（Aeschylus）[30]的作品繪製插圖，並且從事訂製的墓葬雕刻，套用斯塔羅賓斯基的說法，斐拉克斯曼「處在優雅的設計與哀傷悼念的藝術之間」，他的創作也會出現「暴力、英雄主義的狂野、恐怖、害怕，它們的強力表達擾亂了理想形式的沉靜」，這種歷史圖案是「對神祕歷史時空的考古迷戀，但同時，它也伴隨著靈魂維度的挖掘」。希臘、羅馬勾勒的線條，深深引誘、挑逗著斐拉克斯曼的筆觸。[31]

約書亞．瑋緻活聘請像斐拉克斯曼這類知名的藝術家爲他設計產品，顯然很清楚不論是傳統的上流貴族，或者新近崛起的中產階級，都渴望透過消費美學商品，來標榜

斐拉克斯曼爲《奧德賽》所繪插圖草稿

來源：The Metropolitan Museum of Art

斐拉克斯曼爲埃斯庫羅斯作品所繪插圖草稿

來源：Wikimedia Commons

自己的品味，以強化自我的認同感。這就好比伊莉莎白·柯瑞德（Elizabeth Currid）所謂的「沃荷經濟」（The Warhol Economy），「普普藝術」（Pop Art）大師安迪·沃荷（Andy Warhol）最清楚創意產業跨界聯合的特性，同時能夠把商品轉譯成藝術，將藝術轉譯成商品。他的粉絲，樂於花大錢擁有一架「沃荷拍立得相機」——以安迪·沃荷爲名的商品。安迪·沃荷從探索文化圖像開始，最後自己也成爲一種流行圖像。安迪·沃荷既不避諱且很擅長將文化與商業結合，在資本主義的童年時代，也可以在約書亞·瑋緻活的商業策略上看到安迪·沃荷所稱之的「商業藝術」（business art）。[32]

除了延聘藝術家自行設計之外，約書亞·瑋緻活動用上流社會的種種人脈關係，向他的貴族朋友借用骨董陶器和雕像，進行研究和仿製。這些貴族朋友，或是將自己的蒐藏骨董珍品整理出版圖冊畫冊，或者擁有大量有關十八世紀古希臘羅馬考古研究的藏書，都成爲約書亞·瑋緻活古典知識借鑑的來源。另外，約書亞·瑋緻活想方設法貼近新古典

斐拉克斯曼爲瑋緻活設計的產品　　來源：Walters Art Museum

主義的理論家，讓自家產品與新古典主義美學運動產生連結。當相關著作等身的法國凱呂斯伯爵（Count Caylus）感嘆伊特魯里亞作品不再，約書亞・瑋緻活便透過宣傳表達他的產品可以填補這一遺憾的空白。儘管建築師「能人布朗」（Capability Brown）告訴約書亞・瑋緻活他無法接受有色的浮雕玉石，只喜歡神似大理石的白色浮雕玉石，但約書亞・瑋緻活總是不厭其煩地接近建築師、設計師，激發他們對瑋緻活產品的興趣。[33]總體而言，約書亞・瑋緻活掌握了新古典主義美學時尚的脈動，因而讓他的產品大獲成功，同時也使自己從原本只是小有成就的陶匠，躍升成爲藝術品味和時尚生活的領航人。

從約書亞・瑋緻活透過新古典主義時尚，將商業與藝術結合，可以瞭解西方資本主義現代性，卽便在發展之初，品味就成爲經濟增長的動力，與審美、欲望的表達形成密切的關係。法國學者阿蘇利（Olivier Assouly）在他的《審美資本主義：品味的工業化》（*Le capitalisme esthétique : Essai sur l'industrialisation du goût*）一書中提到：

> 審美品味的對象是那些人們並非真正需要的東西，它把奢侈型消費提升到比實用型消費更重要的地位，讓感覺戰勝了道理，情感戰勝了理智，使歡悅變得比功效更重要。

所以，「審美資本主義說明了一種經濟的變革，這種經濟在本質上不是有用的商品流通和購得的問題，而是一個服從審美判斷的吸引力和排斥力的審美空間。」[34]既然，審美是一種感覺、情感、歡悅的想像與欲望，與實際用途並無直接關係，因此，消費的開展就有無盡的前景，商業的發展在理論上也就有無限的可能性。而商品的美學化，目的就是在於誘發消費者的潛在欲望，永無止盡創造商品的消費需求。就此而論，約書亞．瑋緻活顯然是實踐審美資本主義的先驅。

然而，採取新古典主義風格的設計，不僅使約書亞．瑋緻活貼近流行時尚，也是一種符合產品管理、降低成本的生產策略。身爲陶瓷商品的經營者，約書亞．瑋緻活必須大量生產、提高銷售量，以增加單位利潤；同時，又要避免產品量產，造成過多的庫存積壓，侵蝕他的獲利。爲了實現這一目標，約書亞．瑋緻活一方面限制產品的造型，一方面大幅增加產品裝飾式樣的選擇。新古典主義美學風格，講究簡單素樸的外型和平整的表面，比起繁複設計的巴洛克、洛可可風，更可以符合他的這一生產策略。約書亞．瑋緻活的陶匠先製作素面的形體，再由設計師從各類設計書籍援用各種不同的浮雕、紋飾花樣搭配，變化出琳瑯滿目的樣式。如此一來，消費者便有花樣繁多的品項可供選擇，滿足對不同款式的偏好，而約書亞．瑋緻活也可以等到接獲訂單之後才開始裝飾素面產品。經過這一系統性的運作，約書亞．瑋緻活大量生產各種樣式的產品，又可以緩和積壓龐大庫存與資金被存貨套牢的壓力。換言之，約書亞．瑋緻活的新古典主義設計風格，既迎合了市場的品味需求，又是一種合適的產品生產流程。而這樣的策略，就是歷史學家所稱的「彈性專業化」（flexible specialization）或「彈性批量生產」（flexible batch production）模式。[35]

英國工業革命時代許多科學企業家，和約書亞・瑋緻活一樣，都擁有豐富的專業技術，也都兢兢業業辛苦工作，膽識過人又鍥而不捨，但這並不一定就能保證收穫纍纍碩果。工業革命時代，著名科學企業家失敗的案例血跡斑斑。首先與瓦特合作開發蒸汽機事業的羅巴克，他是蘇格蘭的化學家發明家，以發明鉛室法製造硫酸而聞名於世，同時也是卡偎鋼鐵廠（Carron Ironworks）的創辦人，他和商業鉅子嘉貝特合作開始跨足商界，卻未能獲得成功。高壓蒸汽機的發明人特里維西克（Richard Trevithick）、堪稱偉大機械天才的理查德・羅伯茲（Richard Roberts），也都是失敗的企業家，兩人去世時均身無分文。[36]

對約書亞・瑋緻活而言，若想要追求商業無限可能性的前景，爲企業奠定百年根基，就不能僅止於仰仗技術的突破和美學品味的設計，他還必須在企業的行銷策略與生產管理方面日益精進，有所創新。

第九章　時尚魔法師

時尚是一種社會需要的產物

齊美爾，〈時尚哲學〉

定價策略

現代奢華精品品牌如Hermes、Louis Vuitton、Armani、Burberry、Ralph Lauren等，都非常重視定價策略。根據經濟學學理，價格上升，需求就會降低，但是現代奢華精品的經營，反而違背經濟學原理逆向操作，以產品訴求爲第一，基於「范伯倫效應」，價格上升反而帶動了需求量的成長。對於現代奢華精品來說，在商品行銷策略方面，價格對消費者購買動機的影響，次於品牌形象、品質與設計的考慮。現代奢華精品業者研究認爲，消費者願意出高價購買奢華精品，原因是「消費者感受到商品的價值，雖然這個價格並不等值於商品的實用性」，奢華精品的「象徵或美學價值比它的實用價值高出許多，這意味著消費者通過對消費奢侈品獲得的地位滿足感，或者向世人表達他的個人風格，相比高價，消費者更看重這些內容」。然而，價格因素也並非全無影響作用，而必須當來到特定的價格點，才會出現「需求價格彈性」，亦即價格變動能夠改變需求量的敏感度。[1]

瑋緻活的定價策略類似現代奢華精品品牌的經營之道。約書亞．瑋緻活曾在信裡告訴班特利，低價「必然帶來製造業低劣的品質，這又會造成輕蔑，造成不被重視、嫌惡，這是商家必然的結果」。但是業者如果能夠持續維持品質，或者精益求精，「我們或許就能繼續維持原來的價格」，所以，經濟低迷對於這類業者「特別有利」，因爲當其他商家不得不放棄時，或許就可以繼續以平常的價格繼續出售王后御用陶器。瑋緻活是以品質優越、富美學時尚，而不是低價，受到中等階級消費者的青睞。自一七六〇年代中期之後，約書亞．瑋緻活大都以高於對手競爭性產品七五%—一百%的價格，標定他的實用性產品和王后御用陶器。他整體實用性產品的價格都較競爭對手昂貴。例如，一七七〇年，頂級瑋緻活餐盤的售價是八便士（pence，**約等值二〇〇〇年的二十七美元**），相對的，斯塔福德郡當地其他陶匠的開價是二便士。一般而言，約書亞．瑋緻活和班特利會讓他們的產品價格高於這一產業的平均值。[2]

然而，這種大膽的定價策略，儘管是對自己產品技術創新與美學時尚的信心表現，但是，某種程度上，也是市場需求旺盛的結果。消費人口的成長與新興海外市場的利基，使得約書亞．瑋緻活的產品能夠持續被消費者接受，擴張市場的規模。不過，當市場處於低迷、飽和的狀態，約書亞．瑋緻活就必須重新思考原有的定價策略。

一七七二年，約書亞．瑋緻活在給班特利的信裡提到：

大人物把這些瓶子陳列在他們的宮殿裡已經夠久了，足以讓中等階級的人瞻看、欣羨。我們知道這個階級的人數非常龐大，我幾乎可以這麼說，他們的數量大大超越了大人物。儘管售價比較高，我相信，讓這類裝飾宮殿的瓶子受到尊重，起初是有必要的，但是這個理由已經不存在了。它們的品質已經建立，而中等階級會因價格降低而大量接受它們。[3]

從這段話可以瞭解約書亞．瑋緻活重要的行銷策略。約書亞．瑋緻活有能力透過產品品質、產品聲望、時尚訴求，採取高單價的定價策略，又能以稍微調降、但又高於競爭對手的價格，囊括大眾市場。約書亞．瑋緻活的這一決定，顯然是經由成本精算、擴大產量以達到規模經濟之後所採取的重要步驟。

總體來說，約書亞．瑋緻活採取高價位的定價策略，除非某項產品的熱銷期已經過了，不再能以高價的方式維持流行，或者他認為某項產品的價格與競爭對手產品的價差已經過大，否則瑋緻活的產品一般都是屬於高價位，約書亞．瑋緻活從來不與競爭對手進行價格的割喉戰。直到生命結束前夕，約書亞．瑋緻活還提到：「我一貫的目標，在於提升我的產品品質，而不是降低售價。」約書亞．瑋緻活把這種高價位做法視為行銷策略的重要環節之一，正如前述，他相信使瓶子成為宮殿裡受到尊重的裝飾，起初訂定高價位是有必要的。約書亞．瑋緻活的定價策略不是基於產品的生產成本，而是根據消費者願意付出的價格，來訂定產品的價格。誠如當代管理學家西蒙（Hermann Simon）所說的，價格是市場機制的中樞，定價最重要的部分在於產品對消費者的「價值」。而價值是一種主觀感受，它「反映出顧客眼中對商品或服務的價值認知」、「顧客願意支付的價格，就是公司能取得的價格。」[4]

約書亞．瑋緻活的這種定價策略，印證了當代文化經濟學者對藝術品、精品行銷策略的研究結果。根據荷蘭學者維爾蘇斯（Olav Velthuis）的解釋，在這類市場中，價格與需求往往出現與經濟學原理反常的現象，這是因爲價格機制不僅僅只是供需資源配置的系統，它是鑲嵌在一種「意義之網」（web of meanings）之中，是由「認知聯結」（cognitive associations）構成，「將價格與質量、聲譽和地位關聯起來，所以，價格機制也可以說是一種類似語言的符號交流系統，可以被看成是一種文化載體。」[5]就定價策略來說，價格必須穩定，以便消費者能夠識別它的符號意義；另一方面，價格也必須足夠靈活，可以對不同消費群族的人呈現出不同的含義。約書亞．瑋緻活的定價策略已經展現出這種意義與靈活性。

迎合時尚的領航人

這種高價位的定價策略，前提自然必須建立在產品品質與時尚品味的基礎上。不過，單單只有品質精良的特質，只能占據有限的、專業的市場，訴求於數量少、排他性的小群體。再者，儘管約書亞．瑋緻活在技術與創新方面也從不懈怠，孜孜矻矻，求新求變，但這也無法維持長期的壟斷優勢，因爲競爭對手很快就會模仿他的產品，且量大價低。每當約書亞．瑋緻活開發出新的技術和產品，如綠釉蔬果系列、奶油陶系列、黑玄武、浮雕玉石，市場上接著就會出現大量的仿冒品，約書亞．瑋緻活尋求專利制度的法律救濟途徑，還是不能徹底解決仿冒的問題。所以，約書亞．瑋緻活根本無法單單倚賴新奇創新和品質精良維持消費者的忠誠度，博取消費者的青睞。但他又不願意採取低價策略，進行價格戰，有損產品形象。掌握流行時尚，激發「范伯倫效應」，創造消費者對瑋緻活產品的價值認知，就成爲他重要的行銷策略。

首先，約書亞．瑋緻活把行銷的主要目標鎖定在王室、貴族、紳士、藝術家與專業人士等族群，因爲他雖然對自己的產品品質深具信心，但他也瞭解「在許多方面，時尚永遠優於產品的價值」。所以，約書亞．瑋緻活試圖爭取的，主要就是王室、貴族、藝術家與專業人士這類所謂時尚領航人的族群，而他的許多經營作爲也都是基於這樣的考量。

王室的訂單其實並沒有實質性的經濟效益，當時一般陶匠都不願承接。但是，約書亞．瑋緻活非常清楚，他獲得「王后御用陶匠」的稱號，他的產品即是「王后御用陶器」，這對於他銷售一般陶器就更具廣告效益，更有行銷說服力。約書亞．瑋緻活不辭辛勞、不計成本，接下俄國凱薩琳大帝的訂單，存在相當大的風險。他必須擔心凱薩琳大帝權力地位可能不保，可能拿不到款項，即使拿得到，費時又費工的九五二件「綠蛙餐具組」，利潤也非常微薄。不過，約書亞．瑋緻活看上的是成交之後在整個歐陸的宣傳效應。當約書亞·瑋緻活的精心傑作「波特蘭瓶」仿製品被納入馬戛爾尼使節團出使中國的禮物清單，想必他也希望能在中國製造相同的廣告效果，以便一圓美夢，藉由皇帝御用的宣傳效益，打開、征服中國市場。

冒著風險接下俄國凱薩琳大帝的訂單，除了考慮到宣傳廣告效益之外，約書亞·瑋緻活也可以藉由這樁生意，強化與國內上流貴族的關係。綠蛙餐具組的構圖，大量取材自英國的風景建築圖案，對英國的王公貴族而言，自然樂於把自家的林園宅邸，做爲約書亞·瑋緻活繪圖的題材，榮幸地烙印在俄國女王用餐的餐具組上。除王室之外，爭取貴族的支持，也是約書亞·瑋緻活的重要行銷策略。約書亞·瑋緻活透過成本精算，瞭解到貴族的「客製化訂單」其實是不具經濟效益的（詳見第十章），不過承作這類訂單的好處，除同樣巨大的廣告效果之外，藉由與貴族建立關係，可以拓展王室、貴族、紳士階層的人脈，而且還能贏得知名建築師、設計師、藝術家的友誼。何況貴族往往擁有許多精美的古文物，可以提供約書亞·瑋緻活研究，是他產品創作的靈感來源。

所以，約書亞·瑋緻活願意接受貴族的客製化訂單，甚至以貴族的名字來爲產品的命名。一七七九年，約書亞·瑋緻活建議用「德文郡公爵夫人」（Duchess of Devonshire）做爲他一款花飾茶壺的名稱。他的理由是，「有助於將我們的名聲傳遍整個島嶼」，藉由展示「我們較其他製造者受僱於更高階層」，將大大有益於實用性和裝飾性產品的銷售。[6]

一旦把行銷目標鎖定在上流社會，約書亞·瑋緻活便十分重視這個階層人士的意見。誠如前述，當重要古文物蒐藏家漢彌爾頓爵士勸他不要在產品上鍍金，即使這一建議違逆約書亞・瑋緻活向來的美學認知，最後他還是接受了漢彌爾頓爵士的意見。同樣的，約書亞・瑋緻活也會以黑色茶壺，回應倫敦貴婦樂於襯托她們白皙皮膚的嗜好。總而言之，約書亞・瑋緻活非常重視上流貴族對他的善意建議。

約書亞・瑋緻活訴諸上流社會的品味美學，迎合他們的需求，尋求他們的建議，接受他們少量的客製化訂單，目的就是要「壟斷貴族的市場，因而讓他的產品具有獨特的差異性，成爲一種社會標籤，最終能夠滲透遍及社會各個階級」。[7] 約書亞・瑋緻活的所作所爲，就是要引起貴族的注意與興趣，在貴族的引領之下，帶動其他階級的群起仿效。時尚傳播迅速，由上而下，莫之能禦，但是最重要的，時尚需要具展示作用且富有感染力的領航人。

有趣的是，約書亞・瑋緻活這種商品行銷的策略，倒是與第三章提到耶穌會利瑪竇在中國的傳教「規矩」，有著相同的思考邏輯。利瑪竇「儒化」耶教，目的就是要親近大明王朝文化菁英與上流階級的士大夫。獻鐘做爲「貢品」，無非就是要博取萬曆皇帝的好奇與興趣，進而讓萬曆皇帝召見他。利瑪竇希望透過接近中國的士大夫、皇帝，皈依他們信仰耶穌基督，以便在中國宗教「市場」與道教、佛教競爭，而達到由上而下的滾雪球效應。利瑪竇宣教時爭取中國士大夫、皇帝的動機，與約書亞・瑋緻活產品行銷以貴族、王室爲首要目標，道理其實是相通的，都是想要達到風行草偃的滲透效應。

推動美學時尚

時尚的流行，不光僅是由設計師一手打造，也是商人、製造商，甚至是消費者本身聯手推動的。約書亞．瑋緻活擅長把藝術的美學風格融入產品，商品的美學化是他產品的重要特色，操作當時藝術界盛行的新古典主義，是他重要的行銷策略。在這方面，他研發出的黑玄武、浮雕玉石技術工法，把自己的工廠命名為「伊特魯里亞」，不屈不撓複製波特蘭瓶，都是他努力貼近上流社會盛行之新古典主義藝術風格的表現。

然而，約書亞．瑋緻活在摹製古希臘羅馬文物，迎合新古典主義潮流時，並非是亞當．斯密所批評的「奴性的模仿」，誠如他自己解釋他複製古希臘羅馬經典文物的原則，「我只是佯裝在嘗試複製優美古典造型，但並非絕對卑屈。我在力圖保留古典形式的風格和精神，也可以說是優雅的簡潔之風，以此盡我所能引入全部的多樣性。」約書亞．瑋緻活是以其所研發的新技術工法，來重新演繹，但是在行銷時，他都會謹慎地刻意不張揚伊特魯里亞在技術方面的創新。宣傳時，「這類的創新，通常是被描述成『重新發現』失傳的古老工藝。」同時，「強調產品的古風血統，而不是別具一格的設計。」因為，約書亞．瑋緻活非常清楚，伊特魯里亞產品的「賣點是古風而不是新奇」。從某個層面來看，約書亞．瑋緻活對待新古典主義頗為務實，做為一種產品的裝飾風格，正如英國學者福蒂（Adrian Forty）的結論，「它（**指新古典主義**）在十八世紀的特殊魅力卻能讓現代製造方法成爲時尚，從而幫助瑋緻活與班特利大獲成功。」[8]

約書亞．瑋緻活不僅要讓他的商品藝術化，同時，讓他的瓶子出現在著名畫家的畫布，以吸引驚豔的目光。例如，新古典主義畫派健將、皇家美術學院院長韋斯特，在他題爲〈不列顛製造廠〉的作品中，伊特魯里亞化身爲古典工坊，約書亞．緯緻活複製的波特蘭瓶成爲英國工藝巧奪天工的象徵。就如同雷諾茲所畫的漢彌爾頓爵士的肖像、佐梵尼的托內雷勛爵（Lord Towneley）畫作，在傑出畫家的畫中，時尚的主人翁展示了他們喜愛的物品（見彩圖9-1、9-2）。這種連結的方式，有助於約書亞．瑋緻活獲得藝術家和專業行家的支持，稱得上是一種最爲精巧、不著痕跡的宣傳技術。

就像今天的製造商會找來明星名人代言產品，藉由名人的光環，達到產品宣傳的效果。王室、貴族、藝術行家在傳統社會扮演的，就是類似流行時尚代言人的角色，總能引起社會其他階級的效法。十八世紀初，荷蘭裔英國哲學、政治經濟學家曼德維爾，在其極富爭議性的作品《蜜蜂的寓言》論說：

在衣著和生活方式上……我們個個都在仰視社會等級高於我們的人，並竭力盡快去模仿在某個方面比我們優越的人。教區裡最貧窮勞工的妻子，雖然嘲笑燙著極益健康捲髮的女人，卻與丈夫忍饑縮食，以便買上一件二手睡袍及襯衣。其實，那東西對她根本無用，只因它確實更顯得屬於上流社會。[9]

當代學者凱夫斯（Richard E. Caves）在分析藝術創意做爲一種商品時提到，經濟學家往往忽略時尚流行對消費的影響，而時尚消費的行爲是發生在社會環境中，「買什麼以及對創意產品的反應，主要取決於他們所觀察到的其他人的選擇。從衆效應和虛榮效應就是一個例子。」在流行時尚的馴化過程，創意產品的消費者，會不同程度地依賴評論家和鑑賞家，他們爲消費者內化潛在的品味，提供產品的主觀感受。凱夫斯認爲，儘管創意產品的銷售命運如何很難預知，然而透過社會交際能夠降低感知成本傳遞給消費者對創意產品的評價，這種「心口相傳」，對產品的最終成功是至關重要的。[10]從約書亞．瑋緻活以上的行銷策略可以瞭解，他十分明白從衆與虛榮效應的消費心理，並且把王室、貴族、藝術行家視爲「品味的立法者」，希望透過這類人的消費行爲，帶動整體社會的模仿效應。

行銷策略

報紙廣告

一般歷史學家較少注意約書亞．瑋緻活利用報紙做爲一種行銷手段。約書亞．瑋緻活自己也說過，「如果你認爲我們的銷售必須透過廣告的方式，否則無法進行，那我寧可不要廣告。」顯然，約書亞．瑋緻活對於透過報紙廣告進行市場行銷的手段十分謹慎。但是，約書亞．瑋緻活一時不願意接受報紙廣告的策略，主要原因是對當時盛行的「吹噓性廣告」（Antipuffado）懷有惡感。這是十八世紀英國小販慣用的一種宣傳手法，他們在報章雜誌上發表匿名性、佯裝公平的評論文章，實際上是在吹捧自家的產品。約書亞．瑋緻活認為「王后御用陶匠」不應該像小販、攤商、庸醫和其他來路不明的職業人士自吹自擂，有損自己的文雅形象。所以，約書亞．瑋緻活一直非常謹慎選用廣告的方式，「他必須讓他的產品廣為人知，又要避免傷害他為他的產品所贏得之時尚、美妙、值得珍藏的特殊聲望。」[11]然而，一方面希望擴大市場，一方面又要維繫時尚品味的聲望，事實上，就是透過贏得的時尚聲望做為一種提升大量銷售的策略，這確實不是件容易的事。不過，這也是約書亞．瑋緻活行銷策略的獨到之處。

約書亞．瑋緻活確實也會使用報紙廣告。在「綠蛙餐具組」竣工送交俄國凱薩琳大帝之前，約書亞．瑋緻活安排先將這套餐具組陳列在他的倫敦展示廳供人參觀，並在一七七四年六月一日倫敦報紙《公共廣告人》（*The Public Advertiser*）刊登啓事廣為宣傳。我們可以看到，約書亞．瑋緻活這則廣告的篇幅並不是特別大、醒目，與他身為「王后御用陶匠」的名號與企業規模似乎不相襯。另外，他沒有特別凸顯這套餐具組是由俄國凱薩琳大帝所訂製，同時也沒有大肆誇張的詳細描述。這種不尋常的「廣告」，反映出約書亞．瑋緻活向來對平面廣告抱持較為謹慎的態度。他一方面坦承、認可平面廣告確實有效果，例如，約書亞．瑋緻活會透過倫敦報紙的廣告，刊登慶賀他王室主顧的訊息，但另一方面，他又疑慮這種廣告方式，如同他從未同意使用的「傳單」

(handbill)，往往讓人與普通商販聯想一起。除此之外，約書亞．瑋緻活這則廣告還有不尋常之處，就在於它特別提到「貴族、紳士」，表明必須持有進場券。換言之，約書亞．瑋緻活所希望的「公共」展示，並不是對所有人開放，而是具有某種程度的排他性。

對約書亞．瑋緻活而言，這次展示的難題在於既要盡可能吸引更多潛在的消費者，但又要產品具備排他性。於是，他在展示廳的陳列方式做出一些與以往不同陳列方式的巧妙安排。例如，這套綠蛙餐具組陳列在一樓，不過街上的行人是無法透過展示廳的窗戶看得見。另外，這套餐具組並不是像往常一樣陳列在大型餐桌，而是擺放在小桌子上，因此，以英國各種風景建築畫面裝飾的餐具，都可以一一單獨被仔細觀賞。約書亞．瑋緻

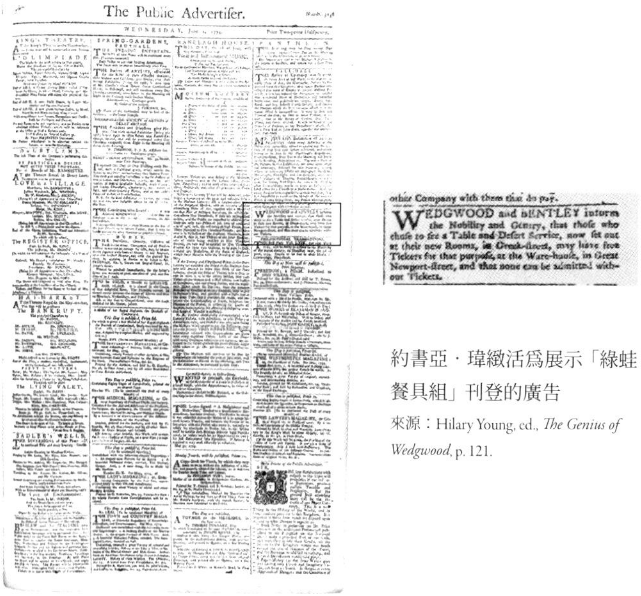

約書亞．瑋緻活為展示「綠蛙餐具組」刊登的廣告

來源：Hilary Young, ed., *The Genius of Wedgwood*, p. 121.

活這種擺設方式的用意，顯示他展覽餐具組目的不是爲了銷售，而是要表現出他精湛的工藝與藝術，他的產品是一種巧奪天工的藝術創作。[12]

約書亞．瑋緻活的展示策略對貴族與紳士而言是有吸引力的。約書亞．瑋緻活強調餐具組的裝飾圖案，意味著裝飾圖案本身是値得觀衆注目的對象。對貴族和紳士來說，廣告上並未提到餐具組與俄國王室的淵源，但他們不可能不知道這套餐具組是專門爲俄國王室燒製的。尤其是約書亞．瑋緻活所設計繪製的這些圖景，主要是取材自英國上流社會的豪華宅邸和林園景致。貴族與紳士，甚至中等階級的觀衆，不管他們的宅邸林園有無被畫進圖中，也都能享受領略林園建築風景的情趣。

綠蛙餐具組的展覽十分成功，展覽期間盛況空前，成爲當時倫敦一道讓人嘆爲觀止的風景。夏綠蒂王后蒞臨造訪，瑞典國王、王后也聯袂出席展覽，流行時尚人士在展示廳內摩肩擦踵，他們乘坐的馬車把展示廳附近的街道擠得水洩不通。這種盛況天天上演，歷時一個多月不衰。[13]透過這種不尋常廣告的「謹愼」宣傳，約書亞．瑋緻活既喚醒、也善用上流社會時尚世界的想像，煽動、誘惑了社會其餘階級的情緒。

展示廳（Showroom）

在約書亞．瑋緻活展示綠蛙餐具組的策略，其背景是十八世紀末倫敦對形形色色展覽的狂熱，其成功則彰顯出當時的消費與商業活動已有所轉變，美學範疇與觀賞行為正在被建構。前文提到，皇家學會與皇家美術學院經常舉辦科學儀器與美術作品的展演，倫敦人已經習慣參與這類以新奇科技、物品和藝術作品為主題的展覽。在十八世紀前期，「公共領域」意味著一種知識理念與公共德性的分享；不過到了十八世紀中葉之後，隨著都會中心「文雅文化」（polite culture）的商業化，以及中等階級崛起對文雅文化的熱衷追逐，昔日公共領域的文化樣貌已經發生變化了。約書亞・瑋緻活對這一文化變遷的強烈感受，明顯表現在綠蛙餐具組展覽之前他陸陸續續寫給班特利的信，他在信裡和班特利熱烈討論展示廳的性質，以及如何回應參觀展示廳觀眾的種種需求。[14]

其實，十八世紀的英國商人，大都不會把時間和金錢耗費在展示商品上。許多商店沒有櫥櫃、貨架，商品通常都堆積在後面的房間，遇到有興趣的顧客詢問才會拿出來。但是，約書亞・瑋緻活為了促進零售的銷售量，並且展示他琳瑯滿目的商品，特別設立了展示廳。約書亞・瑋緻活在信裡告訴班特利，這種展示商品的方法，能夠吸引並取悅女性的消費者。如同當代對購物行為的研究所做的幽默提醒，尤其不能忽略女性消費者，「如果零售商或商家不能滿足女人的需求，那就有可能被女人扔進達爾文的『垃圾箱』，像恐龍一樣從地球消失。」[15]約書亞・瑋緻活在一七六七年五月三十一日給班特利信裡，細膩表達了他對市場、特別是女性消費者消費行為的敏銳嗅覺：

我發現我並沒有跟你講清楚，為什麼需要大點的房間。這不是為了顯示我們這裡的存貨充足，

> 而是為了展示我們的不同風格的餐具和茶點用具。我想把這兩種產品分別擺放在兩排桌子上，並盡可能擺得美觀、整齊而親和，以適應女士們的胃口。我還準備用不同種類的瓶子來裝飾牆面；而且無論是桌子上的，還是牆上的，每隔幾天就重新擺放一次，讓客人每次來，自己也好，帶朋友來也好，都會感到耳目一新。如果做生意的同時也能享受愉悅，這樣的效果我想我就不必多言。在倫敦舉辦的任何展示、展覽等，人們看一遍也就夠了，很快就失去了新鮮感。除非展品的實用性，或者我上面提到的那些特點，仍能讓他們保持關注。除了我們的陶器需要大點房間外，我也得給我們那些女士準備大點的房間，因為她們有時成群結隊地來，得等上一批走了，下一批才能進。[16]

約書亞·瑋緻活顯然瞭解女性的需求，時尚不僅是一種展示，也是一種實踐經驗，消費者可以透過對時尚的消費滿足欲望，建構社會意義。約書亞·瑋緻活精心規劃的倫敦展示廳，套用社會學家瑞澤（George Ritzer）的概念，可說已成爲當時英國人朝拜購物的「消費聖殿」（Cathedral of Consumption）。[17]

馬庫色（Herbert Marcuse）曾尖銳批判消費資本主義所創造的虛假需求，弱化了人的批判潛能：「人們在商品中認識自己，他們在轎車、高傳眞音響、錯層式（split-level）宅邸、廚具設備尋找自己的靈魂。這種將個體與社會綑綁一起的機制已經改變了，而社會的控制則建基在它所生產的新需求。」[18]但是，法國學者羅什對於消費社會似乎比較樂觀：「儘管存在根深蒂固的智識傳統，商品並不必然會推動異化的過程；事實上，它們基本上意味著解放……消費擴張的影響不是全然消極的。」「十八世紀潮流令人炫目的循環削弱了傳統對社會的槓桿作用，推動了一種新的思想形態，它更具個人主義和享樂主義色彩，在任何情況下更顯平等與自由。」[19]

近來社會學家與人類學家對購物的研究，已經逐漸把購物的消費行爲與其長期關聯的奢侈態度脫鉤，而賦予購物行爲一種社交意義。商店精緻貼心的商品擺設與空間規畫，既能醒目展示商品，同時也能做爲消費者社交往來的公共空間。尤其是，十八世紀後期通過《道路法案》、《照明法案》、《鋪路法案》，倫敦公共建設煥然一新，[20]道路寬敞，行人有專用的通行道，漸漸的店家與人行道連成一片，給了市民散步與購物提供一個公共空間，更增添購物的樂趣。根據社會學家桑內特的說法，到了十八世紀中葉，在倫敦，「做爲一種社會活動的街頭漫步，獲得了前所未有的重要性。」[21]

消費者並不是商品所創造意義的被動接受者，相反的，消費者通過日常生活的決策與行動在商品上創造屬於自己的意義。這就是法國學者德塞托（Michel de Certeau）所謂「消費的戰術」（tactics of consumption），他強調消費者透過商品建構個體性、自我實現、抵抗、創造性的自我。[22]十八世紀的英國消費者，和今天一樣，在購物時也都懷有不同的動機、感受、策略。他們儘管可以透過郵購方式買到商品；菁英階層也可以派遣管家、僕人去和商店店員周旋，討價還價，甚至還可以透過代理人到海外購買特殊的商品，然而，對消費者來說，出門購物的重點之一，就是要藉機與親朋好友進行社交往來。特別是女性，她們長期被禁錮在家庭裡，除非她們以消費者的身分出現，否則就很難進入外在的世界。所以，購物就成爲女性重要的公共生活，是女性自我解放的一種方式，她們藉由購物活動離開家裡，在行程中拜訪朋友，與其他人互動。商店成爲她們外出活動、與朋友互動的公共空間，她們在商店裡瀏覽、徘徊、交談、邂逅。約書亞·瑋緻活在規劃展示廳空間時，還特別把展示廳內的購買櫃檯，與其他瀏覽區、社交區做出分隔，以迎合、適應這種購物行爲的社交功能。[23]

善用社會議題

珍·奧斯汀的《曼斯菲爾德莊園》(*Mansfield Park*) 小說中有段情節，寄人籬下的女主人翁芬妮，因拒絕演出傷風敗俗的戲劇而煩心，於是拿起馬戛爾尼的日記（劉半農翻譯了這本日記，書名為《乾隆英使覲見記》）瀏覽解悶，幻想到中國旅行。馬戛爾尼勛爵銜命出使中國肯定是轟動英國社會的公共事件，小說家珍·奧斯汀想必也知道這則新聞，因而把這件事情寫進她的小說裡。馬戛爾尼使節團將約書亞·瑋緻活複製的波特蘭瓶列入祝賀乾隆壽辰的禮物清單，自然抬高了瑋緻活產品的身價和地位。約書亞·瑋緻活本人很擅長利用公共事件爲其產品造勢，甚至將其產品操作成爲一種社會議題。

學例來說，海軍上將凱佩爾（Admiral Keppel）被政敵誣陷，受到法庭審判，最後無罪釋放，這件案子轟動英國社會。案發後，約書亞・瑋緻活隨即寫信給班特利，請他複製凱佩爾的肖像，聲稱他的銷售員說預計可以銷售幾千個「凱佩爾」。約書亞・瑋緻活還複製不少同時代的名人肖像，如演員兼劇作家蓋瑞克、知名文人詹森博士、化學家普里斯特利、以演出莎翁戲劇著稱的女演員薩拉・西登斯（Mrs. Siddons）、庫克船長，連同約書亞・瑋緻活其他系列的名人頭像，包括希臘人、羅馬人、詩人、畫家、科學家、歷史學家、政治家，都有在市場上出售（見彩圖9-3）。在約書亞・瑋緻活的「歷史陳列室」中，這類頭像非常熱賣。不過，歷任教宗頭像產品除外，或許是因爲羅馬教廷與英國本地信仰有所衝突，所以不受歡迎而導致滯銷，但是，約書亞・瑋緻活還是設法把教宗頭像外銷到天主教信仰的區域。[24]

約書亞・瑋緻活還透過他的商品視覺形象來回應社會輿論，操作大衆關心的公共議題，其中最爲著名者，或許要屬他對廢除奴隸運動的響應和支持。

歐洲國家的帝國主義擴張，特別是英國，主要仰賴歷史學家貝克特（Sven Beckert）所謂「戰爭資本主義」（war capitalism）做爲後盾，以強大的國家機器和軍事力量爲憑藉，進行殖民主義的擴張和剝削，並透過非洲奴隸的跨洲貿易以補充海外殖民地勞動力的稀缺，從而創造廣大和彈性的棉花、糖等原物料的供應網絡，爲英國的紡織、糖等全球化商品奠定基礎。[25]其中，奴隸買賣對於像棉花、蔗糖這類勞力密集型產業而言，其重要性與氣候、土壤、資本不分軒輊。然而，到了十八世紀末，英國許多知識分子開始發起反對奴隸貿易運動，對奴隸制度的殘酷剝削展開激烈的批判。

首先，宗教團體如貴格會，率先建立了一個有效的壓力團體爭取廢除奴隸買賣，繼之衛理公會教徒等也加入聲援的行列。隨後，曾經親身參與奴隸貿易的人士，出面挺身控訴奴隸貿易的不人道。例如，曾是奴隸船船長的約翰·牛頓（John Newton），經歷過戲劇性的宗教感召和皈依，懺悔過去的所作所爲，除創作流傳至今仍膾炙人口的聖歌〈奇異恩典〉（Amazing Grace），他還在一七八八年出版了《反思非洲奴隸貿易》（*Thoughts Upon the African Slave Trade*）一書，控訴奴隸貿易的殘酷。約翰·牛頓本人的宗教救贖經歷，就是廢奴主義最強而有力的宣言與見證。英國的廢奴主義者還進一步利用視覺圖像來宣揚他們的理念。例如，廢奴主義者設法取得一張滿載奴隸的「布魯克斯號」（Brookes）結構圖，船頂、船側、船尾擠滿四八

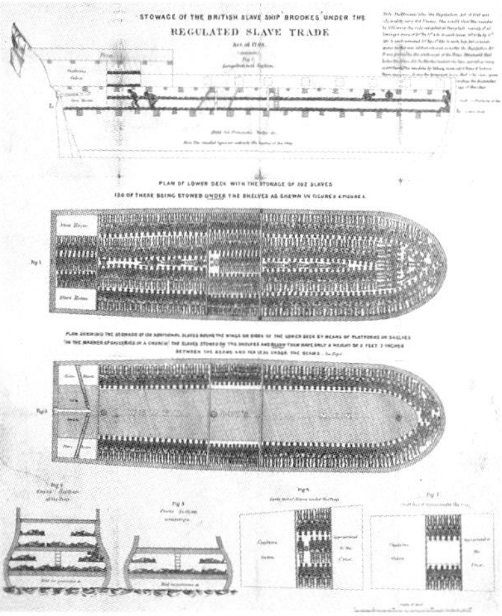

奴隸船「布魯克斯號」結構圖（左）
倫敦廢奴協會設計的黑奴圖像（右）
來源：Wikimedia Commons

二名奴隸，緊密排成行列，讓人看了不寒而慄。廢奴主義者將這幅「布魯克斯號」結構圖印製了幾千份海報，在全英國各地張貼，報紙、書籍、小冊子也都可以看到這幅圖畫。

當時倫敦廢奴協會還設計一款黑人套上枷鎖的圖像，用以宣傳廢除奴隸貿易的主張，約書亞·瑋緻活的陶瓷廠複製了這幅圖案，聘請著名藝術家斐拉克斯曼設計黑人浮雕像，並配上以下文字：「難道我不是人，不是兄弟？」一七八八年，約書亞·瑋緻活把浮雕像寄送給人在費城的富蘭克林。[26]在費城，約書亞·瑋緻活所複製的黑人浮雕像彷彿就是廢奴主義者的「時尚」表徵，被配戴在手鏈上，或用黃金鑲在鼻煙盒上做爲裝飾。不久，這一流行也在一般民衆之間蔓延開來，在首飾和雜誌上都可以看到這一圖像，達到宣傳廢奴理念的效果（見彩圖9-4）。[27]

約書亞·瑋緻活，他的合夥人班特利也是一樣，都懷抱人道主義情懷，主張廢除奴隸貿易。他們創造新的商品圖像響應廢奴主義運動，不能說是全然基於商業利益和行銷操作的考量。不過，他們的商品貼近社會運動，揭櫫、融入人道主義的價值理念和關懷，自然有助於提升他們整體的企業與商品形象，就好比一九九〇年代，服飾品牌班尼頓（Benetton）透過廣告，塑造、宣揚跨族群和諧的企業關懷。

海外市場的行銷

約書亞·瑋緻活產品的外銷，反映出英國經濟結構的轉變。整個十八世紀，特別是十八世紀中葉之後，國際貿易占英國整體商業活動的比重愈來愈重要。在一七〇〇至一八〇〇年間，英國的總體進口量攀升了五〇〇％，再出口（**進口到英國後再出口**）則是二五〇％，出口則是增加了五六〇％。這種貿易比重的變化，反映出英國經濟結構的轉型正在持續進行中。在出口比例方面，農產品的比重大爲滑落，一七五〇年，英國已經是一個糧食淨進口國了。反之，製造業的出口，在這一百年之間成長六倍。一七七〇年代後，歐洲人僅消費了三〇％，其中，北美大陸、西印度群島幾乎占了一半，其餘則是流向印度、愛爾蘭、遠東地區。[28]

約書亞．瑋緻活對其產品的國際市場十分敏感，征服海外市場既是他的雄心壯志，也是企業發展不得不然的結果。巴黎是歐洲當時的時尚之都，一七六九年瑋緻活的產品開始外銷法國，約書亞．瑋緻活幾乎無法遏抑他的激動情緒：「你眞的能想像我們可以完全征服法國市場？伯斯勒姆人征服法國？我的血液流動快速，一想到競賽，我就

大不列顛出口區域分布（%）

	歐洲	非洲	美洲	亞洲	澳洲	總計 £000
1784-6	39	4	37	14	–	13,614
1794-6	23	2	49	15	–	24,028
1804-6	33	2	48	7	–	41,241
1814-6	44	1	42	6	–	48,002
1824-6	35	1	41	11	–	39,906
1834-6	38	2	45	13	2	46,193
1844-6	40	2	34	22	2	58,420
1854-6	32	3	36	19	9	102,501

資料來源：Nuala Zahedieh, "Overseas Trade and Empire," in Roderick Floud, Jane Humphries and Paul Johnson, eds., *The Cambridge Economic History of Modern Britain, Volume 1, 1700-1870*, p. 413.

會覺得我的力量在增強。……我的朋友，我們可以利用我們流行的瓷器占據他們的心，用古典的優雅單純征服他們。」兩年後，當銷售盛況不再，國內市場飽和停滯，對於堆積如山的庫存，約書亞·瑋緻活的結論是：「只有外國市場」可以讓存貨「在我的容忍範圍內」。[29]換言之，隨著工廠愈來愈有效率，產品大量生產，或者英國市場停滯不前，海外市場就成爲消化產品的新出路。

一七六四年，約書亞·瑋緻活收到了第一張海外訂單，到了一七九〇年，他已經將產品銷售到歐洲各大城市。當時，相較於人口不到三百萬的美洲大陸、人口不到八百萬的國內市場，歐洲人口已達二億，且自一七七二年之後人口持續穩定成長，成爲瑋緻活產品的主要出口市場。不過，在一七六〇年代期間，瑋緻活產品的出口主要流向英國的海外殖民地。

爲了攻占海外市場，約書亞·瑋緻活採取主動出擊的做法。一七七一年，約書亞·瑋緻活不請自來，把產品寄給一千位德國的王公貴族。其中，在每件商品包裹裡附帶瑋緻活產品的宣傳，和一張「帳單」單據。約書亞·瑋緻活的這一策略，就是所謂的「慣性銷售」（inertia selling）——亦即尚未得到訂購通知之前就發貨給潛在的買主，如果對方不退貨就表示成交——有紀錄可查的最早範例。依據每件商品包裹成本二十英鎊計算，這一銷售策略的成本高達二萬英鎊（約等值西元二〇〇〇年的一百八十萬美元），約書亞·瑋緻活其實冒著相當高的財務風險。不過，正如約書亞·瑋緻活自己所說，「我們知道要有所得，就會有風險，做生意沒有什麼是絕對確定的。」

這類產品包裹往往附有約書亞·瑋緻活的親筆信函，表達他的恭維之意，並宣揚自家的產品，希望能夠獲得對方的青睞，下述是他寫給一位法國公爵的信：

我瞭解法國人對英國貨的品味，我想閣下也會原諒我，未經允許就給您寄來完整的一套仿古茶壺和瓶子。這套器具仿的是希臘、羅馬或伊特魯里亞的風格，可以用來裝點居室。器具所用材料產自在英國女王親自關心下新近開設的工廠，為此，這種產品也叫女王牌陶器。給閣下寄來的這套，跟俄國女皇訂製的那套完全一樣，丹麥國王與波蘭國王也都各自訂購了一套。既然王族對這些器具如此喜愛，我想閣下您也不會不喜歡的。[30]

學者南希．柯亨（Nancy F. Koehn）認爲，這是一次成功的賭博，他選擇的顧客絕大部分都購買了瑋緻活的產品。儘管如此，約書亞．瑋緻活的這一銷售策略雖是一種豪賭，但也並非盲目下注，他的勝算並不全然仰賴運氣的眷顧。約書亞．瑋緻活在海外市場複製了英國本地的行銷策略，同樣是透過王室貴族購買他的產品，帶動當地人的模仿消費。誠如約書亞．瑋緻活所說的，「我希望在與西班牙進行貿易時能善用他的天主教徒陛下——如果他的臣民發現國王使用我們的產品，西班牙的貿易就是我們的了。」[31]

從約書亞．瑋緻活經營俄國市場的經驗爲例，我們可以大致瞭解他的海外行銷策略。一七六八年，約書亞．瑋緻活前往倫敦拜會卡斯卡特勛爵（Lord Cathcart），這次的拜會開啓了未來他與俄國貿易的契機。卡斯卡特爵士是英國駐俄國大使，一七六八至一七七一年駐節聖彼得堡，勛爵夫人珍妮．卡斯卡特（Jane Cathcart）是約書亞．瑋緻活好友、重要贊助人漢彌爾頓爵士的姊妹。卡斯卡特爵士夫婦倆對瑋緻活產品也都十分感興趣，他們在聖彼得堡安頓之後，約書亞．瑋緻活馬上就把自家的產品寄給卡斯卡特爵士夫婦。

珍妮．卡斯卡特在信裡告訴約書亞．瑋緻活，俄國宮廷對瑋緻活產品的反應十分正面：「我很高興讓你知道，今年你的訂單將會十分成功。收到的每一物件都完好沒有破損，威爾登（Weltden）先生告訴我，女皇陛下對於所完成的委託十分高興……我看了幾件，認爲它們在各方面都做得相當出色：威爾登先生會告訴你女皇陛下收下你寄給我做爲樣本的所有瓶子和餐具，她非常喜歡。我本人也覺得很自豪，你將會收到這個國家推崇你產品的各大業者的大批訂單，你會發現還有遠從莫斯科而來的需求……」[32]透過英國駐俄國大使的引介，顯然已經產生了約書亞．瑋緻活所預期的效果。在凱薩琳大帝的許可下，約書亞．瑋緻活開始洽商俄國首都最有影響力的商人，提出合作銷售瑋緻活產品的計畫。

從約書亞．瑋緻活給班特利的信件顯示，爲了搶占俄國市場，他打算讓他的王后御用陶器、奶油色陶器，更符合俄國人的品味嗜好：

讓它比目前的更黃一些，但不是你在店裡看到到的那種暗褐色的黃；我的目標是盡可能像稻禾色的那種亮度……這會是俄國人和某些德國人想要的東西。[33]

至於浮雕玉石，由蘇格蘭出生的建築師卡麥隆（Charles Cameron），爲凱薩琳大帝位於「沙皇村」（Tsarskoye Selo）皇宮的房間所設計的新古典主義裝飾風格，震撼了女皇陛下的宮廷，連帶也推升了對瑋緻活浮雕玉石產品的需求。

透過卡斯卡特勛爵大使居間牽線，約書亞．瑋緻活打通了宮廷的關節，建立了廣闊的人脈，調整產品的色調符合在地人的美學癖好，同時還克服了重重障礙，如惡劣氣候的貨物運輸、語言溝通的隔閡、關稅的壁壘等。到了十八世紀末，約書亞．瑋緻活已經大量把旗下的產品出口到俄國市場，締造了非凡的商業成就。其中，令約書亞．瑋緻活尤其感到自豪的，無疑是來自凱薩琳大帝的兩筆訂單：一是一七七〇年的赫斯科餐具組（Husk Service）；一是一七七三年的綠蛙餐具組。爾後，約書亞．瑋緻活的伊特魯里亞廠甚至還成爲俄國人遊覽歐洲時的參觀景點。

從對俄貿易的例子可以看到，透過像卡斯卡特勛爵這類駐外使節的引薦，是約書亞．瑋緻活切入外國市場的最佳管道，這也是約書亞．瑋緻活博取王室支持以及和貴族、上流社會建立關係的另一項理由。約書亞．瑋緻活在英國已經享有極高的知名度，名聲也傳到歐洲大陸，通過尋常商業管道或者中間商進入外國市場，雖然其產品的高品質能夠引起消費者的矚目，不過其產品相對較高的價位還是令消費者望而卻步，所以約書亞．瑋緻活仍需要借助其他行銷策略來穿透歐洲市場。在這種情況之下，以俄國爲例，最有效的管道就是透過英王陛下使節的引薦，打動各國王室與上流社會時尚人士的心，來誘發當地模仿消費的效應。

在國際市場行銷時，約書亞．瑋緻活也會僱用巡迴銷售員使用商品型錄的方式，推銷自家的產品。早在一七七二年，約書亞．瑋緻活就想出刊行商品型錄的點子，並在隔年一七七三年出刊他的第一本裝飾性商品型錄。在一七七四年商品型錄一篇題爲〈浮雕、凹雕、紋章、半身像、小雕像、淺浮雕型錄及對古文物之外瓶子和裝飾品的一般解析〉的文章中，約書亞．瑋緻活運用了模仿的藝術。他討論了四種不同種類的商品，即陶瓦、玄武岩、白瓷和浮雕玉石，並以這些爲材料，援用古文物和古典題材，製作浮雕、凹雕、紋章、半身像、小雕像、淺浮雕。[34]寫字桌是依據新的、沉穩的結構製作而成。半身像、雕像、燈、燭臺、裝飾用瓶子、淺浮雕是採用模仿自浮雕玉石、斑岩、卵石與其他石頭而製作的。約書亞．瑋緻活聲稱，「玄武岩」可以耐得住滾熱爐火而不受損，像天然石頭一樣優雅又能抗強酸。「白瓷」則有著白蠟一般光滑的表面，但又能預防各類酸性的腐蝕。歷史學家博格形容，「瑋緻活的商品型錄是現代奢華的精緻範本。它宣傳古代的奢華、瓶子、寶石、珍貴寶石，但也形同展示了最新材質與技術的現代性。」[35]（見彩圖95）

不管是攻占英國本地市場，或者海外貿易，約書亞．瑋緻活種種行銷策略的思考邏輯，大體上是一致的，也就是主要行銷目標，鎖定在王室貴族的上流社會族群，透過他們消費示範作用，打開瑋緻活產品聲望並開拓產品市場。不論使用哪種概念來形容約書亞．瑋緻活的行銷策略，例如「模仿消費」、「從衆效應」(bandwagon effect)、「滾雪球效應」、「展示效應」、「滲透效應」等，其實就是學界在探討消費需求時所稱之的「范伯倫效應」。社會學家范伯倫說道：

> 在現代文明社會裡，社會層級之間的分界線，已愈來愈模糊及飄忽不定，而且在這種情況下，上層階級所設定的博取聲譽準則，就得以輕易延伸其強制性影響，貫穿整個社會結構到最底層階級。其結果是每一階層的成員，把上一階層的時尚生活方式做為其禮儀的理想境界，並且竭盡所能按照這個理想來生活。[36]

消費既決定了社會身分，同時也表達了社會身分。對法國思想家布希亞(Jean Baudrillard)來說，商品不僅只是實用性的東西，「它具有一種符號的社會價值」，消費不像經濟學的「去文化」分析所言，僅僅滿足了個人的經濟需求，它同時還具備「散播聲望和彰顯等級的社會功能」、「商品和物必須是爲社會等級的顯現而生產和交換」。[37]

因此，根據布希亞對消費與商品的社會文化分析，模仿消費、複製貴族商品品味，就是對上流社會符號壟斷權力的一種挑戰，而模仿的問題，不僅僅只是美學的嗜好，同時也是一種社會權力的問題，它意味著對貴族壟斷、控制符號權力的爭奪。儘管如此，對布希亞而言，時尚與時尚的消費，其實反而意味著盲從潮流的「社會惰性」。「它自身迷失在時尚之中，迷失在突然地、同時也是經常循環地變化著物、服飾、觀念之中，就此而言，時尚自身成爲社會惰性的一個要素，變動的幻象增加了民主的幻象。」時尚，打開了一個班雅明（Walter Benjamin）所形容的「幽幻世界」，[38]創造了一種平等的幻影。布希亞指出，這是一種自我欺騙的錯覺，「時尚不過是那些試圖最大限度地保持文化的不平等以及社會區分的有效機制之一，通過在表面上消除這種不平等的方式來建構不平等。」[39]

實業家約書亞·瑋緻活，與思想家范伯倫、布希亞，都洞悉消費心理的深層結構與流行時尚的社會文化效用。差別只在於，范伯倫、布希亞對消費的炫耀性以及流行時尚做爲階級社會區分的符號性，冷嘲熱諷、痛加批判，而約書亞·瑋緻活卻善用這種消費心理機制，透過定價與行銷策略，把它付諸於商業實踐，創造他的時尚王國。

第十章　約書亞·瑋緻活與工業資本主義

窮得像教堂的老鼠

約書亞·瑋緻活

會計精算能力

伊特魯里廠開始營運之後，瑋緻活生產的裝飾用產品與它的王后御用陶器一樣聞名。約書亞·瑋緻活與班特利非常謹慎督導他們的產品線，爲了避免積壓庫存，嚴格控制各類風格瓶子的產量，同時維持它們的稀有性和珍貴性。誠如前述，瑋緻活產品的新古典主義風格設計，透過裝飾的多樣化，讓它的產品具有衍生性。

雖然瑋緻活有各類型產品，這家公司最受歡迎的是裝飾性的瓶子。一七六九年，這類瓶子的需求量突然大量激增，出現「狂熱的瓶子瘋」（violent Vase Madness）現象，約書亞·瑋緻活注意到倫敦產品展示廳，「瓶子瘋狂被搶購，我們必須更加努力，盡可能去取悅這種普遍的激情。」裝飾用瓶子的熱銷，讓公司出乎意料，一七六九年底，約書亞·瑋緻活寫信給班特利，告訴他「騰出所有可能的人手到瓶子產品部門」。約書亞．瑋緻活說他可望賣出一千英鎊（約等值西元二〇〇〇年時的九萬八千美元）的裝飾用瓶子。兩個月內，約書亞．瑋緻活滿足了這一訂單的需求，但公司仍然無法餵飽倫敦總體需求量的胃納。儘管約書亞．瑋緻活全力生產，簡化產品裝飾的流程，並指示某些產品以廠內的動力引擎車床而不是手工生產，還是無法徹底消化堆積如山的訂單。

到了一七六九年底，瑋緻活公司突然遇到了嚴重現金流不足的問題，讓約書亞．瑋緻活措手不及。瑋緻活在原料、工資以及其他開銷方面耗費超出預期的成本，但卻沒有及時收回應收帳款以支付迅速增加的生產成本。於是，約書亞．瑋緻活催促班特利趕快「收款、收款」，並「派出所有人員去工作」。一七六九年結束時，儘管公司生產超過一萬二千英鎊的產品，但卻反而負債四千英鎊，約書亞．瑋緻活哀怨地形容自己：「窮得像教堂的老鼠。」[1]

面對財務危機，約書亞．瑋緻活的解決方法是全面分析企業生產瓶子的成本結構，這一努力的成果是約書亞．瑋緻活製作了「工藝價格書」（Price Book of Workmanship），羅列生產瓶子的各項成本，包括：生產原料，付給童工、零工、簿記員、倉庫等人事和租金支出，偶發事件、意外事故和瑕疵造成的耗損及零星費用等項目。約書亞．瑋緻活全面分析成本結構之後，他最重要的發現是「固定成本」（fixed costs）與「變動成本」（variable costs）的差別。他提醒班特利特別留意製造成本大部分來自塑模、租金、燃料與店員薪資。「想想，」約書亞．瑋緻活說，「這些開支的速度就像發條裝置，不管所生產產品的數量是多還是少，所支出的金額都是一樣的。」換句話說，不論產量多寡，固定成本是不變的，不過，商品的產量愈多，每單位生產的固定成本就會愈低廉。

在這種情況下，他開始修正早期積極爭取特殊訂製的策略。像這類訂單，往往費工、原料成本高，但在產出方面又無法大量提高。所以，約書亞・瑋緻活告訴班特利，盡量不要承接約書亞・瑋緻活所聲稱「獨一無二」(Uniques) 的訂單，亦即所謂「客製化訂單」(made-to-order)，除非是像一七七四年俄國凱薩琳大帝的訂單本身具有廣告、行銷的龐大附加價值，值得不計成本冒險承接生產。相反的，約書亞・瑋緻活開始提高某些類型產品的產量，以達到「規模經濟」的優勢。約書亞・瑋緻活也延緩某些裝飾用產品的生產流程，在市場景氣低迷是降低庫存，嚴格控制銷售與行銷的成本。

根據會計學者珍・格里森—懷特 (Jane Gleeson-White) 的研究，約書亞・瑋緻活對公司成本結構的分析，是利用「複式」(double-entry) 簿記法的原理來分析商業帳目，並應用會計資料引導商業策略和從事決策的一項例證。[2]

複式簿記法之前卽盛行於文藝復興時代的義大利。帕喬利 (Luca Pacioli) 是義大利的僧侶，達文西的朋友，擅長數學。他在一四九四年發表生平最重要的數學著作，內容大部分與幾何學相關，不過，其中有一部分記述了義大利的複式簿記技術，套用耶魯大學金融史家戈茲曼 (William N. Goetzmann) 的說法，儘管對比其餘部分顯得平淡無奇，然而，正是這部分使得帕喬利被奉爲「會計之父」，名垂千古。[3]

社會學家韋伯與桑巴特在討論西方世界獨有的資本主義現象時，都認爲所謂「理性的」或「科學的」記帳方法，在西方現代資本主義發展過程中發揮了重要的作用。韋伯指出，「資產核算是做爲經濟規劃的一種基本形式而產生的」，「是爲了獲取利潤的理性經濟所特有的一種資本運籌方式，其目的在於評估與核實可以獲得利潤的機會以及相關獲利行爲的成功率。」[4]桑巴特甚至認爲，「無法想像，如果沒有複式記帳法，資本主義會是什麼樣子的？」[5]對於韋伯與桑巴特而言，只有通過這種複式記帳法，資本主義社會那種對於利潤與虧損，行爲的理性化，買賣的非個人化才有存在的可能性。

我們並不清楚約書亞·瑋緻活的會計精算能力，是得自他曾經受過數學、會計相關的訓練，或者他天資聰穎、自學而成。不過，根據經濟史家的結論，可以肯定，「在一七〇〇年前後的英國，關於數學計算的法則和知識已經在相當大範圍內傳播開來，其廣度絕非此前兩個世紀可比。」[6]各類算術教材在書籍市場極爲暢銷，這間接反映出當時英國社會熱衷提升算數能力，而學習算數的目的非常實際，無非就是要把這項能力轉化成一種謀生的工具。尤其當時簡單易用的阿拉伯數字已經取代繁複晦澀的羅馬數字，算術教材中列舉許多貿易與商業活動的計算實例，[7]隨著英國商品經濟的日趨發達，英國人學習算數的興趣相應也就愈發濃厚。培養計算能力，也可以說是一種「人力資本」的提升。

一七七〇年代初，是伊特魯里亞廠開辦以來最困頓的時期，約書亞·瑋緻活以他的卓越會計和算術能力度過這場財務危機之後，更爲看重經營的成本結構分析，同時也影響了他日後的企業管理方法和定價策略。

例如，在承接俄國凱薩琳女皇的訂單時，約書亞·瑋緻活接獲報告說需要兩千幅風景和建築物的圖畫，「成本大約每幅畫〇·五基尼（彼時英國發行的金幣）……把它畫在瓶子上價格更高，至於邊框、瓶子的價格等，報告人無法說清楚，只是粗略估算完工價不低於三百或四百英鎊，工時不會少於三或四年。」約書亞·瑋緻活並不滿意這樣的答覆，於是請他再精確核算。因爲，約書亞·瑋緻活從成本精算過程中學到了教訓，讓他瞭解到學徒的勞動成本僅是成人勞工的三分之一，尚未成爲學徒的男女童工的工資更低廉。僱用論件計酬的工人，顯然成本是主要的考量，而他對各環節薪資成本的估算總是鉅細靡遺。其次，成本精算的可信度不僅影響他對薪資的給付、產品數量、技術的選擇，同時也能顯示出他的利潤應該有多高，爲何耗費三、五、甚至六倍的生產時間，卻無法實現預期的利潤率。由於生產成本、庫存成長和利潤規模不成比例，約書亞·瑋緻活從伊特魯里亞廠調派他信賴的史威夫特（Peter Swift）到各地分店進行查帳，抓出鋪張浪費、揮霍無度的不法職員。[8]

「轉業不聚財」

博爾頓的「蘇活」、約書亞·瑋緻活的「伊特魯里亞」都是英國當時最現代化的典範工廠，以規模宏大、技術精良而著稱。所以，時常有外國顧客要求參訪，這也往往造成博爾頓、約書亞·

瑋緻活的困擾，因爲他們永遠沒有把握這些參訪的外國來賓是不是工業間諜，會不會竊取他們的技術機密。博爾頓本人就有切膚之痛。一七八〇年，法國皮耶爾（Perier）兄弟就從蘇活廠竊取技術，在巴黎近郊設立夏洛特工廠（Chaillot works），試圖生產蒸汽機，儘管還是無法威脅到蘇活廠在這方面的龍頭地位。[9]約書亞．瑋緻活的伊特魯里亞廠裡，也有法國工業間諜隱身其間。一七八二年，伊特魯里亞廠引進博爾頓與瓦特開發的蒸汽機，用來磨碎燧石。一七八〇年代中期，法國工業間諜造訪伊特魯里亞廠，即在報告中形容工廠和工人居住的村莊就像個小城鎮，並「盛讚」伊特魯里亞廠簡直是一種「組織上的奇蹟」。[10]

約書亞．瑋緻活也感受到法國人正在利誘伊特魯里亞廠技術工人出走，把生產技術轉移到國外的競爭威脅。一七八三年，約書亞．瑋緻活撰寫了一本小冊子，題爲《致陶瓷業工人書，談爲外國製造業者服務》。約書亞．瑋緻活在序言中引述成語「滾石不生苔，轉業不聚財」，譴責受高薪利誘到國外工作的工人，認爲他們最終會比離職時更爲窮困潦倒。「這些法國業主一定不會獲利，只要我們可以把比他們的商品更價廉物美的商品外銷到法國。而既然他們的工資加倍，我們一定不難做到這一點。」[11]換言之，約書亞．瑋緻活認爲，法國陶瓷業的勞動成本因而提高，瑋緻活的產品享有價格優勢，必定能夠擊垮法國同業的競爭。況且，法國陶瓷業業主肯定會利用英國技師訓練本地學徒，法國學徒一旦學會了英國人的技術，這些英國技師就有可能被棄之如敝屣，不再享有高薪的待遇。事實上，後來法國業主給英國技師的薪資，確實並不如英國業主高。

博爾頓的蘇活廠　　來源：Wikimedia Commons

瑋緻活與博爾頓合作製造的產品

來源：Walters Art Museum

除了技術工人向國外業主洩漏技術機密之外，諷刺的是，創業之初靠模仿中、法陶瓷起家的約書亞．瑋緻活，企業成功之後，在技術與設計風格方面也同樣飽受仿冒剽竊之苦。約書亞．瑋緻活自然可以尋求法律救濟，而當時英國確實也有專利權的制度規範可以尋求法律途徑的保護。

當代制度學派經濟學家、諾貝爾經濟學獎得主諾思（Douglass C. North）重視產權保護措施對英國經濟成功的貢獻作用。他認爲國家最主要的功能就是在於確保契約的履行和產權的保護，並主張英國工業革命的誕生，正是得力於產權保護的激勵，導致英國的經濟組織運作更爲有效率。「制度環境的改進將會鼓勵創新，使私人報酬率趨近社會報酬率，鼓勵與賞金提供特定發明的誘因，但並未提供智慧財產權的法律基礎。專利法的發展提供了這樣的保護。」根據諾思的研究，英國體制變革造成的經濟成功，歷史可以追溯至光榮革命之後。[12]

英國專利權概念的初始本義，其實與現行法律對發明人權利的認知是完全無關的，它指的是「可以授予某些人生產某種特殊商品或提供某種服務的專享權利」。英國王室之所以願意授予這種「排他性的商業專營權」，因爲此舉可以爲徵稅權受到議會掣肘的王室，帶來可觀的收入，還可以進一步鼓勵各國技術精湛的工匠向英國移民，執業時又不必受英國行會制度的約束，也算是一種鼓勵科學研究和促進商業發展的工具。再者，專利權也可以用來酬庸派系，以交換忠誠與現金。伊莉莎白一世在大臣塞西爾（William Cecil）的襄助下，這種專利權的授予已經到了一發不可收拾的地步。[13]

一五九八年，伊莉莎白一世頒給寵臣達爾西（Edward Darcy）專利證書，讓他擁有在英格蘭生產、進口、分銷「紙牌」的獨占權利。有學者認爲，伊莉莎白一世或許是不希望她的子民整日遊手好閒玩撲克牌，所以在不禁止的情況下對紙牌的生產銷售進行管制。不過，無論如何，達爾西因爲壟斷了紙牌的生產與銷售，而大發利市、發財致富。三年後，商人艾連（Thomas Allein）因進口紙牌被達爾西告上法庭。針對「達爾西訴艾連」案（Darcy v. Allein），法庭判決認爲：當一個人沒有能力改進「缺乏創新的紙牌創造貿易」時，國王不可以爲了個人的私人利益授予壟斷專營權。雖然這一裁決在過了二十年後才正式成爲法律條款，不過卻爲英國首部專利法奠定法理基礎。[14]

一六二四年，大律師柯克（Edward Coke）被任命爲英格蘭皇家首席大法官（Lord Chief Justice of England），奉命起草《壟斷法》（*The Statute of Monopolies*），法條規定，除了能夠爲國家帶來發明創造，國王可以給予特許經營權，禁止其他各種形式的壟斷權利。結果，根據當代學者諾思與羅伯・保羅・湯瑪斯（Robert Paul Thomas）的評價，這部正式由議會通過、擁有持久效力與強制力的法律，「剝奪王室的壟斷權，還將一個鼓勵眞正創新的專利制度在法律中制度化。」[15]有趣的是，在「達爾西訴艾連」一案，柯克其實是達爾西的訴訟代理人，不過柯克反對壟斷經營權的理念其實是人盡皆知的，他認爲這種壟斷權讓英格蘭工匠付出高昂的代價，影響了英格蘭勞工的就業機會。訴訟案被駁回，或許反倒讓柯克鬆了一口氣，一方面他已經盡了律師應有的職業道德，一方面訴訟的失敗結果也讓他得以保全服膺的理念。

日後，亞當．斯密顯然是贊成柯克的觀點，他同樣看到這種專利壟斷的後遺症。亞當．斯密在〈法理學講義〉(Lectures on Jurisprudence) 中主張，知識產權確實是一種眞正的權利，專利制度是一個人可以賴以爲生的一種「獨占權」。亞當．斯密認爲，儘管專利權「從前曾增進了國家的利益，但就現今來說，對於國家都是不利的，一個國家的財富在於價廉而量多的糧食，但上述壟斷和專利的結果卻使每一個東西的價格變得昂貴……受到最大損失的乃是大衆，一切東西都不像從前那麼容易得到，而一切工作也不會做得像從前那樣得好」。[16]

然而，英國有了專利權的法律與制度，並不像諾思的理論所設想的，就自然而然能鼓勵了英國人的創新，帶動英國的工業發展。問題不是法律條文本身，而是在申請專利權的程序。[17]例如，根據英國專利權制度，申請專利權並不是免費，申請人必須支付一百英鎊的手續費用，約等於當時一個體面中等階級人士全年的收入，這還不包括前往倫敦皇家專利局的旅費、住宿費開銷。而這一百英鎊的專利保護只局限英格蘭地區，如果申請者想要讓適法範圍涵蓋愛爾蘭、蘇格蘭，手續費用則超過三百英鎊。除此之外，申請專利的手續非常冗長，英國法官（尤其是在一八三〇年之前）對專利申請人通常都有先入爲主的敵意，認爲他們是貪得無厭的壟斷者。[18]値得一提的是，誠如弗里斯的解釋，英國秉持普通法，是一套判例法體系，法官的自覺認知與解釋，在審判過程一直發揮關鍵性的作用。[19]況且，在十九世紀三〇年代之前，許多發明家甚至認爲申請專利是一種有失體面的行爲。難怪經濟史家莫基爾在分析英國專利權的發展之後會問道：「這幅美好畫卷錯在哪裡？（意指諾思認為英國專利權制度刺激創新，帶動英國的經濟成長）」，答案是：「幾乎一切都是錯的。」[20]

另外，我們從英國蒸汽機製造史也可以瞭解，專利權往往成爲一種阻擋他人進入該行業領域的恫嚇，並不能完全鼓勵技術創新。誠如前文的描述，瓦特與博爾頓便是藉由延長專利權，防止競爭者染指蒸汽機市場。而在他們之前，外號「礦工之友」（miner's friend）的薩弗里（Thomas Savery），將他第一代蒸汽機的專利權，從一六九八年延長至一七三三年，即使他一七一五年過世，專利權仍然有效。所以，紐科門對蒸汽機的改良、營運，就必須與薩弗里生前成立的公司分享利潤。十九世紀中葉之前，英國的專利權制度並不是那麼友善、容易申請，而約書亞・瑋緻活就曾歷經處理侵權的挫折，從此就不再申請專利了。

尋求法律途徑的救濟門檻高，徒法又不足以自行，但約書亞・瑋緻活還是另以創意的方式試圖解決這類問題。在十八世紀中期，英國並不存在現在所謂「品牌行銷」的概念與策略，僅少數奢華精品如「奇彭代爾」（Chippendale）[21]設計的傢俱產品，是以製造者而聞名。直到一七七〇年，除少數陶瓷廠如切爾西例外，大部分陶匠都還不會標示他們的產品，一般都是以符號或所在地做爲產品辨識的標誌。一七八〇年代末，約書亞・瑋緻活把自己的名字打印在尚未受火的黏土上。所以，他的產品不像其餘廠牌，比較不會因爲仿冒而受到傷害，因爲每一件產品，即使是仿冒品，也都是在宣傳約書亞・瑋緻活名聲。一七七二年，不論是裝飾性或實用性產品，約書亞・瑋緻活開始烙印他的名字。藉由這種方法，約書亞・瑋緻活希望杜絕仿冒行爲，另一方面也開始有系統建立自己的品牌，以維持消費者對其產品的忠誠度。

現代化工廠管理

約書亞·瑋緻活就像英國早期成功的工業家，如博爾頓、被譽爲「英國工廠制度之父」的阿克萊特（Richard Arkwright）[22]，對工人的管理和訓練都非常強勢。雷諾茲筆端的約書亞·瑋緻活肖像，看起來容貌優雅，五官線條柔和，像是一位慈祥的長者。但是，眞實的約書亞·瑋緻活，行事嚴謹、一絲不苟，作風凶悍，常常讓他的工人心生畏懼。約書亞·瑋緻活本人對此也心知肚明，「我的名字對他們來說如同震懾作用的稻草人，這群可憐的傢伙，原本談笑風生的他們，一聽說瑋緻活先生來到鎮上，馬上就會感到寒意。我們初次見面時，連我自己都會感覺到他們像是見到了魔鬼。」[23]

約書亞·瑋緻活嚴厲的管理風格，某種程度上，也可以說是不得不然的結果。約書亞·瑋緻活

約書亞·瑋緻活肖像

來源：Wikimedia Commons

出身陶匠家庭，自然熟悉斯塔福德郡當地陶瓷工坊的日常生態。當時，陶匠經常為了參與節慶、參加市集而曠職，或者酩酊大醉，兩三天無故不到班，或者為了鬥雞嬉戲、上酒館喝酒，恣意丟下手邊的工作。上班不守時、工作沒有紀律的情況司空見慣，已經是這個行業的常態。[24]陶匠師傅經營的作坊一般規模不大，通常只有七、八位陶工與學徒，作業時往往單憑經驗法則，生產方式和工序安排既不經濟、也不科學，工作態度懶散。陶匠向來自主慣了，很難輕易被約束。所以，管理工人便成了約書亞·瑋緻活發展事業的嚴峻挑戰，因為他所要抗衡和杜絕的，是幾世紀以來根深蒂固的工作傳統。

勞動分工

就傳統簡易陶瓷業的家庭作坊來說，要管理十幾個陶匠，他們在同一車間工作，懷有相同的利益，從事技術層次不高、簡易的工作流程，管理的問題不大。但是，當傳統的作坊演變成現代工廠制度，需要管理上百人的工人，他們各自擁有不同的專業技能，不同的氣質脾性，要讓他們共同在一個可以運作的流程中工作，這就是一大挑戰。

約書亞·瑋緻活認為最有效率的管理與生產方法，就是進行勞動分工，區分不同的生產流程。透過對不同的工序進行統一管理，同時將工序進行專業化的分工，以改進生產品質，提升生產效率。這種勞動分工的做法與程序，並非約書亞·瑋緻活率先發明的。事實上，經濟學家亞當·斯密在《國富論》書中，卽以大頭針廠爲例，證明了勞動分工有助於生產效率的提升。資本家可以借助企業內部的精細分工，利用工人的不同專業技能，提升整體生產力與獲利的能力。然而，在陶瓷業方面，約書亞·瑋緻活引進、深化既有的觀念與做法。他打破傳統家庭式作坊慣常的工作流程，在他的伊特魯里亞廠，根據產品的種類，把工作細分成不同的車間來進行，而每個車間，再根據所需要的專業予以分工，劃分出不同的工種：

生產陶瓷產品工序的逐漸增加，像在其他工業一樣，導致了明顯的勞動分工。最早採用專業化原則的約書亞·瑋緻活，在他的伊特魯里亞工廠裡，根據產品的不同功能而分成不同的車間；實用器皿、裝飾用品、墨綠瓷器、黑色瓷器等。在一七九〇年，大約有一百六十名工人被安排在「實用器皿」車間工作，並被分為以下幾種工種：泥釉工、黏土攪拌工、陶坯旋製工以及從屬於他們的幫工，還有盤子製作工、碟子製作工、凹型器皿沖壓工、盤碟旋工、凹型器皿旋工、搬運工、素坯爐司爐、浸製工、釉乾燥爐的裝爐工和司爐、女彩磨工、彩繪匠、上釉工和鍍金匠，等等；此外，還有運煤工、造型工、製模工、燒箱工和一個桶匠。[25]

這種細膩繁複的分工流程，容易讓人聯想到法國耶穌會傳教士殷弘緒對景德鎮陶瓷窯廠專業化分工的記述，儘管景德鎮與伊特魯里亞廠的工序並不相同。[26]

約書亞·瑋緻活根據專業分工的原則，重新建構工廠生產制度。爲了讓這樣的制度順暢運作，約書亞·瑋緻活還必須進一步訓練工人，好讓他們能夠順應這套新的工序流程。對此，套用約書亞·瑋緻活的說法，他必須滿足兩大目標：首先，「把藝術家訓練成僅僅只是普通人」；其次，要「讓人這部機器不會犯錯」。[27]

約書亞·瑋緻活一旦採取這樣的專業分工制度，馬上就面臨畫匠與製模工不足的問題。約書亞·瑋緻活必須招聘僅有繪畫經驗的人，但這也只是一時的權宜之計。約書亞·瑋緻活認爲，「只有少數好手能以我們所需要的風格作畫。……我們必須培養好手。除此之外，別無其他辦法。我們已經超越其他製造廠向前邁開大步，我們必須訓練符合我們目標的能手。」[28]工廠的營運不容耽擱，約書亞·瑋緻活開始招募一些女性，讓她們從事簡易的描邊繪圖工作。另外，約書亞·瑋緻活還讓老手重新招收學徒。[29]最後，他甚至採取更積極的行動來克服人手短絀的窘境。約書亞·瑋緻活明白，重新訓練老手，也只能勉強解決眼前的問題，無法一勞永逸。對於這些老師傅，他們往往故步自封，執著於老方法，無法成爲一流的畫匠或製模工。他們總是牢騷不斷，無法接受約書亞·瑋緻活設定的新標準，抗拒約書亞·瑋緻活希望他們嫻熟的新技術。於是，他興起創辦繪畫學校的想法，自己培養青年人，讓他們的能力足以勝任大量且繁複的繪圖、製模工作。一七七〇年代初，約書亞·瑋緻活開辦了繪畫與製模學校，到了一七九〇年代初，工廠總數二百九十個工人之中，有四分之一是學徒，在這群年輕藝術家與陶匠之中，十%是女性，對照其他同業，這個比重算是相當高。[30]

不過，開辦繪畫學校培育繪畫人才，雖然是夢想與雄心的展現，但終究是一種緩慢的過程，緩不濟急。所以，約書亞．瑋緻活有時也會延攬身價昂貴，在其他領域成就不凡的著名畫家。在這方面，約書亞．瑋緻活雖然不是率先將工業與美學結合的實業家，但卻是英國第一位將嚴肅藝術與大規模工業生產結合的科學實業家。然而，問題在於這些藝術家天賦異稟，多才多藝又氣質個性分殊，往往會衍生出許多管理上的難題。約書亞．瑋緻活起初聘請他們到伊特魯里亞廠工作，但是他們心高氣傲，很難適應單調的工廠制度。有了不愉快的經驗後，約書亞．瑋緻活便少用這類畫家，只是單純購買他們的作品或者委託他們從事設計。如此一來，他們可以不必接觸工廠的工人，把作品直接賣給約書亞．瑋緻活，論件計酬。約書亞．瑋緻活就能一手控制全部的生產流程。

恃才傲物的畫家有時也不得不向約書亞．瑋緻活的審美判斷低頭。當英國社會覺得古典主義的全裸人像品味太過「煽情」，希臘神祇的熱情過於張揚，這些藝術家也會屈服、接納約書亞．瑋緻活的意見，稍微遮掩異教徒裸體人像的「粗鄙無禮」——女性用袍子，男神則是多畫幾片無花果葉子。[31]

聘請藝術家設計產品紋飾圖案是約書亞．瑋緻活的大宗成本來源，而利用轉印技術的創新，有助於約書亞．瑋緻活大幅降低裝飾產品的成本。所謂「轉印」，是指把印刷圖案從銅版轉移到紙上，再從紙上轉移到陶瓷產品的過程。這項技術是一七五〇年代初由愛爾蘭雕刻匠布魯克斯（John

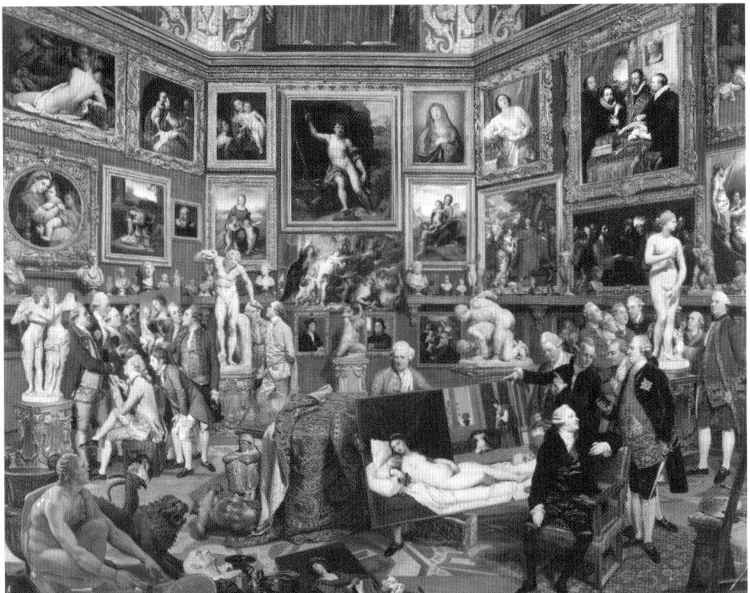

8-1　佐梵尼，〈烏菲齊美術館蒐藏室〉　來源：Wikimedia Commons

9-1　雷諾茲，〈漢彌爾頓爵士肖像〉

來源：Wikimedia Commons

9-2　佐梵尼，〈托內雷勛爵〉

來源：Wikimedia Commons

9-3

約書亞・瑋緻活
名人系列浮雕頭像

來源：The Metropolitan Museum of Art

海軍上將凱佩爾

酒神

凱薩琳大帝

來源：Brooklyn Museum

庫克船長

伊莉莎白一世

來源：The Metropolitan Museum of Art

奧蘭治親王威廉五世及其妻

來源：Rijksmuseum

9-4

約書亞・瑋緻活複製的黑人浮雕像

來源：Brooklyn Museum

9-5(1)　用瑋緻活浮雕玉石裝飾的邊桌

來源：Walters Art Museum

9-5(2)　用瑋緻活浮雕玉石裝飾的寫字桌

來源：Rijksmuseum

9-5(3)
用瑋緻活浮雕玉石裝飾的寫字桌
來源：The Metropolitan Museum of Art

賴特，〈夜晚的阿克萊特紡織廠〉(Arkwright's Cotton Mills by Night)　來源：WikiArt

Brooks）發明的。他為「以雕刻、蝕刻、銅版磨刻之鉛版印在陶瓷的方法」申請專利，不過全都遭到駁回。原因就出在伯明罕的玩具商。在這另一門當時英國流行奢華的生意領域，轉印在上漆的物品已經行之有年。漢科克（Robert Hancock）這位伯明罕的雕刻匠，把轉印技術引介到堡區、伍斯特地區。就在同一時期，利物浦匠人沙德勒也開發出臺夫特陶的轉印技術。

就像手工裝飾一樣，轉印技術也非常仰賴藝術家，轉印商人到處尋獵銅版磨刻與圖像設計。而約書亞‧瑋緻活與沙德勒、葛林轉印技術的互補結盟，就像約書亞‧瑋緻活與博爾頓的合作，是陶匠與其他奢華行業建立網絡的一個明顯例子。[32]

時間的規訓

要讓工人像機器一樣不會犯錯，就必須讓他們遵守工作紀律，這是約書亞‧瑋緻活的一大難題，因為，這形同對抗幾世紀以來該行業的傳統工作態度。約書亞‧瑋緻活的解決方法，首先是透過時間的嚴格規訓，來培養工人的工作紀律與規律。

對比於其餘陶匠，約書亞‧瑋緻活早年的創意，表現在摒棄傳統的號角聲，改以「鐘聲」提醒陶工時間，爾後他的工廠就是以「鐘聲」而聞名。同時，約書亞‧瑋緻活還依據時間訂定作息：早上四點半，發出預備聲響；八點半，吃早餐。九點開始召集陶工上工，直到最後一聲鐘響，所有的人都不見蹤影。除了鐘聲，約書亞‧瑋緻活另外聘僱了所謂「工廠監工」（clerk of manufactory），他們的主要職責就是確保工人準時出勤的紀律：早上最早到工廠，然後安排到班工人的工作事項——鼓勵那些總是準時到班的工人，讓他們知道廠方有注意到他們規律的工作習慣，時時讚許他們，用送禮物或者其他適合他們年齡、具有標示性的東西，使他們與較不守秩序的工人區別開來。同時，還要標記出未按規定時間上班的人，如果他們未依規定時間上班，便要計算他們曠職的時數，依此扣減他們的薪資。如果他們是論件計酬，經過反覆警告還不思改善，就把他們開除。

此外，約書亞．瑋緻活還設計出一套稱得上是最原始的「打卡制度」，並且提議在宿舍懸掛告示牌依序列出所有工人的名字，以不同顏色的標誌記錄他們的到班時間。約書亞．瑋緻活的伊特魯里亞廠，最鮮明的特色在於「鐘聲」，然後就是「時鐘」。伊特魯里亞廠工人的薪資單上，也都標記他們到班、下班、用餐的時間。十八世紀的陶匠總是在髒亂不堪、沒有工作效率的環境，依據笨拙的規則工作，混亂、浪費總是和工人如影隨形。為了改善工作環境，培養清潔細心的工作態度和習慣，約書亞．瑋緻活還頒布了有關陶匠和工廠管理的種種細則，嚴禁工人帶酒進入工廠，攀爬廠房大門，在牆上塗鴉猥褻文字，毆打監工。凡是毆打管理人員，則一律開除，等等。約書亞．瑋緻活透過時間控制來規訓工人的工作紀律，大幅改善了工人的工作態度與環境。[33]

約書亞．瑋緻活這套時間管理制度，證實了E. P.湯普森的研究成果，時間導向是工業資本主義最重要的特徵。[34]社會學家芒福德（Lewis Mumford）甚至認為，「現代工業時代的關鍵機器不是蒸汽機，而是時鐘。」時鐘除了是現代技術發軔階段一種精確而自動的機械，更重要的是，「它把時間和人們具體活動的事件分離開來，幫助人們建立這樣一種信念，即存在一個獨立的、數學上可以度量其序列的世界，這是數學的專門領域。」這種時間意識非常獨特，在人們日常生活經驗裡並不存在。芒福德解釋道，「人類生活有其自己的特殊規律，脈搏、呼吸都與人的情緒和人的活動有關，每小時都在變化；對於長達幾天的時間間隔，人們往往不用日曆加以測量，而是用期間發生的一些事件來度量。如牧羊人用母羊生小羊的時間來度量。」對現代生活與社會組織而言，時鐘時間是可以與社會活動區隔，它是抽象的、可分割、可以由測量計算方式統一的時間。藉由時間規訓而產生的規律，是工業社會機械文明的最主要特色。[35]

事實上，約書亞·瑋緻活的管理方法雖然紀律嚴明，但他的出發點還是在於改善工人的工作態度與工廠環境。約書亞·瑋緻活生長在英國自由主義萌芽的社會，從各種傳記的記載也可以瞭解，在他的人際關係網絡之中，像普里斯特利等月光社的友人，都懷抱改良主義的理念，他所涉獵的著作如盧梭、潘恩（Thomas Paine）、馬爾薩斯等人的作品，塑造了他有關社會的理念。他認爲社會是粗鄙、汙穢、無能與浪費，但期望能改善它。約書亞·瑋緻活同樣認爲人自由但純樸，是可以透過教育改善，甚至可以臻至完美。

所以，爲了工人著想，必須嚴格訓練他們。約書亞·瑋緻活替工人規劃一種不放縱的生活型態，他們不能爲了過節而奢侈鋪張，嚴禁他們工作三日但酗酒四天。透過時間的規訓，時鐘成爲他們的「新偶像」，這個偶像結合了注意力、規律與服從。工人喪失了往日放縱的自由，以及傳統的生活型態，在約書亞·瑋緻活的新世界裡，不容許工人狎妓嬉戲、飲酒作樂、鬥雞賭博。約書亞·瑋緻活作風雖然帶有濃厚的家戶長色彩，但他的人道主義關懷讓他體認到勞苦大眾的生存權利，他爲工人的孩子創立學校，爲他們的健康開辦醫院，爲他們的遺孤建造歸所，在伊特魯里亞廠，他們的食、衣、住、行更爲舒適，獲得大幅的改善。

在同時代人眼中，約書亞·瑋緻活是個「優雅的實業家」，伊特魯里亞廠工作條件十分誘人，儼然就像「天堂」一般。在那個年代，對於工業與工廠仍懷抱著浪漫主義的想像，藝術家彩繪它們，科學家禮讚它們，詩人把它們視爲是啓發靈感的繆思。在這種進步的氛圍裡，工業與工廠被認爲是克服貧窮落後，超越農業社會的重要手段，是通往繁榮與文明的康莊大道。在約書亞·瑋緻活的友人畫家賴特的眼中，現代工廠「高聳的堡壘似建築在夜晚從上到下都燈火通明，爲那些有閒暇置身事外、並公正思考其內在意義的旁觀者提供了激動人心的新觀點」。他爲工業家阿克萊特的紡織廠所繪製之夜景，一排排小黃燈，在山谷的黑暗鄉村中閃爍，甚至帶有幾分違和的詩意。[36]（見彩圖10-1）

關於工業與工廠的進步性，約書亞·瑋緻活在對陶匠演說時，信心滿滿說道：

我請你們問問自己的父母親，描述他們先前所認識的我們這個國家；他們會告訴你們，這個

國家人民的貧窮程度，超乎你們現在的想像，他們住的是破舊的棚屋；土地貧瘠，人畜吃的是沒有營養價值的食物。這種情景，我相信也是實情，對比同個國家目前的狀況，工人的收入是先前的兩倍，他們居住的是新穎且舒適的房舍，土壤和道路等環境，明顯順暢，改善迅速。這些變化是從什麼時候開始，又是什麼原因造成的？你們會跟我一樣承認事實確鑿，不容任何人否認，工業是這種歡愉的根源，指導有方、長期不懈的勤勞努力，不管是主人或者僕人，造就了我們國家面貌的美好改變，它的建築、土地、道路，以及即便目前讓人無法忍受的種種現象，我必須說，還有居民的態度與儀表也是一樣，受到先前漠視我們國家之人士的關注與推崇。過去這些促成我們改善之相同、值得稱許的方法，究竟還能使得改善達到什麼境界，這將會是我這一生最有趣的沉思。[37]

儘管約書亞·瑋緻活的豪言壯語表達了對工業資本主義的強烈信心，但是工人們並未心平氣和讚許、接納他的雄心壯志，抱怨聲還是不絕於耳。

十八世紀英國的工業化劇變，不可避免地引發了社會的動盪。一七七九年，工人因爲抗議使用機器剝奪了他們的工作權利，阿克萊特的紡織廠等遭到工人搗毀，由於擔心動亂蔓延，最後導致軍隊的介入鎮壓。不過，工人反對機器的暴動還是持續不斷。[38]對此，約書亞·瑋緻活的合夥人班特利特別撰寫了題爲《採用機器生產來減少雇工量的效益和方法——與相關人士的通信集》

的小冊子，文中雖然承認使用機器確實會導致雇工量的降低，但他還是譴責搗毀機器、製造騷亂的工人，都是鼠目寸光之輩，不能明白勞動生產率提高之後，將增強英國產品在國際市場的競爭力，這也就意味著將會創造更多的就業機會。[39]

十八世紀末，約書亞．瑋緻活也在伊特魯里亞廠安裝蒸汽機設備。但是，在陶瓷業，「陶瓷廠主要用蒸汽動力來調配和研磨原料」，不久，「開始把蒸汽動力用於驅動車床和其他機器設備，但這算不上是一場革命。」使用機器生產，對陶瓷業工人就業的影響，不如阿克萊特的紡織業那麼深遠。況且，約書亞．瑋緻活的創新，推動了斯塔福德郡的陶瓷業發展，在他有生之年，讓家鄉陶工的就業機會增加了五倍之多。[40]

伊特魯里亞廠工人的不滿，主要針對的是工廠制度的強制性分工。他們覺得訓練枯燥乏味，行爲準則過於嚴苛，有的工人拒絕服從監工的指令，幾乎所有工人都對依附市場力量起起落落心生怨懟。這種種不滿導致伊特魯里亞廠工人發動抗議，與約書亞．瑋緻活產生衝突。約書亞．瑋緻活事必躬親，以身作則，即使截肢、甚至因工作量負荷過重而差點導致眼盲，但他總是盡心盡力投入工作。不過，管理作風強悍的約書亞．瑋緻活，從不畏懼使用懲罰的手段，他相信自由，但不是暴動的自由。一七八三年，面對伊特魯亞廠工人的暴動，他召來軍隊予以強力鎮壓，有兩個人被逮捕、判刑，其中一人後來被絞死。[41]

這類的暴動總是讓約書亞．瑋緻活感到既震驚、又不解。他自認是個仁慈的雇主，他爲工人提供宿舍，爲他們提供健康保障；他打造的伊特魯里亞廠是整個英國陶瓷業的典範。他在組織、生產、行銷方面的創新，不僅爲個人創造了驚人的利潤，同時也推動、提升家鄉斯塔福德郡的陶瓷業，爲當地創造大量的就業機會。約書亞．瑋緻活總是期望他的工人忠誠、守時、有紀律，以回報他的心血和努力。然而，遺憾的是，在他有生之年，約書亞．瑋緻活似乎都不能明白，套用盧梭的說法，爲何工人仍然不滿意他們與伊特魯里亞廠訂定的「社會契約」（social contract）。

或許，約書亞．瑋緻活應該更透徹鑽研他所推崇的盧梭。盧梭的父親是日內瓦的鐘錶匠，依據盧梭的自述，他的父親伊薩克（Isaac）是個擁有知識涵養的「匠人」，他給孩子講解天體運行和哥白尼的學說，還講了宇宙學的基本知識。他們父子一同閱讀母親過世後遺留下來的小說。到了一七一九年冬季，盧梭七歲時：

母親的藏書看完了，我們就拿外祖父留給我母親的圖書來讀……裡面有不少好書……勒蘇厄爾著的《教會與帝國歷史》、博敘埃的《史界通史講話》、普盧塔克的《名人傳》、那尼的《威尼斯歷史》、奥維德的《變形記》、拉博呂耶的著作、封特奈爾的《宇宙萬象解說》和《已故者對話錄》，還有莫里哀的幾部著作。[42]

在搖曳的燭光下，父親伊薩克一邊修鐘錶，盧梭一邊琅琅讀書。

盧梭一生坎坷，母親因生下他而過世，由父親一手扶養長大。盧梭的父親就像年輕時的約書亞．瑋緻活，飽讀群書、求知若渴。他一方面修理鐘錶謀生，一方面自學，廣泛涉獵哥白尼、塔西佗（Gaius Cornelius Tacitus）、格勞秀斯（Hugo Grotius）等人的作品。伊薩克健全的工作與生活型態，很容易讓人聯想到馬克思在《德意志意識形態》（*Die deutsche Ideologie*）中對未來烏托邦社會的想望，人可以「在上午打獵，下午釣魚，傍晚放牧，吃完晚飯後就可以進行各種批判」，而不必受制於職業分工的切割與局限。

盧梭的床邊讀物不是童話、神話，他的父親是用天文學、史學、文學、法理學來哺育他。然而，在工業資本主義時代，隨著工業社會的分化、專業分工現象的崛起，像伊薩克這樣全才的能工巧匠，他們的生存正受到社會結構轉型的威脅。誠如法國學者高茲（André Gorz）關於勞動分工的研究，「資本主義技術史可以解讀爲直接生產者地位下降的歷史」。[43] 盧梭雖然遭到父親不負責任地拋棄，但身爲日內瓦鐘錶匠人之子，盧梭想必十分清楚，在工業資本主義之下，現代工廠勞動分工對匠人地位、尊嚴、生計所造成的打擊。盧梭童年時期，在搖曳燭光下咀嚼吸收啓蒙的知識，日後化爲《愛彌兒》、《社會契約論》、《論人類不平等的起源和基礎》（*Discours sur l'origine et les fondements de l'inégalité parmi les hommes*），揭示、批判了「現代性」過程中文明進步與墮落、自由與箝制的辯證關係，以及專業分工造成的心靈偏狹。

約書亞．瑋緻活的伊特魯里亞廠，實施的就是一種服膺理性主義的管理制度，但在這種工作

「經濟理性」的主導下，工作內容愈來愈零碎、單調，工人雖然賺得工資，獲得生活保障，但同時也失去了工作的創造性意義。就如同馬克思在《資本論》著名段落中的論點：

> 蜘蛛的活動和織工的活動相似，蜜蜂建築蜂房的本領使人間的許多建築師感到慚愧。但是，最蹩腳的建築師從一開始就比最靈巧的蜜蜂高明的地方，是他在用蜂蠟建築蜂房以前，已經在自己的頭腦中把它建成了。勞動過程結束時得到的結果，在這個過程開始時就已經在勞動者的想像中存在著……。同時，他還在大自然中實現自己的目的，這個目的是他所知道的，是做為規律決定著他的活動方式和方法的，他必須使他的意志服從這個目的……。除了從事勞動的那些器官緊張之外，在整個勞動時間內還需要有做為注意力表現出來的有目的的意志。而且，勞動的內容及其方式和方法愈是不能吸引勞動者，勞動者愈是不能把勞動當作他自己體力和智力的活動來享受，就愈需要這種意志。[44]

事實上，最能與馬克思、恩格斯《共產黨宣言》革命號召產生熱烈共鳴的群體，就是像伊薩克這類的匠人。這類匠人擁有較好的教育和見識，往往居住在城市的中心，同時在空間上也可以自由流動，周遊列國。德國詩人海涅（Christian Johann Heinrich Heine）曾提到過，他在巴黎各個街頭角落都可以聽到德語，因爲當時約有三萬名日耳曼的匠人就住在巴黎。[45]

某種程度上，像約書亞．瑋緻活、盧梭的父親伊薩克，他們都是從事機械藝術創造的匠人，他們身上都「懷有」作品，他們有能力將創意化為具象的現實，賦予創作的意義。就像漢娜．鄂蘭（Hannah Arendt）以文學創作為喻，指出「活的精神」（living spirit）還是必須依托、物化成「死的文字」（dead letter），「只有死的文字再次跟願意復活它的生命發生聯繫，活的精神才能從死亡中被拯救，雖然這樣的復活，就像所有的生命體，還會再次死亡。」[46]這種生生不息的創造過程和形式，賦予他們職業一定的社會定位，他們在工作中傳承知識，形成集體的歸屬感。然而，在專業分工的新形態工作結構下，伊特魯里亞廠的工人，大概已經無法成為年輕時代那位既精通科學實驗、又有美學涵養的約書亞．瑋緻活。約書亞．瑋緻活的工廠管理方法，讓人的思維工具化、身體機械化，雖然創造了高超的生產效率和規模經濟，但相對也扼殺了再度孕育另一個約書亞．瑋緻活的可能性。

過去，歐洲機械論宇宙觀把自然和上帝的關係比喻成鐘錶與鐘錶匠，社會學家桑巴特說，「如果現代經濟理性主義是一個像時鐘那樣的裝置，就需要有某個人在那兒擰緊發條。」[47]在這段話語中，桑巴特顯然已經讓「實業家」取代了機械論宇宙觀中「上帝」的位置。當實業家在對時鐘偶像頂禮膜拜，他們是以一種敲擊棺材蓋的節奏衡量著流逝的每一秒鐘，約書亞·瑋緻活或許忘了自己成長與發跡的過程，工人創意的醞釀、發酵，就像作家的心靈，自己會尋求出路，根本無法倚靠一絲不苟的工作紀律和嚴絲合縫的流程來進行。誠如在二十世紀科學化管理盛行的時代，西班牙畫家達利（Salvador Dalí）以超現實主義作品〈記憶的永恆〉（La persistencia de la memoria）發出嘲諷：時鐘只會讓時間玷汙了永恆，而雋永的創作和工作的意義，只能存在於對永恆本身的追求過程中。

後記

根據經濟史家的統計，自十八世紀初以來，英國人的人均所得增長了十六倍，對於英國前所未有的經濟繁榮，很意外的，同時代的經濟學家，似乎並未意識到這種翻天覆地的經濟變化。今天，當我們談論十八世紀的經濟史，英國的工業革命必然占有無與倫比的地位，但是，工業革命的重要性，似乎並未反映在當時的經濟研究文獻上。

在那個年代的英國，任何經濟研究文獻所觸及的議題，不論是農業、財政或者商業政策，都不是以工業革命爲脈絡來進行探討，更遑論提到絲毫的「革命」意義。就連英國當時政治經濟學的「三大家」——亞當·斯密、馬爾薩斯、李嘉圖，也都並未意識到英國經濟飛躍發展的現實。誠如熊彼得（Joseph A. Schumpeter）對這些古典政治經濟學家昧於經濟實情的諷刺，「生活在前所未有經濟開始騰飛的時代……眼中卻只是沒有出路，爲了每日的麵包同揮之不去的衰退艱難抗爭的經濟。」[1]原來經濟學家一貫對經濟現實無感，不僅無法預測諸如二〇〇八年金融海嘯這類的「黑天鵝現象」，就連經濟空前榮景也同樣沒有感受的能力。

相較於政經學家對十八世紀英國經濟成就的盲目，歷史學家吉朋對英國的未來，更帶有一絲迷惘與不安的悲觀。根據吉朋的自述，他便是倘佯在羅馬廢墟之中沉思，形構了那部被譽爲「十八世紀英國史著最高傑作」的《羅馬帝國衰亡史》。龐然「廢墟的魅力」，齊美爾如此形容，「在於人類的工程和大自然的傑作混爲一談；廢墟的當下形象，是大自然力量的展示，這種毀滅力是在向下發展的。」[2]或許，就是身處在古典帝國的廢墟中，強烈感受到無比威力的毀滅力量，讓吉朋在大英帝國丟掉美洲殖民地的時候，聯想到羅馬帝國衰退的議題，呼應了他對大不列顛可能步上羅馬帝國衰敗後塵而感到的憂慮。啓蒙運動理性時代所孕育的「進步觀」，在這個時候的英國思想家之間，似乎還未理所當然形成一種堅定信仰，對英國未來前景的忐忑，恰恰就體現在吉朋對羅馬往昔的憑弔與深深迷戀上。[3]

十八世紀英國的政治經濟學家、歷史學家並未感受到英國經濟現實的鉅變，或許是他們太過執著在貨幣、價格、價值與帝國傾頹的探討與分析，因而忽略了翩然而至的科學文化傳播與科技進步所帶動的社會和經濟效應，這些現象已經在他們眼前確確實實發生了。學者對現狀的無感是可以理解的，因爲就如同前述，今天所稱之的英國「工業革命」，首先是誕生在像伯明罕、斯塔福德郡等少數幾個區域，從紡織、陶瓷、冶金等個別產業孕育而出。所以，反倒是地方上少數具有敏銳觀察力的實業家，能夠嗅到經濟趨勢排山倒海的潛在變化。一七六七年，約書亞・瑋緻活寫信給好友、合夥人班特利提到，「革命即將到來」，並敦促他「必須參與，從中獲利」。[4]

約書亞・瑋緻活對技術創新所帶動的經濟發展與社會進步，顯然要比同時代的英國政治經濟學家、歷史學家更深具信心。約書亞・瑋緻活的事業之路並非一帆風順。英國與美洲新大陸交惡造成北美市場的危機，或者英國消費者捉摸不定的時尚品味，或者伊特魯里亞工人散漫怠惰的傳統工作作風、工人的敗德劣行，抑或者公司財務的窘絀，甚至是個人殘疾所造成的行動不便等，這種種主客觀、國內外的經營困境，他都必須一一去克服。

儘管如此，約書亞·瑋緻活一直懷抱著對社會進步的堅定信念，他的管理哲學，也反映出約書亞·瑋緻活的進步觀。約書亞·瑋緻活畢生服膺「改善」原則，不肯輕易解僱犯錯或罹罪的員工，希望給予他們改過向善的機會。「慈善的方法或許讓我們可以期待，經由冷靜的反省，他能體認過去行爲的愚蠢與危險，他還是有機會被教化的。」約書亞·瑋緻活去信班特利，解釋他針對不法資深職工的處理原則時說道，「假如他四處流浪，完全喪失人性的尊嚴，可能從此陷入絕望，再也無法挽救了。」[5]

期待未來道德、心智，甚至身體健康可以獲得「改善」，一直都是瑋緻活公司能夠穩定成長背後的原動力，它源自約書亞·瑋緻活對啓蒙運動進步觀的擁抱，是這家公司的一種「烏托邦信仰」。基於這一信念，約書亞·瑋緻活許諾他的職工，可以過著更美好的生活水準，他爲職工提供宿舍、補助職工子女接受教育，甚至還給予職工當時堪稱是創舉的福利，即職工與其家人享有醫療保險與死亡津貼。約書亞·瑋緻活尤其關注職工的身體健康。當時，陶瓷業的職業病陰影籠罩在伊特魯里亞，廠裡的工人很容易罹患「陶匠的腐爛」(Potter's rot)（即矽肺病〔silicosis〕）而死亡。約書亞·瑋緻活得知好友普里斯特利在進行開創性的氧氣氣體實驗，甚至寄望普里斯特利的研究成果，可以成爲治癒「陶匠的腐爛」的靈丹妙藥。

有位伊特魯里亞的訪客寫信給約書亞．瑋緻活，盛讚伊特魯里亞的景觀彷彿就像是「天堂」（paradise）。如此美譽或許太過誇大，但不可否認的，這樣的美好景致是約書亞．瑋緻活一生追求的目標。就像約書亞．瑋緻活那群「月光社」的朋友，儘管身分有別，他們有的是實業家、發明家、醫生、自然哲學家，但他們懷抱著共同信念，認爲社會是可以經由不斷改善而臻至完美，自由、勤勉、美德的相互扣連，推動了政治、科學、工業的「革命」發展，能夠從根本上改造整個世界，建立烏托邦的未來。就這一觀念取向來看，相較於亞當．斯密、馬爾薩斯、李嘉圖、吉朋，約書亞．瑋緻、班特利以及那幫月光社的朋友，更可稱得上是啓蒙運動之子。

不過，約書亞．瑋緻活還是始終無法明白，也常常感到氣餒，他付出對工人的人道主義關懷，卻得不到工人的相應回饋。這或許是因爲約書亞．瑋緻活雖然敏銳感受到「革命」即將到來，但還是無法預見約熊彼得著名的說法「創造性的破壞」（creative destruction）[6]，創造性有時是會以破壞爲代價。約書亞．瑋緻活也沒能領會到讓他熱愛的法國思想家盧梭一輩子爲之糾結、暈眩、苦惱的「現代性悖論」。哲學家黑格爾說，「密涅瓦（Minerva）的夜鷹，總是在夜幕低垂時才振翅起飛」，浸淫在啓蒙進步觀的約書亞．瑋緻活，仍然無法超越時代的歷史弔詭，預先洞見伯曼（Marshall Berman）所謂的「發展的悲劇」（The Tragedy of Development）。

伯曼跳脫文學的評論，以現代性批判的視角，解讀德國大文豪歌德的《浮士德》（*Faust*）鴻篇巨帙，他認爲《浮士德》是第一個、也是最好的一個「發展的悲劇」。根據伯曼的分析，《浮士德》最富創見的觀念之一，是認爲自我發展的文化理想，與邁向經濟發展的現實社會動能之間往往存在著親近性（affinity）。而浮士德與我們終將會發現，現代人自我發展的唯一途徑，就是根本改造我們生活其中的整體物質的、社會的、道德的世界。歌德筆下的主人翁，成爲英雄的道路，是將受壓抑的人類潛能釋放出來，結果他所開創的各種偉大發展，智識的、道德的、經濟的、社會的，都使人類付出慘痛的代價。伯曼認爲，這就是浮士德與魔鬼關係的意義：

> **人類力量的發展，唯有通過馬克思所稱之為「未開發世界的力量」，這種黑暗、恐怖的能量，可能是一種不受人類控制的毀滅性力量。**[7]

約書亞．瑋緻活的伊特魯里亞正是這種社會現代化發展的縮影。約書亞．瑋緻活著眼於經濟的工具理性，透過專業分工的生產效率，釋放出工人龐大的生產潛力，不過，這同時也扼殺了工人的工作尊嚴、樂趣和創意。對工人來說，通往「天堂」之路，是由「試煉」所鋪設而成，生產效率就像是與魔鬼的可怕交易。這一「發展的悲劇」難題，讓約書亞．瑋緻活不解、抑鬱、失望，兩百多年後，它也同樣困擾著鴻海集團旗下的富士康，[8]持續成爲現代企業管理理論與實踐的棘手課題。

十八世紀英國旅客坐船航行在特倫特河與默西河的運河經過伊特魯里亞，總會對瑋緻活現代化工廠的景觀感到印象深刻。一七九五年，也是約書亞·瑋緻活與世長辭的那一年，醫生兼作家艾金，這位約書亞·瑋緻活早年在沃靈頓不奉國教派學院結識的友人（見第一章），行經伊特魯里亞廠，目睹了壯觀的現代化景象，他提到，伊特魯里亞廠「生產了目前幾乎是全英國最精緻的陶瓷器，如今已經成為大量出口的貿易產品，它們被認為是國家藝術、工業、商業的象徵，堪稱是這個王國最重要的製造品」。[9]約書亞·瑋緻活以他的創新工藝，讓瑋緻活的產品成為英國的驕傲，優雅與功能兼備的藝術品，他的產品打破中國瓷器的獨領風騷，征服了歐洲與美洲新大陸市場，即使到了二十世紀，依然受到白宮與克里姆林宮的青睞。[10]到了二十一世紀，儘管做為一種商業組織的公司型態，瑋緻活公司總是會隨著經濟局勢的潮起潮落而經歷重組、轉型、改造，但是，無論如何，約書亞·瑋緻活的產品已經被鑲嵌進英國經濟與文化的歷史，成為英國人工藝美學的榮耀象徵。

本書不是傳統意義上的傳記，雖然它大體上還是追尋約書亞·瑋緻活的生命足跡。它也不算是關於東、西方陶瓷器發展的綜述，儘管它同樣觸及了陶瓷器的全球貿易流動、工藝創新、美學品味與消費行為。本書的敘事主旨，在於講述約書亞·瑋緻活的奮鬥人生，他畢生奮鬥所要追求的目標，我認為，就是約書亞·瑋緻活自己所說的，「以驚奇震撼世界」。而約書亞·瑋緻活用以震撼世界的，不僅僅只是他的工藝產品，還有他那充滿韌性的生命歷程。

約書亞・瑋緻活千折百轉的人生，自然有其內在的人格條件，他執著於追求完美，不屈不撓；以及外在的客觀環境，如英國的經濟發展，社會購買力的提升。甚至，還存在偶然性的機緣，譬如墜落馬車送醫診治，意外結識了引領他走向啓蒙世界的終生好友兼合夥人班特利。約書亞・瑋緻活的新古典主義產品一向以「簡約」的優雅而著稱，但我手上沒有「奧坎的剃刀」（Occam's Razor），[11]讓簡約散發優雅的美感從來就不是我所擅長，況且我也認爲約書亞・瑋緻活建立事業王國的故事情節，其實並不該那麼簡約，値得細細咀嚼。約書亞・瑋緻活不可思議地建立事業王國的關鍵，如工藝技術的創新，靈巧的行銷策略，有效率的生產管理，豐沛的社會資本，我認爲都必須一一放置在英國之科學革命的文化與傳播，商品的美學資本主義，知識交流的公共領域，消費主義潮流以及商業觀念翻轉的社會與文化脈絡中加以檢視，才能夠被理解。人都是時代的孩子，所以，對於人類創造性活動，我個人始終認爲馬克思在《路易・波拿巴的霧月十八》（*The Eighteenth Brumaire of Louis Bonaparte*）的那段名言是經典的闡釋，而這段話對於理解約書亞・瑋緻活的一生成就，甚至懊悔、迷惑也同樣適用：

> 人們自己創造自己的歷史，但是他們並不是隨心所欲地創造，並不是在他們自己選定的條件下創造，而是在直接碰到的、從過去承繼下來的條件下創造。一切已死的先輩們的傳統，像夢魘一樣糾纏著活人的頭腦。

本書醞釀、寫作的過程中，我受惠於許多人有形、無形的協助，如果沒有他們的慷慨善意，本書是無法以一己之力獨立完成的。

首先，我要感謝世新大學成嘉玲榮譽董事長、世新大學舍我紀念館周成蔭館長對我的鼓勵。成嘉玲榮譽董事長的領導風格，與約書亞．瑋緻活令人敬畏的嚴謹迥然有別。成董事長曾經告訴我，優秀的領導人，要懂得「大事聰明，小事糊塗」的藝術，才能遊刃有餘地掌握組織的方向，又有空間讓部屬自由揮灑，培養部屬的尊嚴與工作能力。我能有成嘉玲榮譽董事長、周成蔭館長兩位「大事聰明，小事糊塗」的上司，多年來得到她們的信任與支持，是我的莫大福氣。

寫作期間，常常回憶擔任劉雅靈老師研究助理的點點滴滴。當時，劉老師交代我的平時工作，除了行政庶務之外，就是指定我閱讀馬克思、韋伯、曼恩（Michael Mann）社會學理論的經典，每星期上山到研究室和老師進行心得交流與觀念對話。這樣的互動，彷彿是哲學家羅蒂（Richard Rorty）所稱的「呼喚」。我自覺就像索爾茲伯里的約翰（John of Salisbury）筆下的「侏儒」，不敢說自己「可以看得更遠、看到更多」，但可以肯定的，我確實是站在劉老師的肩膀上，清清楚楚看到了學術研究與爲人處世的典範：誠實、忠於自我，不浮誇。很遺憾的是，我對劉老師的感謝之意已經無法親口傳達給她了。

蘭琪、思吟、耀弘、郁彤、育崡、家恆、瑞麟、承慧分別在不同的階段聽我絮絮叨叨、自得其樂講述Wedgwood，他（她）們或爲我尋找研究資料，或啓發我寫作靈感，使得我對Wedgwood

的想像可以不斷延續、連貫。遠在英國的 Pi-Chu Shepherd Wu 與 Tony Shepherd 夫婦爲我尋找「二手」的 Wedgwood 瓷器與相關書籍，介紹 Wedgwood 博物館的概況，讓我雖無法親自造訪英國，仍然可以對寫作的題材保有一份朦朧的眞實感。莊瑞琳總編輯對本書出版構想的不離不棄，自行創業開辦春山出版社之後還不忘帶著我的書稿，給我有了繼續編織、串連想像與眞實的動力。瑞琳總編輯與意寧副主編對我的書稿提出不少建言，總是逼使我不得不反省自己的觀點。

對於以「中國問題」爲學術、教學、雜誌編輯爲主要領域的我來說，研究 Wedgwood 其實是一條意外的歧路，一道不在預期中的明媚風光；然而，也因爲有了家人的包容、體諒與自立自強，我才可以任性、安然地一直把迷途當作歸鄉，不停地在這條歧路上遊晃。最後，我要把本書獻給碧眞、宣哲、宣頤。

Routledge, 2010), pp. 71-92.

7. Marshall Berman, *All That Is Solid Melts into Air: The Experience of Modernity* (London: Verso, 1995), p. 40. 另外，根據Robert Payne有關馬克思生平的描述，《浮士德》是他最喜歡的文學作品之一，馬克思可以沒完沒了講述這個作品。在倫敦的酒吧裡，當他喝醉的時候，喜歡用粗糙混濁、令人生厭的德語朗誦其中的詩句，打擾其他客人。有關Robert Payne的馬克思傳記內容，轉引自Scott Hamilton著，程祥鈺譯，《理論的危機：E. P. 湯普森、新左派和戰後英國政治》（上海：上海人民出版社，2018年），頁270。
8. 關於「富士康事件」，見Yukari Iwatani Kane著，錢峰譯，《後帝國時代：喬布斯之後的蘋果》（北京：中信出版集團，2018年），頁131-154、243-254。
9. 轉引自Brian Dolan, *Wedgwood: The First Tycoon*, p. 324.
10. 1903年，老羅斯福（Theodore Roosevelt）主政的白宮，訂製了一套1300件的餐具組；1995年，蘇聯崩潰後，俄羅斯的克里姆林宮訂製了一套4萬7000件的餐具組，這是瑋緻活有史以來最大的一筆訂單，比當年的凱薩琳大帝更大手筆。
11. 英國神學家奧坎曾經提出一個著名的論斷：切勿浪費較多的東西，去做「用較少的東西，同樣可以做好的事情。」換言之，針對一個問題，存在許多可以解釋問題的理論時，那就應該選擇假設最少的理論。奧坎的剃刀，在於闡釋理論證明的簡約原則。

to Dell, p. 41.

42. Jean-Jacques Rousseau 著，范希衡等譯，《懺悔錄》（北京：人民出版社，2012年），頁6-8。
43. 轉引自 Dany-Robert Dufour 著，趙颯譯，《西方的妄想：後資本主義時代的工作、休閒與愛情》（北京：中信出版集團，2017年），頁49；有關十八世紀之後英國工匠（artisan）地位的沒落，詳見E. P. Thompson著，賈士衡譯，《英國工人階級的形成（上）》，第八章，頁325-372。
44. Karl Marx著，中共中央馬恩列斯著作編譯局編譯，《資本論》（北京：人民出版社，1975年），第一卷，第三篇，第五章，頁202。
45. Sven-Eric Liedman, *A World to Win: The Life and Works of Karl Marx* (London: Verso, 2018), pp. 225-228；Perry Anderson著，章永樂、魏偉杰主編，《大國協調及其反抗者》（北京：北京大學出版社，2018年），頁64。
46. Hannah Arendt, *The Human Condition* (Chicago: Chicago University Press, 1998), p. 169.
47. 轉引自E. P. Thompson著，沈漢、王加豐譯，《共有的習慣》，頁424。

後記

1. Deirdre N. McCloskey著，沈路等譯，《企業家的尊嚴：爲什麼經濟學無法解釋現代世界》（北京：中國社會科學出版社，2018年），頁115。
2. Jean Starobinski著，張亙、夏燕譯，《自由的創作與理性的象徵》（上海：華東師範大學出版社，2015年），頁164；吉朋寫作《羅馬帝國衰亡史》的背景，詳見井野瀨久惠著，黃鈺晴譯，《大英帝國的經驗：喪失美洲，帝國的認同危機與社會變遷》（臺北：八旗文化，2018年），頁22-29。
3. 根據法國歷史學家Jacques Le Goff的研究，受到神學家奧古斯丁（Saint Augustine）的影響，歐洲中古世紀盛行世界沒落及「世界衰老」的世界衰落理論，直到十八世紀都還在阻礙著進步理念的誕生。詳見Jacques Le Goff著，楊嘉彥譯，《我們必須給歷史分期嗎？》（上海：華東師範大學出版社，2018年），頁1-20。
4. 轉引自Joel Mokyr, *The Enlightened Economy: An Economic History of Britain 1700-1850* (New Heaven: Yale University Press, 2012), p. 79.
5. 轉引自Brian Dolan, *Wedgwood: The First Tycoon* (New York: Viking, 2004), p. 266.
6. Joseph A. Schumpeter, *Capitalism, Socialism and Democracy* (London:

Britain, Volume 1, 1700-1870 (Cambridge: Cambridge University Press, 2014), p. 201.

30. Nancy F. Koehn, *Brand New: How Entrepreneurs Earned Consumers' Trust from Wedgwood to Dell*, p. 38.
31. Neil McKendrick, "Josiah Wedgwood and Factory Discipline," *The Historical Journal* 4:1, p. 34, pp. 36-37.
32. 有關英國轉印技術的發展，詳見Maxine Berg, *Luxury & Pleasure in Eighteenth-Century Britain* (Oxford: Oxford University Press, 2005), pp. 136-139.
33. Neil McKendrick, "Josiah Wedgwood and Factory Discipline," *The Historical Journal* 4:1, pp. 41-42.
34. 詳見E. P. Thompson著，沈漢、王加豐譯，《共有的習慣》（上海：上海人民出版社，2002年），第六章，〈時間、工作紀律和工業資本主義〉，頁382-442。
35. Lewis Mumford著，陳允明等譯，《技術與文明》（北京：中國建設工業出版社，2009年），頁16。
36. 根據歷史學家William George Hoskins的研究，直到十九世紀初，英國人才顯著意識到現代化工廠制度對自然景觀與生活環境的劇烈影響。William George Hoskins著，梅雪芹、劉夢霏譯，《英格蘭景觀的形成》（北京：商務印書館，2018年），頁215-235。
37. 轉引自Nancy F. Koehn, *Brand New: How Entrepreneurs Earned Consumers' Trust from Wedgwood to Dell*, p. 41.
38. Eric J. Hobsbawm著，謝宜剛譯，《非凡小人物：反對、造反及爵士樂》（北京：社會科學文獻出版社，2015年），第二章，〈破壞機器的人〉，頁17-34。
39. Robert C. Allen著，毛立坤譯，《近代英國工業革命揭密：放眼全球的深度透視》，頁214.
40. Nathan Rosenberg、L. E. Birdzell Jr.著，曹剛譯，《西方現代社會的經濟變遷》，頁130；Joyce Appleby著，宋非譯，《無情的革命：資本主義的歷史》，頁158。
41. 這場暴動起因於1782年糧食歉收而導致玉米短絀，影響遍及全英國陶匠，伊特魯里亞廠並不是單一的個案。Neil McKendrick, "Josiah Wedgwood and Factory Discipline," *The Historical Journal* 4:1, p. 52. Nancy F. Koehn, *Brand New: How Entrepreneurs Earned Consumers' Trust from Wedgwood*

京：中國社會科學出版社，2018年），頁20。

19. Peer Vries著，郭金興譯，《國家、經濟與大分流：17世紀80年代到19世紀50年代的英國與中國》（北京：中信出版集團，2018年），頁64。

20. Joel Mokyr, *The Enlightened Economy: An Economic History of Britain 1700-1850*, p. 3.

21. 奇彭代爾（Thomas Chippendale）是英國著名傢俱工匠，有「歐洲傢俱之父」稱號。他的傢俱設計，現代評論家認爲，崇尚比例勻稱，不用過多裝飾，「表現了貴族的矜持」。1759年，奇彭代爾爲鄧弗里斯伯爵（Earl of Dumfries）宅邸設計傢俱，要價90鎊11先令，比鄧弗里斯莊園工人蓋一幢房子的價格還要高。這張床在2007年拍賣時的底價是400萬英鎊。Deyan Sudjic著，莊靖譯，《設計的語言》（桂林：廣西師範大學出版社，2015年），頁104-106。

22. 阿克萊特發明水力紡紗機，創辦了英國第一家紡織廠，是英國工業革命的代表人物之一。有關阿克萊特及他對英國紡織業的影響，詳見Nathan Rosenberg、L. E. Birdzell Jr.著，曹剛譯，《西方現代社會的經濟變遷》，頁127-128。

23. Neil McKendrick, "Josiah Wedgwood and Factory Discipline," *The Historical Journal*, 4:1 (March 1961), p. 39.

24. Joyce Appleby著，宋非譯，《無情的革命：資本主義的歷史》（北京：社會科學文獻出版社，2014年），頁153-154。

25. 轉引自Nathan Rosenberg、L. E. Birdzell Jr.著，曹剛譯，《西方現代社會的經濟變遷》，頁129-130。

26. 景德鎮的窯場分工，單單繪畫就有不同的專業領域，根據殷弘緒的描述，「繪畫工作是由許多畫工在同一個工廠分工完成的。一個畫工只負責在瓷器邊緣塗上人們可以看得到的第一個彩色的圈，另一個畫上花卉，第三個上顏色，有的專畫山水，有的專畫鳥和其他動物。」Jean-Baptiste Du Halde編，鄭德弟譯，《耶穌會中國書簡集：中國回憶錄II》（鄭州：大象出版社，2001年），頁98。

27. Neil McKendrick, "Josiah Wedgwood and Factory Discipline," *The Historical Journal* 4:1, p. 34.

28. Nancy F. Koehn, *Brand New: How Entrepreneurs Earned Consumers' Trust from Wedgwood to Dell*, p. 38.

29. Patrick Wallis, "Labour Markets and Training," in Roderick Floud, Jane Humphries and Paul Johnson, eds., *The Cambridge Economic History of Modern*

有關伊莉莎白一世時代英國倫敦的數學教育，詳見Deborah E. Harkness著，張志敏、姚利芬譯，《珍寶宮：伊莉莎白時代的倫敦與科學革命》（上海：上海交通大學出版社，2017年），頁140-166。

8. Neil McKendrick, "Josiah Wedgwood and Cost Accounting in the Industrial Revolution," in *Economic History Review* 23:1 (April 1970), pp. 56-62.
9. Peter M. Jones, *Industrial Enlightenment: Science, Technology and Culture in Birmingham and the West Midlands 1760-1828* (Manchester: Manchester University Press, 2008), p. 55.
10. Robin Reilly, *Wedgwood: The New Illustrated Dictionary* (Woodbridge: Antique Collectors' Club, 1995), p. 336.
11. Gavin Weightman著，賈士衡譯，《你所不知道的工業革命：現代世界的創建1776-1914年》（臺北：五南圖書出版有限公司，2013年），頁29。
12. Douglass C. North著，劉瑞華譯，《經濟史的結構與變遷》（臺北：聯經出版事業股份有限公司，2017年），頁217、231-246；Douglass C. North and Robert Paul Thomas著，劉瑞華譯，《西方世界的興起》（臺北：聯經出版事業股份有限公司，2017年），頁287。
13. 詳見Deborah E. Harkness著，張志敏、姚利芬譯，《珍寶宮：伊莉莎白時代的倫敦與科學革命》，第四章，頁200-253。
14. 「達爾西訴艾連」案的來龍去脈，見William Rosen著，王兵譯，《世界上最強大的思想：蒸汽機、產業革命和創新的故事》（北京：中信出版集團，2016年），頁55-65。
15. Douglass C. North and Robert Paul Thomas著，劉瑞華譯，《西方世界的興起》，頁277。
16. 詳見Adam Smith著，陳福生、陳振驊譯，《亞當·斯密全集（第六卷）》（北京：商務印書館，2014年），頁153。
17. 以下有關英國專利權執行問題的討論，見Joel Mokyr, *The Enlightened Economy: An Economic History of Britain 1700-1850* (New Haven: Yale University Press, 2009), pp. 403-410.
18. 根據科技史家Christine MacLeod的分析，英國法官這種先入爲主的敵意，直到十九世紀三〇年代才爲之改觀：「法官和評審團對專利的態度有了明顯的改變……對侵權行爲的訴訟逐漸有了更大的勝算，同時專利所有者逐漸不再被認爲是貪婪的壟斷者（在伊莉莎白一世時期是如此），更多地被認爲是對國家有益的人。」詳見經濟史家Deirdre N. McCloskey著，沈路等譯，《企業家的尊嚴：爲什麼經濟學無法解釋現代世界》（北

in Eighteenth-Century France," in Maxine Berg and Elizabeth Eger, eds., *Luxury in the Eighteenth-Century: Debates, Desires and Delectable Goods* (New York: Palgrave Macmillan, 2003), pp. 71-88.
35. Maxine Berg, *Luxury & Pleasure: In Eighteenth-Century Britain*, pp. 147-148.
36. Thorstein Veblen著，李華夏譯，《有閒階級論》（臺北：左岸文化，2007年），頁76-77。
37. Jean Baudrillard著，夏瑩譯，《符號政治經濟學批判》（南京：南京大學出版社，2015年），頁2-4。
38. Walter Benjamin著，張旭東、魏文生譯，《發達資本主義時代的抒情詩人論波特萊爾》（臺北：臉譜出版，2010年），頁268。
39. Jean Baudrillard著，夏瑩譯，《符號政治經濟學批判》，頁37-38。

第十章　約書亞・瑋緻活與工業資本主義

1. 有關「瓶子瘋」和約書亞・瑋緻活的財務危機，詳見Nancy F. Koehn, *Brand New: How Entrepreneurs Earned Consumers' Trust from Wedgwood to Dell* (Massachusetts: Harvard Business School Press, 2001), pp. 38-40.
2. Jane Gleeson-White, *Double Entry: How the Merchants of Venice Created Modern Finance* (New York: W. W. Norton & Company, 1912), pp. 136-138.
3. William N. Goetzmann著，張亞光、熊金武譯，《千年金融史》（北京：中信出版集團，2017年），頁188。
4. Jack Goody, *The Eat in the West* (Cambridge: Cambridge University Press, 1996), pp. 49-81；Nathan Rosenberg、L. E. Birdzell Jr.著，曾剛譯，《西方現代社會的經濟變遷》（北京：中信出版集團，2009年），頁102。事實上，Jack Goody認爲韋伯、桑巴特誇大了複式簿記法的西方獨特性以及對資本主義發展的影響作用。
5. Nathan Rosenberg、L. E. Birdzell Jr.著，曾剛譯，《西方現代社會的經濟變遷》，頁102。
6. Robert C. Allen著，毛立坤譯，《近代英國工業革命揭密：放眼全球的深度透視》（杭州：浙江大學出版社，2012年），頁80。
7. 例如，伊莉莎白一世時代，倫敦最成功的數學教師Humfrey Baker，他的算術教材《科學之源》（*The Well Spring of Sciences*）書中有一道題目：甲、乙、丙三人合夥開公司。甲投資數目不詳，乙投資20塊布料，丙投資500英鎊。生意結束時，公司共獲利1000英鎊，其中，甲應得350英鎊，丙應得400英鎊。問：甲投資多少英鎊，乙投資的20塊布料值多少英鎊？

21. Richard Sennett著，李繼宏譯，《公共人的衰落》（上海：上海譯文出版社，2014年），頁116。
22. Michel de Certeau著，方琳琳、黃春柳譯，《日常生活實踐：1.實踐的藝術》（南京：南京大學出版社，2015年），頁97-99。
23. Maxine Berg, *Luxury & Pleasure: In Eighteenth-Century Britain* (Oxford: Oxford University Press, 2005), pp. 268-269.
24. Neil McKendrick, John Brewer and J. H. Plumb, *The Birth of a Consumer Society: The Commercialization of Eighteenth-Century England*, pp. 122-123.
25. 有關棉花貿易與戰爭資本主義，詳見Sven Beckert著，林添貴譯，《棉花帝國：資本主義全球化的過去與未來》（臺北：遠見天下文化出版股份有限公司，2017年）；Sidney W. Mintz著，王超、朱建剛譯，《甜與權力：糖在近代史上的地位》（北京：商務印書館，2010年）。
26. 只要存在黑奴制度，對美國人以自由之名脫離英國的獨立革命就是一種反諷，富蘭克林也曾面對英國人批評美國人虛僞的辛辣批評。詳見Domenico Losurdo, *Liberalism : A Counter-History* (London: Verso, 2011)。富蘭克林廢奴主張的思想演變，可參考Walter Isaacson著，洪慧芳譯，《班傑明．富蘭克林：美國心靈的原型》（臺北：臉譜出版社，2017年）。
27. 有關十八世紀末英國廢除奴隸貿易的主張和運動，詳見Lisa A. Lindsay著，楊志譯，《海上囚徒：奴隸貿易四百年》（北京：中國人民大學出版社，2014年），頁168-176。
28. Nancy F. Koehn, *Brand New: How Entrepreneurs Earned Consumers' Trust from Wedgwood to Dell*, p. 32.
29. Nancy F. Koehn, *Brand New: How Entrepreneurs Earned Consumers' Trust from Wedgwood to Dell*, p. 32.
30. 轉引自Sally Dugan、David Dugan著，孟新譯，《劇變：英國工業革命》，頁61。
31. Nancy F. Koehn, *Brand New: How Entrepreneurs Earned Consumers' Trust from Wedgwood to Dell*, p. 32.
32. Gaye Blake Roberts, "Josiah Wedgwood's Trade with Russia," in Hilary Young, ed., *The Genius of Wedgwood*, p. 214.
33. Gaye Blake Roberts, "Josiah Wedgwood's Trade with Russia," in Hilary Young, ed., *The Genius of Wedgwood*, p. 217.
34. 法國人稱寫字桌爲bonheur-du-jour，是盛行於十八世紀法國的時尚傢俱。詳見Dena Goodman, "Furnishing Discourses: Readings of a Writing Desk

5. Olav Velthuis著，何國卿譯，《藝術品如何定價：價格在當代藝術市場中的象徵意義》（南京：譯林出版社，2018年），頁205。

6. Nancy F. Koehn, *Brand New: How Entrepreneurs Earned Consumers' Trust from Wedgwood to Dell*, p. 35.

7. Neil McKendrick, John Brewer and J. H. Plumb, *The Birth of a Consumer Society: The Commercialization of Eighteenth-Century England* (Bloomington: Indiana University Press, 1982), p. 110.

8. Adrian Forty著，苟娴煕譯，《欲求之物：1750年以來的設計與社會》（南京：譯林出版社，2014年），頁26、30-32。

9. Bernard Mandeville著，肖聿譯，《蜜蜂的寓言》（北京：商務印書館，2017年），頁103。

10. Richard E. Caves著，康蓉等譯，《創意產業經濟學：藝術的商品性》（北京：商務印書館，2017年），頁285-288、279。

11. Neil McKendrick, John Brewer and J. H. Plumb, *The Birth of a Consumer Society: The Commercialization of Eighteenth-Century England*, pp. 123-124.

12. Malcolm Baker, "A Rage for Exhibitions: The Display and Viewing of Wedgwood's Frog Service," in Hilary Young, ed., *The Genius of Wedgwood* (London: Victoria and Albert Museum, 1995), pp. 118-127.

13. Neil McKendrick, John Brewer and J. H. Plumb, *The Birth of a Consumer Society: The Commercialization of Eighteenth-Century England*, p. 122.

14. Malcolm Baker, "A Rage for Exhibitions: The Display and Viewing of Wedgwood's Frog Service," in Hilary Young, ed., *The Genius of Wedgwood*, p. 118.

15. Paco Underhill著，繆青青、劉尚焱譯，《顧客爲什麼要購買》（北京：中信出版集團，2017年），頁162。

16. 轉引自Sally Dugan、David Dugan著，孟新譯，《劇變：英國工業革命》（北京：中國科學技術出版社，2018年），頁58。

17. George Ritzer著，羅建平譯，《賦魅於一個祛魅的世界：消費聖殿的傳承與變遷》（北京：社會科學文獻出版社，2015年）。

18. Herbert Marcuse, *One-Dimensional Man: Studies in the Ideology of Advanced Industrial Society* (London: Routledge, 2002), p. 11.

19. 轉引自Michael Kwass著，江晟譯，《走私如何威脅政府：路易・瑪德林的全球性地下組織》（杭州：浙江大學出版社，2017年），頁6。

20. Peter Ackroyd著，翁海貞等譯，《倫敦傳》（南京：譯林出版社，2016年），頁437。

30. 埃斯庫羅斯與索福克勒斯、歐里庇得斯並列三大古希臘悲劇作家，他的悲劇作品，除了有流傳至今最早的《波斯人》，還有《被縛的普羅米修斯》（是否爲埃斯庫羅斯的作品仍有爭議）、《阿伽門儂》、《奠酒人》、《復仇女神》之《俄瑞斯忒亞》三部曲等。其實，除了《波斯人》之外，埃斯庫羅斯的悲劇都是採取三部曲的形式。有關埃斯庫羅斯生平與著作，詳見Jacqueline de Romilly著，高建紅譯，《古希臘悲劇研究》（上海：華東師範大學出版社，2017年），頁52-88。
31. 斐拉克斯曼的新古典主義風格，詳見Jean Starobinski著，張亙、夏燕譯，《自由的創作與理性的象徵》（上海：華東師範大學出版社，2015年），頁96、229、328、333-336、351。
32. Elizabeth Currid, *The Warhol Economy* (New Jersey: Princeton University Press, 2007).
33. 有關約書亞．瑋緻活如何獲取、利用新古典主義時尚，詳見Adrian Forty著，荀嫻煦譯，《欲求之物：1750年以來的設計與社會》，頁25-29。
34. Olivier Assouly著，黃琰譯，《審美資本主義：品味的工業化》（上海：華東師範大學出版社，2013年），頁8、204。
35. Regina Lee Blaszczyk, *Imagining Consumers: Design and Innovation from Wedgwood to Corning* (Baltimore: The Johns Hopkins University Press, 2000), p. 9.
36. Joel Mokyr著，姜井勇譯，〈企業家精神和英國工業革命〉，收錄於David S. Landes, Joel Mokyr and William J. Baumol編著，姜井勇譯，《歷史上的企業家精神：從古代美索不達米亞到現代》（北京：中信出版集團，2016年），頁236。

第九章　時尚魔法師

1. Ashok Som、Christian Blanckaert著，謝綺紅譯，《奢侈品之路：頂級奢侈品品牌戰略與管理》（北京：機械工業出版社，2016年），頁104-105。
2. Nancy F. Koehn, *Brand New: How Entrepreneurs Earned Consumers' Trust from Wedgwood to Dell* (Massachusetts: Harvard Business School Press, 2001), pp. 35-36.
3. Neil McKendrick, "Josiah Wedgwood and Cost Accounting in the Industrial Revolution," in *The Economic History Review* 23:1 (April 1970), p. 55.
4. Hermann Simon著，蒙卉薇、張雨熙譯，《精準訂價：在商戰中跳脫競爭的獲利策略》（臺北：天下雜誌股份有限公司，2018年），頁35-36。

庫蘭尼姆和龐貝的重現〉，《從吉本到奧登：古典傳統論集》（北京：華夏出版社，2017年），頁97-112。

20. Arnold Hauser著，黃燎宇譯，《藝術社會學》，頁356。
21. G. W. Bowersock著，于海生譯，〈赫庫蘭尼姆和龐貝的重現〉，《從吉本到奧登：古典傳統論集》，頁109。
22. 漢彌爾頓爵士身爲英國公使、全權代表，在那不勒斯生活了二十六年，愛好古希臘羅馬文物蒐藏的他，幾乎每天與龐貝、赫庫蘭尼姆古城的考古學家通信，他也是「第一個到現場購買農民的私藏文物並把它們從發掘地帶走的有錢人」。漢彌爾頓爵士的夫人、有英倫第一美人稱號的艾瑪．萊昂（Emma Lyon），也是一位頗有造詣的錢幣和徽章蒐藏家，她後來成了特拉法爾加海戰英雄的英國海軍名將納爾遜（Horatio Nelson）的情婦。Francis Henry Taylor著，秦傳安譯，《藝術蒐藏的歷史》（北京：北京大學出版社，2013年），頁337-338。
23. Stephen Jones著，錢乘旦譯，《劍橋藝術史：十八世紀藝術》，頁33-34。
24. 有關迪勒坦蒂社的會員、成立沿革以及組織活動，詳見Laura C. Mayer, "The Society of Dilettanti: Bacchanalians & Aesthetes," in Ileana Baird, ed., *Social Networks in the Long Eighteenth Century: Clubs, Literary Salons, Textual Coteries* (Newcastle: Cambridge Scholars Publishing, 2014), pp. 199-220.
25. 湯瑪斯．安遜的弟弟喬治．安遜（George Anson）是英國海軍上將，他最爲人熟知的壯舉是駕「百夫長號」航行世界一周，後依據其日記整理出版《安遜環球航海記》，引起轟動。値得一提的是，喬治．安遜曾航抵中國東南沿海，爲了補給之事與清官員交涉，發生嚴重不快。喬治．安遜在《安遜環球航海記》一書中大篇幅記述在中國的見聞，並對中國社會生活與科技文化提出嚴厲的批判，在英國引起熱烈的迴響，致使英國人開始反思先前「中國熱」期間美化中國的眞實性。湯瑪斯．安遜與喬治．安遜兄弟都是迪勒坦蒂社的靈魂成員。
26. ΝΑΣΙΑ ΓΙΑΚΩΒΑΚΗ著，劉瑞洪譯，《歐洲由希臘走來：歐洲自我意識的轉折點，17至18世紀》，頁292。
27. 轉引自Deyan Sudjic著，莊靖譯，《設計的語言》（桂林：廣西師範大學出版社，2015年），頁108。
28. Michel de Certeau著，方琳琳、黃春柳譯，《日常生活實踐：1.實踐的藝術》（南京：南京大學出版社，2015年），頁31-45。
29. Adrian Forty著，苟婀煦譯，《欲求之物：1750年以來的設計與社會》（南京：譯林出版社，2014年），頁27。

出版社，2016年），頁189-190。
7. M. H. Abrams, *How to Do Thing with Texts: Essays in Criticism and Critical Theory* (New York: Norton, 1989).
8. Austin Harrington著，周計武、周雪娉譯，《藝術與社會理論：美學中的社會學論爭》（南京：南京大學出版社，2010年），頁83。
9. Bernard Mandeville著，肖聿譯，《蜜蜂的寓言》（北京：商務印書館，2017年），頁103。
10. John Heskett著，丁玨譯，《設計，無處不在》（南京：譯林出版社，2013年），頁15-16。
11. 有關科爾貝的生平和重商主義政策，詳見Ines Murat著，梅俊杰譯，《科爾貝：法國重商主義之父》（上海：上海遠東出版社，2012年）。
12. Nikolaus Pevsner著，陳平譯，《美術學院的歷史》，頁97。
13. Arnold Hauser著，黃燎宇譯，《藝術社會學》（北京：商務印書館，2015年），頁355。
14. 在荷馬史詩中，拉奧孔是特洛伊城內阿波羅神廟的祭司，他識破希臘人的詐術，向特洛伊人發出「木馬」詭計的警告。最後，拉奧孔與他的兩個幼子被兩條可怕的毒蛇纏繞而死。
15. 溫克爾曼評論古希臘美學的經典〈關於在繪畫和雕刻中模仿希臘作品的一些意見〉，收錄在Donald Preziosi主編，易英等譯，《藝術史的藝術：批評讀本》（北京：上海世紀出版股份有限公司，2016年），頁25-34
16. 溫克爾曼雖然嚮往希臘藝術、弘揚希臘美學，但他本人從未到過希臘。有關溫克爾曼的生平，以及古希臘文化對其美學的影響，見Eliza Marian Butler著，林國榮譯，《古希臘對德意志的暴政：論希臘藝術與詩歌對德意志偉大作家的影響》（北京：社會科學文獻出版社，2017年），頁11-65。
17. Laura C. Mayer, "The Society of Dilettanti: Bacchanalians & Aesthetes," in Ileana Baird, ed., *Social Networks in the Long Eighteenth Century: Clubs, Literary Salons, Textual Coteries*, p. 210
18. 有關旅行造成的身體與精神「錯位」和其效應，見田曉菲，《神遊：早期中古時代與十九世紀中國的行旅寫作》（北京：三聯書店，2015年）；歐洲人對希臘的重新發現，詳見希臘學者ΝΑΣΙΑ ΓΙΑΚΩΒΑΚΗ著，劉瑞洪譯，《歐洲由希臘走來：歐洲自我意識的轉折點，17至18世紀》（廣州：花城出版社，2012年）。
19. 龐貝與赫庫蘭尼姆的考古過程，詳見G. W. Bowersock著，于海生譯，〈赫

68. Douglass C. North、Robert Paul Thomas著，劉瑞華譯，《西方世界的興起》（臺北：聯經出版公司，2016年）；Douglass C. North著，劉瑞華譯，《經濟史的結構與變遷》（臺北：聯經出版公司，2016年）。
69. Terence Kealey著，王耀德等譯，《科學研究的經濟定律》（石家莊市：河北科學技術出版社，2002年），頁11-22。亞當．斯密是以「哲學家」統稱我們今日所謂的「科學家」，他將他們區分爲：機械、化學、天文學、形上學、道德、政治和評論性這幾大類。
70. Joel Mokyr, *The Gifts of Athena: Historical Origins of the Knowledge Economy*, pp. 1-27.
71. Joel Mokyr, *The Gifts of Athena: Historical Origins of the Knowledge Economy*, pp. 28-77.
72. Charles Taylor著，張容南等譯，《世俗時代》，頁18。

第八章　審美資本主義

1. Sara Horrell, "Consumption, 1700-1870," in Roderick Floud, Jane Humphries and Paul Johnson, eds., *The Cambridge Economic History of Modern Britain, Volume 1, 1700-1870* (Cambridge: Cambridge University Press, 2014), pp. 237-239.
2. Jan de Vries, *The Industrious Revolution: Consumer Behavior and the Household Economy, 1650 to the Present* (Cambridge: Cambridge University Press, 2008)；"Between Purchasing Power and the World of Goods: Understanding the Household Economy in Early Modern Europe," in John Brewer and Roy Porter, eds., *Consumption and the World of Goods* (London: Routledge, 1994), pp. 85-132.
3. Robert C. Allen著，毛立焜譯，《近代英國工業革命揭祕：放眼全球的深度透視》（杭州：浙江大學出版社，2012年），頁74。
4. Celia Lury, *Consumer Culture* (Cambridge: Polity Press, 2011), p. 53.
5. 關於佐梵尼創作〈烏菲齊美術館蒐藏室〉的背景與分析，詳見Stephen Jones著，錢乘旦譯，《劍橋藝術史：十八世紀藝術》（南京：譯林出版社，2009年），頁10。
6. 儘管這幅畫充分展現了佐梵尼精湛的技巧，和絕妙的視覺戲謔，委託作畫的夏綠蒂王后大概也解讀到性的意涵，據說王后以「不合禮儀」爲由，拒絕將這幅畫掛在會議廳上。Matthew Craske著，彭筠譯，《歐洲藝術：1700-1830——城市經濟空前增長時代的視覺藝術史》（上海：上海人民

頁25。

56. 轉引自Robert K. Merton著，魯迅東、林聚任譯，〈清教對科學的激勵〉，收錄在《科學社會學（上)》(北京：商務印書館，2010年)，頁317。
57. Charles Taylor著，張容南等譯，《世俗時代》(上海：上海三聯書店，2016年)，頁110。
58. 參考Peter Burke著，汪一帆等譯，《知識社會學（下卷)：從《百科全書》到維基百科》(杭州：浙江大學出版社，2016年)，第三章「知識的傳播」，頁97-123。
59. Robert Darnton著，葉桐、顧杭譯，《啓蒙運動的生意：《百科全書》出版史（1775-1800)》(北京：三聯書店，2005年)。。
60. 即Society for the Encouragement of Arts, Manufacture and Commerce。詳見Matthew Paskins, "Society for the Encouragement of Arts, Manufacture and Commerce and the Material Public Sphere, 1754-1766," in Ileana Baird, ed., *Social Networks in the Long Eighteenth Century: Clubs, Literary Salons, Textual Coteries* (Newcastle: Cambridge Scholars Publishing, 2014), pp. 77-98.
61. Brian Cowan, *The Social Life of Coffee: The Emergence of the British Coffeehouse* (New Haven: Yale University Press, 2005), pp. 105-106.
62. Margaret C. Jacob and Larry Stewart, *Practical Matter: Newton's Science in the Service of Industry and Empire 1687-1851*, p. 64.
63. Peter Ackroyd著，翁海貞等譯，《倫敦傳》(南京：譯林出版社，2016年)，頁428。
64. Margaret C. Jacob and Larry Stewart, *Practical Matter: Newton's Science in the Service of Industry and Empire 1687-1851*, p. 75-77.
65. 詳見Jan Luiten van Zanden著，隋福民譯，《通往工業革命的漫長道路：全球視野下的歐洲經濟，1000-1800年》(杭州：浙江大學出版社，2016年)，第六章「哲學家與印刷機的革命」。根據Jan Luiten van Zanden的分析，這段期間歐洲書籍與印刷品普及的主要原因：收入增長、特別是實質收入的增長，導致書籍需求的多樣化和出版市場的興盛；讀寫能力的提高；新教運動強調個人閱讀宗教典籍特別是《聖經》的重要性。
66. 不包括小冊子、雜誌和報紙。另外，值得一提的，根據統計資料顯示，強調個人閱讀宗教典籍，而不必借助神父詮釋的新教信仰區域，購買書籍的量也顯得相對比較特出。
67. 詳見Margaret C. Jacob著，李紅林、趙立新、李軍平譯，《科學文化與西方工業》，頁296-330。

一種目光》(鄭州：河南大學出版社，2017年)。

39. 詳見第五章。

40. Steven Shapin、Simon Schaffer著，蔡佩君譯，《利維坦與空氣泵浦：霍布斯、波以耳與實驗生活》，頁23-25。

41. Richard Rorty著，李幼蒸譯，《哲學和自然之鏡》(北京：商務印書館，2003年)。

42. Steven Shapin著，林巧玲、許宏彬譯，《科學革命》，頁131。

43. Herbert Butterfield著，張卜天譯，《現代科學的起源》，頁79-80。

44. Herbert Butterfield著，張卜天譯，《現代科學的起源》，頁81。

45. Steven Shapin、Simon Schaffer著，蔡佩君譯，《利維坦與空氣泵浦：霍布斯、波以耳與實驗生活》，頁34-36。

46. 詳見David N. Livingston著，孟鍇譯，《科學知識的地理》(北京：商務印書館，2017年) 對波以耳實驗室空間的討論，頁25-27。

47. 難怪在《金牌特務：間諜密令》(*Kingsman: The Secret Service*) 這部電影中，Colin Firth要喋喋不休地教導Taron Egerton，眞正「紳士」所該具備的品格。

48. Steven Shapin著，趙萬里等譯，《眞理的社會史：17世紀英國的文明與科學》(南昌：江西教育出版社，2002年)，頁118。

49. 有關十七、十八世紀歐洲科學儀器的使用，可參考Abraham Wolf著，周宗昌等譯，《十六、十七世紀科學、技術和哲學史（上）（下）》(北京：商務印書館，2016年)；周宗昌等譯，《十八世紀科學、技術和哲學史（上）（下）》(北京：商務印書館，2016年)。

50. Peter M. Jones, *Industrial Enlightenment: Science, Technology and Culture in Birmingham and the West Midlands 1760-1828*, p. 8.

51. 轉引自Robert K. Merton著，魯迅東、林聚任譯，〈清教對科學的激勵〉，《科學社會學（上）》(北京：商務印書館，2010年)，頁317。

52. Robert K. Merton著，魯迅東、林聚任譯，〈清教對科學的激勵〉，《科學社會學（上）》，頁323。

53. Margaret C. Jacob and Larry Stewart, *Practical Matter: Newton's Science in the Service of Industry and Empire 1687-1851* (Massachusetts: Harvard University Press, 2004), p. 63.

54. David N. Livingston著，孟鍇譯，《科學知識的地理》，頁111。

55. Stephen Gaukroger著，羅暉、馮翔譯，《科學文化的興起：科學與現代性的塑造（1210-1685）（上）》(上海：上海交通大學出版社，2017年)，

24. Robert E. Schofield, *The Lunar Society of Birmingham: A Social History of Provincial Science and Industry in Eighteenth-Century England*, p. 149, 186.
25. Joel Mokyr, *A Culture of Growth: The Origins of the Modern Economy* (New Jersey: Princeton University Press, 2017), p. 184.
26. Margaret C. Jacob著，李紅林、趙立新、李軍平譯，《科學文化與西方工業》（上海：上海交通大學出版社，2017年），頁172-173、170。
27. 有關瓦特蒸汽機專利權的正反評價，詳見Roger Osborne著，曾磊譯，《鋼鐵、蒸汽機與資本》，頁97-98；Robert C. Allen著，毛立坤譯，《近代英國工業革命揭密：放眼全球的深度透視》（杭州：浙江大學出版社，2012年），頁255-256。
28. Peter M. Jones, *Industrial Enlightenment: Science, Technology and Culture in Birmingham and the West Midlands 1760-1828*, pp. 52-53.
29. Robert E. Schofield, *The Lunar Society of Birmingham: A Social History of Provincial Science and Industry in Eighteenth-Century England* (Oxford: Oxford University Press, 1963), p. 84.
30. Robert E. Schofield, *The Lunar Society of Birmingham: A Social History of Provincial Science and Industry in Eighteenth-Century England*, pp. 84-85.
31. Jenny Uglow, *The Lunar Men: Five Friends Whose Curiosity Changed the World* (New York: Farrar, Straus and Giroux, 2002), p. 298.
32. Robert E. Schofield, *The Lunar Society of Birmingham: A Social History of Provincial Science and Industry in Eighteenth-Century England*, pp. 172-173.
33. Joel Mokyr, *The Gifts of Athena: Historical Origins of the Knowledge Economy* (New Jersey: Princeton University Press, 2002), p. 44.
34. 有關培根的科學烏托邦，參考Jerry Weinberger著，張新樟譯，《科學、信仰與政治：弗蘭西斯·培根與現代世界的烏托邦根源》（北京：三聯書店，2008年）。
35. Thomas Kuhn著，程樹德、傅大爲、王道還、錢永祥譯，《科學革命的結構》（臺北：遠流出版事業股份有限公司，1991年）。
36. Steven Shapin著，林巧玲、許宏彬譯，《科學革命》（臺北：左岸文化，2016年），頁128。
37. Herbert Butterfield著，張卜天譯，《現代科學的起源》（上海：上海交通大學出版社，2017年），頁76-91。
38. Michel Foucault著，莫偉民譯，《詞與物：人文科學的考古學》（上海：上海三聯書店，2016年）；謝強、馬月譯，《馬奈的繪畫：米歇爾·福柯，以，社會各階層的人士爭相購買該公司股票，造成該公司股價飆漲。到了1720年夏天，泡沫破裂，股價暴跌，造成投資人血本無歸。諷刺的是，英國政府通過《泡沫法案》的原本目的，非但不是要遏止投機的歪風，反而是爲了協助南海公司，在投資狂潮之下，避免其他類似的公司對股票市場資金造成排擠作用。結果，法案通過後，反而引起投資人的疑慮，造成股價的狂瀉。Norton Reamer、Jesse Downing著，張田、舒林譯，《投資：一部歷史》（北京：中信出版集團，2017年），頁74-75；以及Charles P. Kindleberger、Robert Z. Aliber著，朱雋、葉翔、李偉杰譯，《瘋狂、驚恐和崩潰：金融危機史》（北京：中國金融出版社，2017年）對南海泡沫事件的解釋。

17. Fernand Braudel著，顧良、施康強譯，《十五至十八世紀的物質文明、經濟和資本主義（第三卷）：世界的時間》（北京：商務印書館，2017年），頁766。這類所謂地方銀行（country bank），往往只是於已經存在的老企業中增設一間辦公室，在那裡發行票證、貼現期票、發放貸款等業務，以便助鄰居一臂之力。所以，銀行家的職業出身形形色色，有採礦主、小麥商、針織商等。
18. Anne L. Murphy, "The Financial Revolution and Its Consequence," in Roderick Floud, Jane Humphries and Paul Johnson, eds., *The Cambridge Economic History of Modern Britain, Volume 1, 1700-1870* (New Heaven: Yale University Press, 2012), pp. 321-343.
19. 有關瓦特的生平與改良蒸汽機的歷程，參考Roger Osborne著，曾磊譯，《鋼鐵、蒸汽機與資本》（北京：電子工業出版社，2016年），頁82-114。
20. Fernand Braudel著，顧良、施康強譯，《十五至十八世紀的物質文明、經濟和資本主義（第三卷）：世界的時間》，頁464。
21. Jack Goldstone著，關永強譯，《爲什麼是歐洲？世界史視角下的西方崛起（1500-1850）》（杭州：浙江大學出版社，2010年），頁185。
22. Jack Goldstone著，關永強譯，《爲什麼是歐洲？世界史視角下的西方崛起（1500-1850）》，頁154。
23. 倫敦素有「霧都」之稱，倫敦霧的形成，其實與伊拉莎白一世時代以來倫敦人廣泛使用煤做爲燃料有很大的關係。伊莉莎白一世即抱怨自紐卡斯特爾（Newcastle）海運至倫敦的「海煤」，味道讓她難以忍受。到了十七世紀，虎克（Robert Hooke）估算，倫敦的煙塵有半英里高，二十英里長。Christine L. Corton著，張春曉譯，《倫敦霧：一部演變史》（北京：中信出版集團，2017年），頁3。

5. 詳見Richard Sennett著，李繼宏譯，《公共人的衰落》（上海：上海譯文出版社，2014年），頁61-85，第三章「觀衆：陌生人的聚集」，對倫敦、巴黎城市布爾喬亞化後衍生出陌生人現象及相關問題的討論。
6. George Simmel著，費勇等譯，〈陌生人〉，收錄在《時尚的哲學》（廣州：花城出版社，2017年），頁150、148。
7. Joel Mokyr, *The Enlightened Economy: An Economic History of Britain 1700-1850* (New Heaven: Yale University Press, 2012), p. 3.
8. James Vernon著，張祝馨譯，《遠方的陌生人：英國是如何成爲現代國家的》（北京：商務印書館，2017年），頁144-145。
9. Hilton L. Root著，劉寶成譯，《國家發展動力》（北京：中信出版集團，2018年），頁47。
10. Peter Clark, *British Clubs and Societies 1580-1800: The Origins of an Associational World* (Oxford: Oxford University Press, 2000).
11. Francis Fukuyama著，郭華譯，《信任：社會美德與創造經濟繁榮》（桂林：廣西師範大學出版社，2016年）；Robert I. Rotberg, ed., *Patterns of Social Capital: Stability and Change in Historical Perspective* (Cambridge: Cambridge University Press, 2001).
12. Nan Lin, *Social Capital: A Theory of Social Structure and Action* (Cambridge: Cambridge University Press, 2002), p. 20.
13. Joel Mokyr著，姜井勇譯，〈企業家精神和英國工業革命〉，本文收錄在David S. Landes, Joel Mokyr and William J. Baumol編著，姜井勇譯，《歷史上的企業家精神：從古代美索不達米亞到現代》（北京：中信出版集團，2016年），頁220-252。
14. Joel Mokyr, *The Enlightened Economy: An Economic History of Britain 1700-1850*, pp. 28-29；另外還可參考Bruce G. Carruthers, "From City of Capital: Politics and Markets in the English Financial Revolution," in Frank Dobbin, eds., *The New Economic Sociology: A Reader* (New Jersey: Princeton University Press, 2004), pp. 457-481.
15. 有關這時期英國的財政政策和稅收制度，可參考Isser Woloch、Gregory S. Brown著，陳蕾譯，《18世紀的歐洲：傳統與進步，1715-1789》（北京：中信出版集團，2016年），頁59-64。
16. 南海公司成立後，英國政府授予這家公司南美洲的貿易壟斷權；做爲回報，該公司同意購買因西班牙王位繼承戰爭所導致的公共債務。英國大衆認爲西班牙的勢力很快就會衰落，南海公司大幅獲利前景可期，所書館，2013年），附錄三〈茶的詞源考〉，頁256-270。

56. George L. Staunton著，葉篤義譯，《英使謁見乾隆紀實》（北京：群言出版社，2014年），頁11-12。
57. Fernand Braudel著，施康強、顧良譯，《十五至十八世紀的物質文明、經濟和資本主義（壹）》（北京：商務印書館，2017年），頁332。
58. Sarah Rose著，孟馳譯，《茶葉大盜：改變世界史的中國茶》，頁46。
59. 有關邱園的歷史沿革，詳見Kathy Willis、Carolyn Fry著，珍櫟譯，《綠色寶藏：英國皇家植物園史話》（北京：三聯書店，2018年）。
60. 有關班克斯的生平，可參考科學史家Patricia Fara著，李猛譯，《性、植物學與帝國》（北京：商務印書館，2017年）；其在馬戛爾尼使節團中所扮演的角色，詳見Peter J. Kitson, *Forging Romantic China: Sino-British Cultural Exchange 1760-1840*, pp. 134-143；Fa-ti Fan著，袁劍譯，《清代在華的博物學家：科學、帝國與文化遭遇》（北京：中國人民出版社，2011年），頁12，以及Lucile H. Brockway, "Science and Colonial Expansion: The Role of the British Royal Botanic Gardens," in Sandra Harding, ed., *The Postcolonial Science and Technology Studies Reader* (Durham: Duke University Press, 2011), pp. 127-149.
61. Stacey Pierson著，趙亞靜譯，《中國陶瓷在英國（1560-1960）：藏家、藏品與博物館》（上海：上海書店出版社，2017年），頁28。
62. Longxi Zhang, *Mighty Opposites: From Dichotomies to Differences in the Comparative Study of China* (Stanford: Stanford University Press, 1998)；Timothy Brook and Gregory Blue, eds., *China and Historical Capitalism: Genealogies of Sinological Knowledge* (Cambridge: Cambridge University Press, 1999).

第七章　科學企業家

1. Steven Shapin, *The Scientific Life: A Moral History of Late Modern Vocation* (Chicago: Chicago University Press, 2008), pp. 209-267.
2. Sidney Pollard, *The Genesis of Modern Management* (London: Penguin, 1968).
3. Robert E. Schofield, *The Lunar Society of Birmingham: A Social History of Provincial Science and Industry in Eighteenth-Century England*, p. 48.
4. Regina Lee Blaszczyk, *Imagining Consumers: Design and Innovation from Wedgwood to Corning* (Baltimore: The Johns Hopkins University Press, 2000), pp. 6-9.

44. 詳見Peter Gay著，劉北成譯，《啓蒙時代（上）；現代異教精神的興起》（上海：世紀出版集團，2015年）的第一、二章。
45. Edward Gibbon著，戴子欽譯，《吉本自傳》（上海：上海世紀出版股份有限公司，2013年），頁113。
46. 轉引自David Porter, *The Chinese Taste in Eighteenth-Century England*, p. 149.
47. Richard Sennett著，李繼宏驛，《公共人的衰落》（上海：上海譯文出版社，2014年），頁111。
48. Craig Calhoun, "Introduction: Habermas and the Public Sphere"，女性主義者對公共領域概念的批判，見Lloyd Kramer, "Habermas, History, and Critical Theory"，這兩篇文章收錄在Craig Calhoun, ed., *Habermas and the Public Sphere* (Cambridge: The MIT Press, 1992)；有關英國咖啡館的社會角色與功能，詳見Brian Cowan, *The Social Life of Coffee: The Emergence of the British Coffeehouse* (New Haven: Yale University Press, 2005).
49. 詳見王笛，《茶館：成都的公共生活和微觀世界，1900-1950》（北京：社會科學文獻出版社，2011年），頁175-184。
50. Alan Macfarlane、Iris Macfarlane著，扈喜林譯，《綠色黃金：茶葉帝國》（北京：社會科學文獻出版社，2016年），頁111。
51. Jane Pettigrew著，邵立榮譯，《茶設計》（濟南：山東畫報出版社，2013年），頁80。
52. Alan Macfarlane、Iris Macfarlane著，扈喜林譯，《綠色黃金：茶葉帝國》，頁118-119。
53. 文基營著，殷瀟雲、曹慧譯，《紅茶帝國》（武漢：華中科技大學出版社，2016年），頁60。有不少學者認爲，Bohea是指武夷山所出產的茶，通常是用於上等的紅茶，所以應該把西方文獻中的Bohea Tea翻譯成紅茶。肖坤冰，《茶葉的流動：閩北山區的物質、空間與歷史敘事（1644-1949）》（北京；北京大學出版社，2013年），頁100。另外，直到十九世紀中葉，英國茶葉獵人福鈞（Robert Fortune）前往中國盜取茶種之後，英國人才知道紅茶與綠茶其實是同一種植物，差別只在於製造有無氧化過程，紅茶是經過發酵，綠茶則否，從而推翻過去林奈（Carols von Linné）對茶葉的分類方法。見Sarah Rose著，孟馳譯，《茶葉大盜：改變世界史的中國茶》（北京：社會科學文獻出版社，2016年）。
54. 肖坤冰，《茶葉的流動：閩北山區的物質、空間與歷史敘事（1644-1949）》，頁97-100。
55. Victor H. Mair、Erling Hoh著，高文海譯，《茶的世界史》（香港：商務印

開了一個奇特的瓶子（即所謂「潘多拉的盒子」），釋放出疾病、不幸與苦難。雖然還留著「希望」，但是對希臘人而言，希望就是一直處在某種不可得的需求，還是一種不滿意、不幸福的狀態。而普羅米修斯所盜的「火」，根據古希臘人的觀念，以火烹飪食物是「人」與「獸」的主要分野，又是一種「技術」與「科學」的象徵，頗爲符合「經濟人」的理性寓意。有關普羅米修斯與潘多拉的神話寓意，詳見Luc Ferry著，曹明譯，《神話的智慧》（上海：華東師範大學出版社，2017年），頁136-149。

34. David Porter, *The Chinese Taste in Eighteenth-Century England* (Cambridge: Cambridge University Press, 2010), p. 31.
35. Maxine Berg, *Luxury & Pleasure: In Eighteenth-Century Britain*, p. 236.
36. Werner Sombart著，王燕平、侯小河譯，《奢侈與資本主義》（上海：上海人民出版社，2005年）。
37. David Porter, *The Chinese Taste in Eighteenth-Century England*, p. 137.
38. Georg Simmel著，費勇等譯，《時尚的哲學》（廣州：花城出版社，2017年），頁93-124。
39. Jan de Vries, "Between purchasing power and the world of goods: understanding the household economy in early modern Europe," in John Brewer & Roy Porter, eds., *Consumption and the World of Goods*, pp. 85-132. 另外，經濟學家Jan Luiten van Zanden和Tine de Moor在其〈女性的能量：中世紀末期北海地區的勞動力市場和歐洲婚姻模式〉一文，從歐洲的婚姻模式、家庭結構、財產繼承等社會生活面向，探討英國女性相對比較願意參與勞動市場的原因。Jan Luiten van Zanden著，隋福民譯，《通往工業革命的漫長道路：全球視野下的歐洲經濟，1000-1800年》（北京：浙江大學出版社，2016年），頁120-167；對「范伯倫效應」解釋模式的系統性評論和批判，可參見Colin Campbell著，何承恩譯，《浪漫倫理與現代消費主義精神》，頁44-50。
40. Neil McKendrick, John Brew and J. H. Plumb, *The Birth of a Consumer Society: The Commercialization of Eighteen-Century England*, p. 11.
41. 詳見Pierre Bourdieu, *Distinction: A Social Critique of the Judgment of Taste* (London: Routledge, 2010)；中文翻譯見劉暉譯，《區分：判斷力的社會批判（上）（下）》（北京：商務印書館，2015年），特別是該書的第一章。
42. John Berger著，戴行鉞譯，《觀看之道》（桂林：廣西師範大學出版社，2015年），頁89。
43. David Porter, *The Chinese Taste in Eighteenth-Century England*, pp. 60-77

23. Colin Campbell著，何承恩譯，《浪漫倫理與現代消費主義精神》（臺北：國家教育研究院，2016年），頁22。
24. Maxine Berg, "Asian Luxuries and the Making of the European Consumer Revolution," in Maxine Berg and Elizabeth Eger, eds., *Luxury in the Eighteenth Century: Debates, Desires and Delectable Goods*, pp. 228-244.
25. 淺田實著，顧姍姍譯，《東印度公司：巨額商業資本之興衰》（北京：社會科學文獻出版社，2016年），頁42-56；羽田正著，林詠純譯，《東印度公司與亞洲的海洋：跨國公司如何創造二百年歐亞整體史》（臺北：八旗文化，2017年），頁268-274；Giorgio Riello著，劉媺譯，《棉的全球史》（上海：上海人民出版社，2018年）。
26. Maxine Berg, *Luxury & Pleasure: In Eighteenth-Century Britain* (Oxford: Oxford University Press, 2005), pp. 205-219.
27. Colin Campbell著，何承恩譯，《浪漫主義與現代消費主義精神》（臺北：國家教育研究院，2016年），頁21-22。
28. Neil McKendrick, "Home demand and economic growth: a new view of the role of women and children in the Industrial Revolution," in Neil McKendrick, ed., *Historical Perspectives: Studies in English Thought and Society in Honour of J. H. Plumb* (London: Europa Publications, 1974), p. 200, 209.
29. Bernard Mandeville著，肖聿譯，《蜜蜂的寓言》，頁97-98。
30. Jean-Christophe Agnew, "Coming Up for Air: Consumer Culture in Historical Perspective," in John Brewer & Roy Porter, eds., *Consumption and the World of Goods* (London: Routledge, 1994), p. 24.
31. Adam Smith著，謝宗林譯《道德情感論》，頁268。
32. 對約書亞．瑋緻伍德行銷策略的分析，詳見Neil McKendrick, "Josiah Wedgwood and the Commercialization of the Potteries,"這篇文章收錄在Neil McKendrick, John Brew and J. H. Plumb, *The Birth of a Consumer Society: The Commercialization of Eighteenth-Century England* (Bloomington: Indiana University Press, 1982).
33. J. G. A. Pocock著，馮克利譯，《德行、商業和歷史：18世紀政治思想與歷史論輯》（北京：三聯書店，2012年），頁168。根據希臘神話，普羅米修斯從神那裏盜火給人類，天神宙斯爲了懲罰人類，於是命令匠神赫菲斯托斯用水和泥土塑造了一個年輕女子潘多拉，她擁有智慧女神雅典娜的織布巧手，愛神阿芙蘿狄忒的魅惑天賦，精通言詞的商業之神赫爾墨斯則賦予她欺騙的伎倆和對各種欲望永不饜足的貪念。她還魯莽的打商務印書館，2016年），頁3-106。

10. Robert Nozick, *Anarchy, State, and Utopia* (Oxford: Blackwell, 1997), p. 18. 另外，還可參考Hannah Arendt, *The Human Condition* (Chicago: Chicago University Press, 1998), p. 185的討論。
11. Charles Taylor著，張國清、朱進東譯，《黑格爾》（南京：譯林出版社，2009年），頁6。
12. Charles Taylor著，張國清、朱進東譯，《黑格爾》，頁534-535。
13. 根據哥倫比亞大學宗教學教授Mark C. Taylor的分析，宗教改革家喀爾文比亞當・斯密更早使用「看不見的手」這一隱喻，而身爲蘇格蘭人的亞當・斯密，本人也屬喀爾文教派。有關亞當・斯密市場經濟理論與喀爾文教派教義之間的親緣性，詳見Mark C. Taylor著，文晗譯，《爲什麼速度越快、時間越少：從馬丁・路德到大數據時代的速度、金錢與生命》（北京：中國政法大學出版社，2018年），頁53-60。
14. 譯文轉引自Albert O. Hirschman著，馮克利譯，《欲望與利益：資本主義勝利之前的政治爭論》，頁54-55。
15. 轉引自Albert O. Hirschman著，馮克利譯，《欲望與利益：資本主義勝利之前的政治爭論》，頁55。
16. 詳見何偉亞（James L. Hevia）對英王喬治三世給乾隆那封信的分析，James L. Hevia, *Cherishing Men From Afar: Qing Guest Ritual and the Macartney Embassy of 1793* (Durham: Duke University Press, 1995), pp. 60-63.
17. Sarah Maza著，郭科、任舒懷譯，《法國資產階級：一個神話》（杭州：浙江大學出版社，2018年），頁73-74。
18. 轉引自Sarah Maza著，郭科、任舒懷譯，《法國資產階級：一個神話》，頁73。
19. 英國也頒布禁奢令，但到了十六世紀末已經無法抵擋社會上升的消費趨勢而成爲一紙空文，最後在1601年被國王詹姆士一世廢除。David Landes著，謝懷筑譯，《解除束縛的普羅米修斯：1500年迄今西歐的技術變革與工業發展》（北京：華夏出版社，2007年），頁50。
20. 詳見Christopher Berry著，江紅譯，《奢侈的概念：概念及歷史的探究》（上海：世紀出版集團，2005年）一書對奢侈概念的討論。
21. Maxine Berg and Elizabeth Eger, "The Rise and Fall of Luxury Debates," in Maxine Berg and Elizabeth Eger, eds., *Luxury in the Eighteenth Century: Debates, Desires and Delectable Goods* (New York: Palgrave Macmillan, 2003), pp. 7-27.
22. Bernard Mandeville著，肖聿譯，《蜜蜂的寓言》。

化，見巫仁恕，《奢侈的女人：明清時期江南婦女的消費文化》（北京：商務印書館，2016年）。

4. Cynthia J. Brokaw著，杜正貞、張林譯，《功過格：明清社會的道德秩序》（杭州：浙江人民出版社，1999年）。但是，對佛教徒而言，就沒有像儒家文人對財富可能敗壞德行的憂慮，根據卜正民（Timothy Brook）的解釋，晚明佛教徒認爲，「財富是通過業力重新分配而分配的，富人只不過享受前世善業的果報。」Timothy Brook著，張華譯，《爲權力祈禱：佛教與晚明士紳社會的形成》（南京：江蘇人民出版社，2008年），頁337。
5. Albert O. Hirschman, *The Passions and the Interests: Political Arguments for Capitalism Before Its Triumph* (New Jersey: Princeton University Press, 2013), p. 17. 這段譯文轉引自Albert O. Hirschman，馮克利譯，《欲望與利益：資本主義勝利之前的政治爭論》（杭州：浙江大學出版社，2005年），頁14。
6. 在西方近代初期政治思想史上，曼德維爾和馬基維利（Machiavelli）、霍布斯（Hobbes）三人，被時人公認爲是與魔鬼爲伍，宣揚敗德行爲的思想家。David Runciman, *Political Hypocrisy: The Mask of Power, From Hobbes to Orwell and Beyond* (New Jersey: Princeton University Press, 2008), pp. 45-73.
7. Bernard Mandeville著，肖聿譯，《蜜蜂的寓言》（北京：商務印書館，2017年）。
8. Albert O. Hirschman, T*he Passions and the Interests: Political Arguments for Capitalism Before Its Triumph*, pp. 43-56.
9. Adam Smith著，謝宗林譯，《道德情感論》（臺北：五南圖書出版股份有限公司，2013年），頁253-254；Adam Smith著，謝祖鈞譯，焦雅君校訂，《國富論（上）》（北京：中華書局，2013年），頁402。經濟史家Emma Rothschild提到，事實上亞當．斯密分別在三個不同場合提到過「看不見的手」，除《道德情感論》、《國富論》之外，亞當．斯密還在成書於1758年之前、死後發表的〈天文學的歷史〉（History of Astronomy）首度使用這一著名隱喻。根據Emma Rothschild對亞當．斯密這隻「看不見的手」的梳理，儘管當代著名經濟學家Kenneth Arrow盛讚它代表經濟思想對社會過程之認識的最大貢獻，但其實亞當．斯密的本意並沒有特別推崇這隻「看不見的手」。Emma Rothschild認爲，最好把看不見的手理解爲亞當．斯密一個溫和諷刺的笑話。Emma Rothschild著，趙勁松、別曼譯，《經濟情操論：亞當．斯密、孔多塞與啓蒙運動》（北京：社會科學文獻出版社，2013年），頁128-187。有關〈天文學的歷史〉一文，收錄在Adam Smith著，石小竹、孫明麗譯，《亞當．斯密哲學文集》（北京：

51. 有關臺夫特陶的歷史與風格，詳見陳進海，《世界陶瓷（第三卷）》（瀋陽：萬卷出版公司，2006年），頁537-541。
52. Shirley Ganse著、張關林譯，《中國外銷瓷》，頁83。
53. Werner Sombart著、王燕平、侯小河譯，《奢侈與資本主義》（上海：上海人民出版社，2005年）；Thorstein Veblen著、李華夏譯，《有閒階級論》（台北：左岸出版社，2007年）。
54. Mariet Westermann著，張永俊、金菊譯，《荷蘭共和國藝術（1585-1718）》，頁82-83。《戴珍珠耳環的少女》這部電影，改編自以維梅爾爲主題的小說，在電影中設計一段情節介紹這部玻璃透鏡的原始相機。
55. Edward Dolnick著，黃珮玲譯，《機械宇宙：艾薩克・牛頓、皇家學會與現代世界的誕生》（北京：社會科學文獻出版社，2016年），頁115。
56. 十七世紀的荷蘭哲學家斯賓諾莎（Baruch Spinoza）也是以玻璃鏡片生產商爲職業生涯的起點。
57. Leonard Blusse, *Canton, Nagasaki, and Batavia and the Coming of the Americans* (Cambridge: Harvard University Press, 2008).
58. Simon Schama, "Perishable Commodities: Dutch Still-life Painting and the 'Empire of Things'," in John Brewer & Roy Porter, eds., *Consumption and the World of Goods* (London: Routledge, 1994), pp. 478-488.
59. Simon Schama, *The Embarrassment of Riches: An Interpretation of Dutch Culture in the Golden Age* (New York: Vintage, 1987).
60. Richard Sennet著，李繼宏譯，《匠人》（上海：上海譯文出版社，2015年），頁90-91。.

第六章　英國的消費主義社會與瓷器文化

1. Jerry Z. Muller著，余曉成、蘆畫澤譯，《市場與大師：西方思想如何看待資本主義》（北京：社會科學文獻出版社，2016年），頁12-31。法國歷史學家Alain Peyrefitte，引述蒙田在其隨筆當中一段著名的話：「一個人的獲利就是一個人的損失」，點出中古世紀歐洲社會、特別是天主教會對商人與商業活動的排斥與不信任，見Alain Peyrefitte著，邱海嬰譯，《信任社會》（北京：商務印書館，2016年）
2. Max Weber著，閻克文譯，《新教倫理與資本主義精神》（北京：上海世紀出版股份有限公司，2010年），頁200。
3. Timothy Brook著，方駿、王秀麗、羅天佑譯，《縱樂的困惑——明朝的商業與文化》（臺北：聯經出版社，2004年）；明清時代中國人的消費文

就會更多，符合規模經濟。這種經濟理性也同樣適用於外銷瓷。雷德侯認爲，歐洲人使用成套餐具是受中國的影響。Lothar Ledderose著，張總等譯，《萬物：中國藝術中的模件化和規模化生產》（北京：三聯書店，2012年），頁136-137。

43. Christopher M. S. Johns, *China and the Church: Chinoiserie in Global Context*, pp. 51-52.

44. 有關卡爾夫與同時代荷蘭畫家的繪畫風格與技巧，詳見Mariet Westermann著，張永俊、金菊譯，《荷蘭共和國藝術（1585-1718）》（北京：中國建築工業出版社，2008年）。

45. Tzvetan Todorov著，曹丹紅譯，《日常生活的頌歌：論十七世紀荷蘭繪畫》（上海：華東師範大學出版社，2012年）。

46. 寫實主義一詞以現在的意義在1835年被法國人所使用，但當時並不是用來指十九世紀的小說，而恰恰是指涉十七世紀的荷蘭繪畫。Tzvetan Todorov著，曹丹紅譯，《日常生活的頌歌：論十七世紀荷蘭繪畫》，頁73。

47. 傑出的風俗派畫家往往都是擅長捕捉光影的大師，但奇怪的是，大多數風俗畫對光影的處理，都是讓光線的光源從左邊照亮人、靜物和風景的。

48. Svetlana Alpers著，馮白帆譯，《倫勃朗的企業：工作室與藝術市場》（南京：江蘇美術出版社，2014年），以有別於正統藝術史的方式，分析林布蘭（倫勃朗）繪畫工作室和其市場行銷的模式；有關Frans Hals的生平與荷蘭繪畫的社會生態，可參考Steven Nadler, *The Philosopher, the Priest, and the Painter: A Portrait of Descartes* (New Jersey: Princeton University Press, 2013). 在這本書中，作者抽絲剝繭，追查羅浮宮典藏署名Frans Hals所繪的「笛卡兒畫像」，是否眞的是出自Frans Hals。

49. 根據生理學的原因，當一種顏色與其互補色並置時，兩種顏色彼此強化，產生共鳴，看起來會更爲鮮明，歌德把這種對立的色彩稱作「受到召喚」的顏色。這一觀點成爲十九世紀喜愛著色的藝術家、尤其是印象派畫家創作思考的核心。其實，達文西就曾說過：「同樣完美的不同顏色，在靠近與其接相反的顏色時，將顯得最爲出色……藍色在黃色附近、紅色在綠色附近：因爲每種顏色，當與其相反色對立時，將比與它的任何類類似色對立顯得更清楚。」詳見Philip Ball著，何本國譯，《明亮的泥土：顏料發明史》，頁49-50。

50. Francoise Barbe-Gall著，鄭柯譯，《如何看一幅畫》（北京：中信出版集團，2014年），頁79；熊文華，《荷蘭漢學史》，頁34。

34. 余春明，《中國名片：明清外銷瓷探源與收藏》，頁32。
35. 曾玲玲，《瓷話中國：走向世界的中國外銷瓷》，頁32。
36. 遮陽傘是一種特權階級才能享受的奢侈品，在西方文化象徵權力與地位。遮陽傘緣起於埃及文明，但當時的傘僅能一直保持撐開的狀態，無法合攏，直到十三世紀在義大利才出現閉合式的傘，不過無論如何，沉重的木質傘柄一直都是主流，所以王公貴族、豪門富室之家都會有專門打傘的奴隸或僕人。中野京子著，俞雋譯，《名畫之謎：歷史故事篇》（北京：中信出版集團，2015），頁44。
37. 有關紋章瓷圖案的色彩分類、圖案辨識和家族淵源，可參考余春明，《中國名片：明清外銷瓷探源與收藏》一書的第四章。
38. Peter Burke著，楊元、蔡玉輝譯，《文化雜交》（南京：譯林出版社，2016年）。
39. 十六世紀，利瑪竇等耶穌會傳教士東渡抵華，帶來歐洲的油畫、版畫，隨之也把歐洲的繪畫技巧如透視技法傳入中國。藝術史家蘇立文（Michael Sullivan）認爲，西洋透視技法雖然仍受到中國畫家的抵制，歐洲繪畫技法還是難以全面被中國畫家所接受，不過已經爲中國畫家擺脫傳統技巧、開啓創新的可能性。蘇立文以張宏繪畫的作品〈止園全景〉爲例，這幅畫令人意外地採取全景透視技法，認爲實在很難想像，張宏若是沒見過像布勞恩和霍根伯格製作的法蘭克福鳥瞰圖版畫，是不可能運用全景透視技法畫出〈止園全景〉這樣的作品。Michael Sullivan著，趙瀟譯，《東西方藝術的交會》（北京：世紀出版集團，2014年），頁61。有關透視法，詳見Marita Sturken和Lisa Cartwright著，陳品秀、吳莉君譯，《觀看的實踐：給所有影像世代的視覺文化導論》（臺北：臉譜出版社，2013年），第四章。
40. 余佩瑾，〈清宮傳世「仿洋瓷瓶」及相關問題〉，《故宮文物》，第410期（2017年5月），頁78-89。
41. Edward Wadie Said著，王宇根譯，《東方學》（北京：三聯書店，2007年）。
42. 曾玲玲，《瓷話中國：走向世界的中國外銷瓷》，頁102-103。十七世紀之前，歐洲人所使用的餐具，多爲木質或陶器，還十分粗糙。中國瓷器的大量輸入歐洲，讓歐洲人體驗了精緻輕盈的餐具，並且懂得成套使用，推動了歐洲的「餐桌革命」。根據藝術史家雷德侯（Lothar Ledderose）的研究，自古以來中國的餐具都是成套燒製的，這凸顯飲食做爲一種社會活動的性質，同時也符合經濟理性；因爲對於商人而言，成套燒製量大，有助於合理化生產組織，另一方面，消費者整套而非單件構買，需求量

2011年）。
23. 轉引自余春明，《中國名片：明清外銷瓷探源與收藏》，頁46。
24. 有關清代的外貿政策與制度，詳見Gang Zhao, *The Qing Opening to the Ocean: Chinese Maritime Policies, 1684-1757* (Honolulu: University of Hawai'i Press, 2013).
25. 劉強，〈第一次經濟全球化中中國製瓷業的興衰〉，頁167。
26. mandarin係葡萄牙語，意指統治或管理。十七世紀葡萄牙人在與中國通商時，不分文臣或武將，高官或小吏，皆以mandarin稱呼。從康熙到道光年間，尤以乾隆年間最盛，外銷歐美的廣彩瓷出現許多以清裝人物為主題的式樣，西方人習慣稱這種紋飾為滿大人圖案。詳見曾玲玲，《瓷話中國：走向世界的中國外銷瓷》，頁108。
27. 有關中國「文人畫」的特質，可參考Susan Bush著，皮佳佳譯，《心畫：中國文人畫五百年》（北京：北京大學出版社，2017年）。
28. 曾玲玲，《瓷話中國：走向世界的中國外銷瓷》，頁92-99。
29. 熊文華，《荷蘭漢學史》（北京：學苑出版社，2012年），頁30。Christopher M. S. Johns, *China and the Church: Chinoiserie in Global Context* (Oakland: University of California Press, 2016), p. 48.
30. 藍色群青是一種珍貴的顏料，必須經由費力的過程從青金石中提煉製成。早在在古埃及文明，這種半寶石礦物就被用來做為裝飾品，其主要產地在阿富汗，歐洲一直到十四世紀才開始普遍使用群青做為顏料。在歐洲，繪畫贊助人指定價格不菲的群青做為繪畫的顏料，除了誇示財富地位之外，還有要在繪畫中傳遞虔誠信仰的用意，因為繪畫中聖母瑪利亞身穿的長袍都是藍色的。有關群青、青金石及其社會的象徵意義，詳見英國科普作家Philip Ball著，何本國譯，《明亮的泥土：顏料發明史》（南京：譯林出版社，2018年）。
31. Shirley Ganse著，張關林譯，《中國外銷瓷》，頁68-69。
32. Norbert Elias著，王佩莉、袁志英譯，《文明的進程：文明的社會發生與心理發生的研究》（上海：上海譯文出版社，2018年），頁53-74。
33. 克拉克瓷的名稱由來眾說紛紜，比較流行的說法是源自葡萄牙的克拉克船，這種商船往來於東西方之間，以越洋運輸瓷器而著稱。荷蘭人與葡萄牙人海上爭霸，經常襲擊搶劫葡萄牙人的克拉克商船，並將船貨中的瓷器命名為克拉克瓷。另有一說，克拉克瓷一般輕薄易碎，克拉克一詞源自英文的「Crack」（破碎）。克拉克瓷的名稱由來，見袁泉、秦大樹，《走向世界的明清陶瓷》，頁178。

18. Andre Gunder Frank, *ReOrient: Global Economy in the Asian Age* (Berkeley: University of California Press, 1998)；R. Bin Wong, *China Transformed: Historical Change and the Limits of European Experience* (Ithaca: Cornell University Press, 2000)；Giovanni Arrighi, *Adam Smith in Beijing: Lineages of the Twenty-First Century* (London: Verso, 2007)；Takeshi Hamashiya, *China, East Asia and the Global Economy: Regional and Historical Perspectives* (London: Routledge, 2008)；Kenneth Pomeranz, *The Great Divergence: China, Europe, and the Making of the Modern World Economy* (New Jersey: Princeton University Press, 2000).
19. Eric Hayot著，袁劍譯，《假想的『滿大人』：同情、現代性與中國疼痛》（南京：江蘇人民出版社，2012年），頁10-11；歐洲世界有關中國的知識系譜，詳見Timothy Brook and Gregory Blue, eds., *China and Historical Capitalism: Genealogies of Sinological Knowledge* (Cambridge: Cambridge University Press, 1999).
20. 有關中國朝貢貿易體系的國際政經效應，詳見濱下武志著，朱蔭貴、歐陽菲譯，《近代中國的貿易契機：朝貢貿易體系與近代亞洲經濟圈》（北京：中國社會科學出版社，1999），David C. Kang著，陳昌煦譯，《西方之前的東亞：朝貢貿易五百年》〈北京：社會科學文獻出版社，2016年〉；明清時代中國與歐洲的貿易關係，可參考John E. Wills, Jr., ed., *China and Maritime Europe, 1500-1800: Trade, Settlement, Diplomacy, and Mission* (Cambridge: Cambridge University Press, 2011)；國際貿易的白銀角色，詳見林滿紅，《銀線：十九世紀的世界與中國》（臺北：臺大出版中心，2016年）。
21. 劉強，〈第一次經濟全球化中中國製瓷業的興衰〉，見張麗等著，《經濟全球化的歷史視角：第一次經濟全球化與中國》（杭州：浙江大學出版社，2012），頁153-201；羅蘇文，〈近代景德鎮瓷業的經營環境及瓷都的演變〉，見姜進、李德英主編，《近代中國城市與大塚文化》（北京：新星出版社，2008），頁141-160；Kee-long So著，李潤強譯，《刺桐夢華錄：近世前期閩南的市場經濟（946-1368）》（杭州：浙江大學出版社，2012年），頁202-221。
22. 以下有關各種中國外銷瓷、貿易瓷的敍述，主要參考Shirley Ganse著，張關林譯，《中國外銷瓷》；袁泉、秦大樹，《走向世界的明清陶瓷》；曾玲玲，《瓷話中國：走向世界的中國外銷瓷》（北京：商務印書館，2014年）；余春明，《中國名片：明清外銷瓷探源與收藏》（北京：三聯書店，

10. Joel Mokyr, *The Enlightened Economy: An Economic History of Britain 1700-1856* (New Haven: Yale University Press, 2009), p. 412.
11. Eugenia Zuroski Jenkins, *A Taste for China: English Subjectivity and the Prehistory of Orientalism* (Oxford: Oxford University Press, 2013), pp. 75-78.
12. Hugh Honour著，劉愛英、秦紅譯，《中國風：遺失在西方800年的中國元素》，頁88。
13. Shirley Ganse著，張關林譯，《中國外銷瓷》（香港：三聯書店，2008），頁88-92。馬婁，法國人，胡格諾派教徒，但爲了躲避愈演愈烈的反新教徒情緒，逃往荷蘭尋求庇護，爲奧蘭治親王（Prince of Orange）效力，設計宮殿和花園。後來，他又前往英國在漢普頓宮工作。馬婁極具設計才華，把它們運用到王室宅邸的每一方面，建築本身、花園，到傢俱、鐘錶等。Hugh Honour著，劉愛英、秦紅譯，《中國風：遺失在西方800年的中國元素》，頁87。
14. 袁泉、秦大樹，《走向世界的明清陶瓷》（上海：上海古籍出版社，2015），頁83。
15. 轉引自Frances Wood著，方永德、宋光麗、方思源譯，《中國的魅力：趨之若鶩的西方作家與收藏家》，頁68。笛福對瑪麗王后的批評，不全然是因爲她在英國社會掀起了荒誕奢靡的時尚流行，應該還涉及笛福對貿易政策的不滿，顯然他是主張政府應該採取干預措施保護本國的產業，而非接受自由貿易原則，放任中國瓷器大量進口。根據經濟學家的說法，自十五世紀末，英國數百年的貿易政策都是秉持一條簡單原則：進口原材料，出口工業製成品，以扶持本國製造業。例如，亨利七世登基後，爲了保護英格蘭的紡織業，對英格蘭羊毛等原料課徵出口關稅，推升了外國同業的生產成本，讓英格蘭紡織業更具競爭力。直到一百年後的伊莉莎白一世，英格蘭紡織業厚植足夠產能吸納國內生產的原料時，便終止所有原毛料的出口。笛福曾爲文盛讚這種貿易戰略的高明，而冠以「都鐸計畫」稱號。詳見Erik S. Reinert著，楊虎濤、陳國濤等譯，《富國爲什麼富，窮國爲什麼窮》（北京：中國人民大學出版社，2010），頁59-61。
16. 「China」做爲帝國和一種商品，對十八世紀英國的文化衝擊，詳見Chi-Ming Yang, *Performing China: Virtue, Commerce, and Orientalism in Eighteenth-Century England, 1660-1760* (Baltimore: The Johns Hopkins University Press, 2011).
17. Robert Markley, *The Far East and the English Imagination, 1600-1730*, pp. 8-9.

教的批評，是基於耶穌會傳統排斥佛教的「補儒易佛」策略；但笛福在續集裡有一段情節，講述魯賓遜來到南京城附近的花園，目睹了一段中國人崇拜妖魔的驚人景象。在這段顯然是轉引自李明回憶錄的情節，中國人的愚昧無知更顯得不堪。李明著，郭強、龍雲、李偉譯，《中國近事報導，一六八七至一六九二》(鄭州：大象出版社，2004年)，頁264-266；Robert Markley, *The Far East and the English Imagination, 1600-1730* (Cambridge: Cambridge University Press, 2006), p. 193。

3. Jonathan D. Spence著，阮淑梅譯，《大汗之國：西方眼中的中國》(臺北：臺灣商務印書館，2001年)，頁87。
4. 這段小說情節，轉引自Frances Wood著，方永德、宋光麗、方思源譯，《中國的魅力：趨之若鶩的西方作家與收藏家》，頁64-66，文字稍有更動。
5. 英國銷售紀錄顯示以「南京」稱呼中國青花瓷，最早出現在1767年，這應該與瓷器的產地無關。有關「南京」一詞的討論，詳見Stacey Pierson著，趙亞靜譯，《中國陶瓷在英國(1560-1960)：藏家、藏品與博物館》(上海：上海書店出版社，2017年)，頁44。
6. Hugh Honour著，劉愛英、秦紅譯，《中國風：遺失在西方800年的中國元素》(北京：北京大學出版社，2017)，頁20-21。另外，有關紐霍芬出使中國時複雜的東亞國際背景，其間涉及荷蘭、葡萄牙、日本、清中國、臺灣鄭成功的政治經濟利益，以及延續重演了歐洲耶穌會與新教之間的矛盾和衝突，詳見Robert Markley, *The Far East and The English Imagination, 1600-1730*一書的第三章，pp. 104-129.
7. 劉禾，〈燃燒鏡底下的眞實：笛福、「眞瓷」與十八世紀以來的跨文化書寫〉，收錄在孟悅、羅鋼主編，《物質文化讀本》(北京：北京大學出版社，2008)，頁367。
8. 有關笛福的生平與著作，詳見郭建中，《郭建中講笛福》(北京：北京大學出版社，2013)。倫敦這場火災總共肆虐四天，燒毀房屋13200幢，教堂87所，同業公會大廳44所。倫敦大火後的重建，亟需數量龐大的建材，二十歲就開始經商的笛福，藉由倫敦重建的機會，大大發了一筆災難財。有關倫敦歷經火劫和災後重建的過程，詳見Asa Briggs著，陳叔平等譯，《英國社會史》(北京：商務印書館，2015年)，頁168；Peter Ackroyd著，翁海貞等譯，《倫敦傳》(南京：譯林出版社，2016年)，頁182-205。
9. 轉引自劉禾，〈燃燒鏡底下的眞實：笛福、「眞瓷」與十八世紀以來的跨文化書寫〉，孟悅、羅鋼主編，《物質文化讀本》，頁375。

園內看到英國馬車，但蒙托邦卻以爲是阿美士德（William Pitt Amherst）使節團所贈送的。何高濟、何毓寧譯，《馬戛爾尼使節團使華觀感》，頁177-178；Robert Swinhoe著，鄒文華譯，《1860年華北戰役紀要》（上海：中西書局，2011年）；Cousin de Montauban著，王大智、陳娟譯，《蒙托邦征戰中國回憶錄》（上海：中西書局，2011年），頁308。

44. 第一歷史檔案館編，《英使馬戛爾尼訪華檔案史料匯編》（北京：國際文化出版公司，1996年），頁120。
45. 清代中國早有反射性望遠鏡的記載，乾隆年間編纂的《皇朝禮器圖示》稱之爲「攝光千里鏡」。有關反射性望遠鏡的討論，見韓琦，〈禮物、儀器與皇帝：馬戛爾尼使團來華的科學使命及其失敗〉，《科學文化評論》，第2卷第5期（2005年），頁3-4。
46. 所謂七政，是指金星、木星、水星、火星、土星、地球、太陽七星，七政儀是以太陽爲中心，由此可見，乾隆時代中國已經接受了哥白尼「日心說」的理論。詳見王宏志，〈張大其詞以自炫其奇巧：翻譯與馬戛爾尼的禮物〉，政治大學「知識之禮：再探禮物文化學術論壇」，頁106。
47. 緣由見平野聰著、林琪禎譯，《大清帝國與中華的混迷：現代東亞如何處理內亞帝國的遺產》（臺北：八旗文化，2018），頁217-220。
48. Joanna Waley-Cohen, *The Sextants of Beijing: Global Currents in Chinese History* (New York: W. W. Norton & Company, 1999), p. 105；Alain Peyrefitte, *The Immobile Empire*, pp. 104-105, 132
49. Joanna Waley-Cohen, *The Sextants of Beijing: Global Currents in Chinese History*, p. 105.
50. William Alexander著，趙省偉、邱麗媛編譯，《西洋鏡：中國衣冠圖解集》（北京：北京理工大學出版社，2016年）；Matthew Craske著，彭筠譯，《歐洲藝術：1700-1830——城市經濟空前增長時代的視覺藝術史》（上海：上海人民出版社，2016年），頁124。
51. 根據馬士（Hosea Ballou Morse），《東印度公司對華貿易編年史 第一、二卷》（廣州：中山大學出版社，1991年），頁673的記載，英屬東印度公司自1801年起，即停止自中國進口瓷器。

第五章　瓷器的貿易流動與物質世界

1. Frances Wood著，方永德、宋光麗、方思源譯，《中國的魅力：趨之若鶩的西方作家與收藏家》（香港：三聯書店，2009年），頁67。
2. 李明在他的回憶錄裡提到南京城內佛教徒的偶像崇拜，但李明對中國佛

Edmund de Waal著，林繼谷譯，《白瓷之路》（臺北：活字出版，2016年），頁143-218；Jan Divis著，熊寥譯，《歐洲瓷器史》，頁31-49。

32. 從近代歐洲的科學史來看，其實現代所謂的「化學」是從煉金術這門古老且神祕的技藝發展出來的，而煉金術士、藥劑師可以說是近代初期歐洲的『科學家』。詳見Deborah E. Harkness著，張志敏、姚利芬譯，《珍寶宮：伊麗莎白時代的倫敦與科學革命》（上海：上海交通大學出版社，2017年）一書的科學民族誌分析。
33. Marcel Mauss著，余碧平譯，〈論禮物：古代社會裡交換的形式與根據〉，收錄在Marcel Mauss著，余碧平譯《社會學與人類學》（上海：上海譯文出版社，年2014年），頁171-312。
34. 詳見Yunxiang Yan, *The Flow of Gifts: Reciprocity and Social Networks in a Chinese Village* (Stanford: Stanford University Press, 1996), pp. 147-175.
35. John Barrow著，何高濟、何毓寧譯，《巴羅中國行紀》，收錄在何高濟、何毓寧譯《馬戛爾尼使團使華觀感》（北京：商務印書館，2013年），頁296。
36. John Barrow著，何高濟、何毓寧譯，《巴羅中國行紀》，收錄在何高濟、何毓寧譯《馬戛爾尼使團使華觀感》，頁296。
37. George L. Staunton著，葉篤義譯，《英使謁見乾隆紀實》（北京：群言出版社，2014年），頁371；馬戛爾尼著、劉半農譯，《乾隆英使覲見記》（天津：百花文藝出版社，2010年），頁71。
38. George L. Staunton著，葉篤義譯，《英使謁見乾隆紀實》，頁456-457。
39. 有關乾隆皇帝對宋瓷的愛好，詳見Robert Finlay著、鄭明萱譯，《青花瓷的故事》（臺北：貓頭鷹出版社，2011年），頁164-168。
40. Alain Peyrefitte, *The Immobile Empire* (New York: Vintage Books, 2013), p. 276.
41. 葛士濬，《皇朝經世文續編》，卷一〇一，頁1970。轉引自關詩珮，《譯者與學者：香港與大英帝國中文知識建構》（香港：牛津大學出版社，2017年），頁44。
42. 有關歐洲人遭遇包括中國在內之東方人的翻譯問題和歷史，可參考Jürgen Osterhammel著，劉興華譯，《亞洲的去魔化：18世紀的歐洲與亞洲帝國》（北京：社會科學文獻出版社，2016年），頁164-170。
43. 五十多年後，英法聯軍劫掠圓明園，英軍統帥額爾金勛爵的傳譯官、日後曾經到過臺灣考察自然生態的斯溫霍（Robert Swinhoe，或譯爲「郇和」），曾在園內見到這兩輛馬車完好無缺，還可以操作。法國對華遠征軍總司令蒙托邦（Cousin de Montauban），在他的回憶錄裡也提到在圓明有，主要原料是石英。在溫度的差別方面，兩者的分界在攝氏1350度，前者在攝氏1350至1460度間燒成，後者則是介於攝氏1100至1350度。Jan Divis著，熊寥譯，《歐洲瓷器史》（杭州：浙江美術學院出版社，1991年），頁131。

25. Jan Divis著，熊寥譯，《歐洲瓷器史》，頁8-9。刺桐城即泉州，根據學者考據，Tiunguy是指汀州或德化。沙海昂注，馮承鈞譯，《馬可波羅行紀》（北京：商務印書館，2012年），頁342；關於刺桐城的對外經濟活動，詳見Kee-long So著，李潤強譯，《刺桐夢華錄：：近世前期閩南的市場經濟（946-1368）》（杭州：浙江大學出版社，2012年）。
26. Hugh Honour著，劉愛英、秦紅譯，《中國風：遺失在西方800年的中國元素》，頁46。
27. 有關美第奇家族的歷史和弗朗切斯柯．美第奇的生平，詳見Christopher Hibbert著，馮琁譯，《美第奇家族的興衰》（北京：社會科學文獻出版社，2017年）。
28. Jan Divis著，熊寥譯，《歐洲瓷器史》，頁23；Hugh Honour著，劉愛英、秦紅譯，《中國風：遺失在西方800年的中國元素》，頁47。
29. 殷弘緒這兩封信分別寫於1712年9月1日、1722年1月25日，第一封信直到1716年才在巴黎的雜誌上發表。有關殷弘緒的生平，可參考Louis Pfister著，馮承鈞譯，《在華耶穌會士列傳及書目》（北京：中華書局，1995年），頁548-555。殷弘緒這兩封信後來收錄在法國耶穌會士杜赫德（Du Halde）主編的《耶穌會士中國書簡集》，連帶也讓《耶穌會士中國書簡集》洛陽紙貴。《耶穌會士中國書簡集》收錄了耶穌會傳教士寄回歐洲的書信，這類信件的內容主要多是介紹當地傳教事業進展的情況。不過，傳教士也會在信中談論當地的哲學宗教、政治外交、歷史地理、天文儀象、民風習俗、物產工藝、語言文字、輿地交通、科技醫學、倫理道德，使得《耶穌會士中國書簡集》成為當時歐洲人理解中國第一手的重要文本。Isabelle Landry-Deron著，許明龍譯，《請中國作證：杜赫德的中華帝國全志》（北京：商務印書館，2015年），頁38。殷弘緒關於中國瓷器製造工序這兩封信的中譯，詳見Jean-Baptiste Du Halde編，鄭德弟譯，《耶穌會士中國書簡集：中國回憶錄II》（鄭州：大象出版社，2001年），頁87-113、247-259。
30. S. A. M. Adshead著，姜智芹譯，《世界歷史中的中國》（上海：世紀出版集團，2009年），頁330。
31. 有關雀恩豪斯、奧古斯特二世、波特格生平與研發瓷器的過程，詳見

引天普的這一措辭，進一步用來做爲指稱中國差異性的核心概念。詳見Elizabeth Hope Chang, *Britain's Chinese Eye: Literature, Empire, and Aesthetics in Nineteenth-Century Britain* (Stanford: Stanford University Press, 2010), p. 28.

12. 轉引自J. J. Clarke, *Oriental Enlightenment: The Encounter Between Asian and Western Thought*, p. 52.
13. 轉引自Patricia Laurence, *Lily Briscoe's Eyes: Bloomsbury, Modernism and China* (Columbia: University of South Carolina Press, 2003), p. 320.
14. 詳見Michael Sullivan著，趙瀟譯，《東西方藝術的交會》(北京：世紀出版集團，2014年)，頁120-127。
15. David Porter, "Beyond the Bounds of Truth: Cultural Translation and William Chambers's Chinese Garden," in Eric Hayot, Haun Saussy, and Steven G. Yao, eds., *Sinographies: Writing China* (Minneapolis: University of Minnesota Press, 2008), pp. 140-158. David Porter, *The Chinese Taste in Eighteenth-Century England* (Cambridge: Cambridge University Press, 2010), p.48.
16. 有關考利工坊的透納與明頓，詳見Arthur Hayden, *Chats on English China* (London: T. Fisher Unwin, 1907), pp. 135-145, 182-189.
17. 關於英國青柳式瓷器，詳見Joseph J. Portanova, "Porcelain, the Willow Patterns, and Chinoiserie," http://www.nyu.edu/projects/mediamosaic/madeinchina/pdf/Portanova.pdf；Elizabeth Hope Change, Britain's *Chinese Eye: Literature, Empire, and Aesthetics in Nineteenth-Century Britain*, pp. 85-97.
18. 孔茜與張生的故事，詳見John Haddad著，何道寬譯，《中國傳奇：美國人眼裡的中國》(廣州：花城出版社，2015年)。
19. Patricia Laurence, *Lily Briscoe's Eyes: Bloomsbury, Modernism and China*, p. 301.
20. 轉引自John Haddad著，何道寬譯，《中國傳奇：美國人眼裡的中國》(廣州：花城出版社，2015年)，頁47-48。
21. Marshall Sahlins, "Cosmologies of Capitalism: The Trans-Pacific Sector of the 'World-System'," *Proceedings of the British Academy* 74 (1988), pp. 1-51.
22. Igor Kopytoff著，杜寧譯，〈物的文化傳記：商品化過程〉，羅鋼、王中忱主編，《消費文化讀本》(北京：中國社會科學出版社，2003年)，頁397-427。
23. 「製造」(Manufacture) 的概念與指涉，詳見Lionel M. Jensen, *Manufacturing Confucianism: Chinese Traditions and Universal Civilization*, pp. 22-28.
24. 歐洲瓷器主要分爲「硬質瓷」與「軟質瓷」兩種形式：前者配方主要含有高嶺、長石、硅石，且高嶺的比例高。後者高嶺含量非常少，甚至沒

Universal Civilization (Durham and London: Duke University Press, 1997)；Zhang Longxi, *Mighty Opposites: From Dichotomies to Differences in the Comparative Study of China* (Stanford: Stanford University Press, 1998).

3. 詳見Benjamin A. Elman, *On Their Own Terms: Science in China, 1500-1900* (Cambridge: Harvard University Press, 2005).
4. Lydia H. Liu, ed., *Tokens of Exchange: The Problem of Translation in Global Circulations* (Durham and London: Duke University Press, 1997).
5. J. J. Clarke, *Oriental Enlightenment: The Encounter Between Asian and Western Thought* (London: Routledge, 1997), pp. 50-53.
6. Christopher M. S. Johns, *China and the Church: Chinoiserie in Global Context* (Oakland: University of California Press, 2016), pp. 83-87, 114-116.
7. 王致誠，法國人，清廷宮廷畫家，傳世作品有〈十駿圖〉、〈阿爾楚爾之戰〉（乾隆平定西域戰圖之一）。
8. Christopher M. S. Johns, *China and the Church: Chinoiseri in Global Context*, 118-121；Hugh Honour著，劉愛英、秦紅譯，《中國風：遺失在西方800年的中國元素》（北京：北京大學出版社，2017年），頁119-121。十八世紀法國的中國熱，並非是法國人對中國與中國文化浪漫想像與盲目崇拜的歷史唯一。二百年後，法國又出現了對中國的烏托邦嚮往，在1960年代末的毛主義（Maoism）熱潮，以及對中國文化大革命運動的吹捧，沙特（Jean-Paul Sartre）、西蒙．波娃（Simone de Beauvoir）、羅蘭．巴特（Roland Barthes）等思想家與《泰凱爾》（*Tel Quel*）知識分子相繼前往中國朝聖，尋找中國夢，至今仍讓中國在評價毛澤東與文革的歷史功過時頗爲尷尬。Richard Wolin, *The Wind from the East: French Intellectuals, the Cultural Revolution, and the Legacy of the 1960s* (New Jersey: Princeton University Press, 2010).
9. 魁奈是十八世紀法國重農學派的代表人物之一，該學派讚揚中國的經濟，主張奉中國經濟爲楷模。魁奈深受儒家思想的影響，被門徒譽爲「歐洲的孔夫子」，著有《論中國的專制主義》。有關魁奈與重農學派的思想，詳見Etiemble著，耿昇譯，《中國文化西傳歐洲史（下冊）》（北京：商務印書館，2013年），頁840-853。
10. 有關錢伯斯的生平事蹟與《東方造園論》的理論體系，詳見Sir William Chambers著，邱博舜譯注，《東方造園論》（臺北：聯經出版社，2012年）。
11. 「sharawadgi」，即「巧妙的雜亂無章」（artful disorder），是錢伯斯的前輩天普（William Temple）用來表達中國林園設計的美學體現，後來學者援行首演，總共演了62場，像是一場風暴席捲了倫敦，是英國民謠歌劇的典範。

53. 馬戛爾尼著，劉半農譯，《乾隆英使覲見記》，頁64；George L. Staunton著，葉篤義譯，《英使謁見乾隆紀實》，頁352；John Barrow著，何高濟、何毓寧譯，《巴羅中國行紀》，收錄在何高濟、何毓寧譯《馬戛爾尼使團使華觀感》（北京：商務印書館，2013年），頁352-353。
54. 1751年，乾隆十六年，乾隆皇帝下令各地督撫爲當地少數民族，以及往來國家的人民畫像，繪製成《皇清職貢圖》，其目的詳見Emma Jinhua Teng, *Taiwan's Imagined Geography: Chinese Colonial Travel Writing and Pictures, 1683-1895* (Cambridge: Harvard University Press, 2004), pp. 149-151.
55. 值得注意的是，文中提到「夷人」。清朝官方文書在使用「夷」這個字時，往往指涉「外地」或「外部」，卽滿文的「tulergi」，並沒有傳統漢文化自我中心優越感的貶抑意思。試想，關外的滿人，卽漢人傳統眼中的夷人，如果接受漢人的那種貶抑解釋，不啻是自我矮化、自我汙衊。與中國通商往來的英屬東印度公司，其實也瞭解清廷使用「夷」字所表達的涵義。例如，曾爲英屬東印度公司擔任商務翻譯的傳教士馬禮遜（Robert Morrison），在他編纂最早的《華英字典》（*Dictionary of the Chinese Language*）中，把「夷人」翻譯爲「foreigner」（外國人）。所以，英屬東印度公司把清廷文書所稱的「夷商」，英譯爲「foreign merchant」（外國商人）。可見，當時英屬東印度公司其實是明白清廷文書所使用的「夷」字，並無貶抑洋人的意思。然而，自從1832年，另一位普魯士傳教士郭實臘（Karl Gutzlaff，或譯郭士立）把夷字翻譯成英文的「barbarian」（野蠻人）之後，原本使用上相安無事的「夷」字，就成爲清廷對外關係的麻煩焦點，往往成爲西方國家攻擊清廷歧視洋人的口實。有關滿清對外關係史上「夷」字的翻譯政治，詳見Lydia H. Liu, *The Clash of Empires: The Invention of China in Modern World Making* (Cambridge: Harvard University Press, 2004), pp. 31-51.

第四章　歐洲的時尚中國風

1. 意指1700年前後盛行於法國的一種藝術與建築風格，強調未經雕琢之自然事物喚起的歡愉感受，推崇不規則、非對稱的裝飾美學。詳見Peter Hanns Reill、Ellen Judy Wilson著，劉北成、王皖強譯，《啓蒙運動百科全書》（上海：上海人民出版社，2004年），頁69-73。
2. 詳見Longxi Zhang, *Manufacturing Confucianism: Chinese Traditions and*

40. 轉引自Michael Sullivan著，趙瀟譯，《東西方藝術的交會》（北京：世紀出版集團，2014年），頁55。
41. 利瑪竇，〈西琴曲意〉，收錄在朱維錚主編，《利瑪竇中文著譯集》（上海：復旦大學出版社，2001年）。
42. George H. Dunne著，余三樂、石蓉譯，《從利瑪竇到湯若望：晚明的耶穌會傳教士》（上海：上海古籍出版社，2003年），頁314。
43. Alexandre Koyre著，張卜天譯，《牛頓研究》（北京：商務印書館，年2016年），頁27。
44. Alexandre Koyre著，張卜天譯，《從封閉世界到無限宇宙》（北京：商務印書館，年2016年），頁263。
45. Steven Shapin著，許宏彬、林巧玲譯，《科學革命：一段不存在的歷史》（臺北: 左岸文化，2013年），頁178。
46. Benjamin A. Elman, *A Cultural History of Modern Science in China* (Cambridge: Harvard University Press, 2006), pp. 65-72.
47. R. P. Henri Bernard著，管鎮湖譯，《利瑪竇神父傳（上、下）》（北京：商務印書館，1998年），頁336。
48. 利瑪竇、金尼閣著，何高濟、王遵仲、李申譯，《利瑪竇中國札記》，頁284。
49. 諷刺的是，由於利瑪竇引進自鳴鐘，後來被上海鐘錶匠奉爲職業之神，反倒成爲他們「崇拜的偶像」。Louis Pfister，著，馮承鈞譯，《入華耶穌會列傳》（北京：商務印書館，1938年重版），頁30。
50. Daniel J. Boorstin著，呂鳳英等譯，《發現者——人類探索世界和自我的歷史（上）》（上海：上海譯文出版社，2014年），頁72。
51. Benjamin A. Elman, *On Their Own Terms: Science in China*, 1550-1900, pp. 206-208. 例如，《紅樓夢》第六回，劉姥姥進榮國府去見王熙鳳，「忽見堂屋上掛著一個匣子，底下又垂一個秤鉈似的，卻不住的亂晃。」劉姥姥還被「金鐘銅磬一般」的聲音嚇了一跳。從這段描述可以瞭解，榮國府內已經有西洋掛鐘，鄉下來的劉姥姥根本不識富貴人家的洋玩意。另外，第十四回，王熙鳳協助寧國府操辦秦可卿喪事，在調派人手分配工作時，王熙鳳說道：「素日跟我的人，隨身俱有鐘錶，不論大小事，都有一定時刻。橫豎你們上房也有時辰鐘。」可見幹練的王熙鳳，管理方式非常強調守時，而且是透過鐘錶來進行時間管理。第五十八回，從襲人與晴雯的對話中可以瞭解，賈寶玉房內有鐘，也有錶。
52. 1728年，《乞丐歌劇》在倫敦林肯律師學院（Lincoln's Inn）廣場劇院舉

李春園譯，《利瑪竇：紫禁城裡的耶穌會士》（上海：上海古籍出版上，2012年）。

33. 但這並不表示耶穌會傳教士像傳統的理解一般，只對皈依菁英階層感興趣，誠如柏理安（Liam Matthew Brockey）所說，耶穌會傳教士「其實是希望從中國各個社會階層吸收新的教徒的」，但他們「並未簡單地認爲如果菁英被轉化了，平民也會被轉化」，他們「至多也只是希望，天主教會在中國的發展會由於中國文人和官員的轉化而得到益處。」Liam Matthew Brockey著，毛瑞方譯，《東方之旅：1579-1724耶穌會傳教團在中國》（南京：江蘇人民出版社，2017年），頁47-48。

34. 有關利瑪竇的傳教策略，詳見Jacques Gernet著，耿昇譯，《中國與基督教：中西文化的首次撞擊》（北京：商務印書館，2013年）。

35. 有關利瑪竇的貢品品項，見Jonathan D. Spence著，章可譯，《利瑪竇的記憶宮殿》（桂林：廣西師範大學出版社，2015年），頁257-258。利瑪竇爲何會透過馬堂的中介，所攜帶的部分貢品禮物又是如何被馬堂中飽私囊，另可參見上田信著，高瑩瑩譯，《海與帝國：明清時代》（桂林：廣西師範大學出版社，2014年），頁263-266。

36. 近代歐洲，機械鐘被認爲是上帝維持宇宙運行的象徵，掌握鐘錶的構造即能更好理解上帝對世界的設計，所以利瑪竇接受教育的羅馬學院（Collegio Romano），就開設有關機械鐘原理的課程。利瑪竇是在羅馬學院師從著名數學家克列烏斯（Christoph Clavius）學習機械鐘原理。Benjamin A. Elman, *On Their Own Terms: Science in China, 1550-1900* (Cambridge: Harvard University Press, 2005), p. 103. 利瑪竇奉召入宮的曲折過程，見利瑪竇、金尼閣著，何高濟、王遵仲、李申譯，《利瑪竇中國札記》（桂林：廣西師範大學出版社，2001年），頁280-281。

37. 政治思想家Quentin Skinner在其討論霍布斯與共和主義之自由精神的著作中提到，十六、十七世紀歐洲人文主義文化非常迷戀配圖文字之視覺意象的渲染作用，這主要是受到昆體良（Quintilian）觀念的影響：「打動或說服受眾的最佳方法，就是向他們提供能夠永誌不忘的意象或圖畫。」Quentin Skinner, *Hobbes and Republican Liberty* (Cambridge: Cambridge University Press, 2008), p. 7.

38. Chun-fang Yu著，陳懷宇等譯，《觀音：菩薩中國化的演變》（北京：商務印書館，2012年），頁138。

39. 張敢，〈故鄉〉，收入於上海博物館編，《利瑪竇行旅中國記》（北京：北京大學出版社，2010年），頁91。

21. Laura J. Snyder著，熊亭玉譯，《哲學早餐俱樂部：四個傑出科學家如何改變世界》（北京：電子工業出版社，2017年），頁30。
22. 有關「來復來柯督爾」、「赫汁爾」的譯名，見韓琦，〈禮物、儀器與皇帝：馬戛爾尼使團來華的科學使命及其失敗〉，《科學文化評論》，第2卷5期（2005年），頁3。
23. James L. Hevia, *Cherishing Men From Afar: Qing Guest Ritual and the Macartney Embassy of 1793*, p. 103.
24. 使節團的禮物清單把這件天文儀器錯誤翻譯成「坐鐘」，這件儀器的正式名稱叫「Orrey」，由英國人William Fraser製作。其實，乾隆朝初期，清廷至少就藏有兩架「Orrey」，記載於允祿奉旨編纂的《皇朝禮器圖式》，當時所採用的正式名稱是「渾天合七政儀」和「七政儀」。所謂七政，是指金星、木星、水星、火星、地球、太陽七星，七政儀是以太陽爲中心，由此可見，乾隆時代已經接受了哥白尼的「日心說」。見王宏志，〈張大其詞以自炫其奇巧：翻譯與馬戛爾尼的禮物〉，頁106。另外，值得一提的，使節團的禮物清單上說道：「原匠亦跟隨貢差進京以便安裝」，William Fraser本人有可能隨使節團到了中國。故宮博物院掌故部编，《掌故叢編》，頁666。
25. 使節團陳列在圓明園內的禮物與擺設位置，詳見馬戛爾尼著，劉半農譯，《乾隆英使覲見記》，頁64；Young-tsu Wong著，鍾志恆譯，《追尋失落的圓明園》，頁118。
26. Alain Peyrefitte, *The Immobile Empire*, p. 139.
27. Steven Shapin and Simon Schaffer著，蔡佩君譯，《利維坦與空氣棒泵浦：霍布斯、波以耳與實驗生活》（臺北：行人出版社，2006年），頁。另外，還可參考Mark B. Brown著，李正鳳等譯，《民主政治中的科學：專業知識、制度與代表》（上海；上海交通大學出版社，2015年），頁74-82。
28. 轉引自李大光，《科學傳播史》（北京：中國科學技術出版社，2016年），頁70。
29. 轉引自Alan Macfarlane主講，清華大學國學研究院主編，《現代世界的誕生》（上海：世紀出版集團，2013年），頁265。
30. James L. Hevia, *Cherishing Men From Afar: Qing Guest Ritual and the Macartney Embassy of 1793*, p. 62
31. William T. Rowe, *China's Last Empire: The Great Qing* (Cambridge: Harvard University Press, 2009), p. 147.
32. 有關利瑪竇的生平與在華的傳教歷程可參考R. Po-Chia Hsia著，向紅艷、

2018年）；陳國棟，《東亞海域一千年》（臺北：遠流出版社，2013年），頁242-270。

10. James L. Hevia, *Cherishing Men From Afar: Qing Guest Ritual and the Macartney Embassy of 1793* (Duke University Press, 1995), p. 64.
11. David E. Mungello, *The Great Encounter of Chinese and the West, 1500-1800* (London: Rowman & Littlefield Publishers, Inc., 1999), pp. 94-95.
12. David E. Mungello, *The Great Encounter of Chinese and the West, 1500-1800*, p. 95.
13. Jurgen Osterhammel著，劉興華譯，《亞洲的去魔化：18世紀的歐洲與亞洲帝國》（北京：社會科學文獻出版社，2016年），頁154。
14. 那不勒斯公學，是由康熙年間曾在華宣教的傳教士馬國賢於1732年所創立的。有關馬國賢在華傳教的經歷與創設學院的過程，見李天綱譯，《清廷十三年：馬國賢在華回憶錄》（上海：上海古籍出版社，2004年）。關於柯孝宗與李自標的記載，見Giuliano Bertuccioli、Federico Masini著，蕭曉玲、白玉崑譯，《義大利與中國》（北京：商務印書館，2002年），頁176-178。
15. 故宮博物院掌故部编，《掌故叢編》，頁652。
16. 馬戛爾尼著，劉半農譯，《乾隆英使覲見記》（天津：百花文藝出版社，2010年），頁65。
17. 故宮博物院掌故部编，《掌故叢編》，頁653-654。
18. 後來在相關的文書檔案裡，一直以「天文地理音樂表」、「天文地理音樂大表」、「天文地理表」、「天文地理大表」譯名取代「布蠟尼大利翁」。但乾隆本人似乎很仔細批閱這份禮物清單，他在同年稍後為其詩作〈紅毛英吉利國王差使臣馬戛爾尼奉表貢至〉所寫的按語裡，還是使用「布蠟尼大利翁」這個古怪的譯名：「……該國通曉天文者多年推想所成測量天文地理圖形象之器，其至大者名布蠟尼大利翁一座，效法天地轉運測量日月星辰度數……」。
19. 有關「布蠟尼大利翁」大架這件禮物的譯名、製作的過程，見Alain Peyrefitte, *The Immobile Empire* (New York: Vintage Books, 1992), p. 575. 王宏志，〈張大其詞以自炫其奇巧：翻譯與馬戛爾尼的禮物〉，政治大學「知識之禮再探禮物文化學術論壇」，頁101；James L. Hevia, *Cherishing Men From Afar: Qing Guest Ritual and the Macartney Embassy of 1793*, p. 79.
20. Peter J. Kitson, *Forging Romantic China: Sino-British Cultural Exchange, 1760-1840* (Cambridge: Cambridge University Press, 2013), p. 149.

年），頁203-204。

37. Steven Shapin、Simon Schaffer著，蔡佩君譯，《利維坦與空氣泵浦：霍布斯、波以耳與實驗生活》（臺北：行人出版社，2006年）。
38. Stacey Pierson著，趙亞靜譯，《中國陶瓷在英國（1560-1960）：藏家、藏品與博物館》（上海：上海書店出版社，2017年），頁28。
39. Maxine Berg, *Luxury & Pleasure in Eighteenth-Century Britain* (Oxford: Oxford University Press, 2005), pp. 143-144.

第三章　送給中國皇帝的禮物

1. 有關博爾頓生平與英國的工業發展，詳見Peter M. Jones著、李斌譯，《工業啓蒙：1760-1820年伯明翰和西米德蘭茲郡的科學、技術與文化》（上海：上海交通大學出版社，2017）
2. Maxine Berg, "Britain, Industry and Perceptions of China: Matthew Boulton, 'useful knowledge' and the Macartney Embassy to China 1792-94," *Journal of Global History* 1:2 (July 2006), p. 280.
3. 詳見《馬戛爾尼勛爵私人日誌》，收錄在何高濟、何毓寧譯，《馬戛爾尼使節團使華觀感》（北京：商務印書館，2013年），頁60。
4. George L. Staunton著、葉篤義譯，《英使謁見乾隆紀實》（北京：群言出版社，2014年），頁25。
5. 故宮博物院掌故部编，《掌故叢編》（北京：中華書局，1990年），頁657。
6. Frederic Wakeman, Jr.，〈廣州貿易與鴉片戰爭〉，收錄在費正淸、劉廣京編，《劍橋中國晚淸史：1800－1911年（上卷）》（北京：中國社會科學出版社，1985年），頁166。
7. 英屬東印度公司的商業運作，詳見Emily Erikson, *Between Monopoly and Free Trade: The English East India Company, 1600-1757* (New Jersey: Princeton University Press, 2014).
8. 進口自中國的茶葉，對十八世紀英國經濟的重要影響，見George L. Staunton著、葉篤義譯，《英使謁見乾隆紀實》，頁11-13。
9. 馬戛爾尼使節團出使中國的動機和目的，見Joanna Waley-Cohen, *The Sextants of Beijing: Global Currents in Chinese History* (New York: W. W. Norton & Company, 1999), pp. 102-103. 另外，廣州制度一口通商與清代中國對外貿易的歷史，詳見Paul A. Van Dyke著，江瀅河、黃超譯，《廣州貿易：中國沿海的生活與事業（1700-1845）》（北京：社會科學文獻出版社，

2002)；Peter M. Jones, *Industrial Enlightenment: Science, Technology and Culture in Birmingham and the West Midlands 1760-1820* (Manchester: Manchester University Press, 2008), pp. 82-94. Robert E. Schofield, *The Lunar Society of Birmingham: A Social History of Provincial Science and Industry in Eighteenth-Century England* (Oxford: Oxford University Press, 1963).

30. Jenny Uglow, *The Lunar Men: Five Friends Whose Curiosity Changed the World*, pp. 185-188.

31. 有關盧梭在《愛彌兒》的分析，詳Anna Stilz著，童稚超、顧純譯，《自由的忠誠》(北京：中央編譯出版社，2017年)，頁153-185。

32. 例如，約書亞．璋緻活同情美國革命，博爾頓則支持英國政府。Robert E. Schofield, *The Lunar Society of Birmingham: A Social History of Provincial Science and Industry in Eighteenth-Century England*, pp. 135-139.

33. 經濟史家Deirdre N. McCloskey藉由Christine MacLeod對英國科技史的研究提醒我們，在英國，像瓦特這類的發明家，直到十九世紀初才跳脫工匠的身分獲得崇高的社會地位。1824年英國人在西敏寺（Westminster Abbey）爲瓦特豎立紀念碑（後來遷移至聖保羅大教堂）是這種轉變的象徵。碑文上提到：「不是爲了讓一個名字永恆，此人的名字必定與和平技藝的繁榮一樣永存；而是爲了表明，人類學會了尊重那些最值得感激的人……」詳見Deirdre N. McCloskey著，沈路等譯，《企業家的尊嚴：爲什麼經濟學無法解釋現代世界》(北京：中國社會科學出版社，2018年)，頁19-20。

34. Max Weber著，閻克文譯，《新教倫理與資本主義精神》(北京：上海世紀出版股份有限公司，2010年)；R. H. Tawney著，趙月瑟、夏鎮平譯，《宗教與資本主義的興起》(上海：上海譯文出版社，2013年)。David S. Landes、Joel Mokyr編，姜井勇譯，《歷史上的企業家精神：從美索不達迷亞到現代》(北京：中信出版集團，2016年)，頁129-187。

35. Robert K. Merton著，范岱年等譯，《十七世紀英格蘭的科學、技術與社會》(北京：商務印書館，2007年)。

36. 賴特畫的是一隻美冠鸚鵡，庫克船長的海上冒險已經讓英國人認識到這種熱帶鳥類。英國人的實驗大多使用本地品種的鳥類，如雲雀或麻雀，不可能選擇這類罕見且珍貴的美冠鸚鵡。賴特的用意，或許是想要透過畫一隻珍稀的熱帶鳥類，表達征服自然與征服海外殖民地之間的類比，並使這種類比視覺化，而更富有刺激性的戲劇效果。詳見Nicholas Mirzoeff著，徐達艷譯，《如何觀看世界》(上海：上海文藝出版社，2017

17. Luc Ferry著，曾明譯，《神話的智慧》(上海：華東師範大學出版社，2017年)，頁8。有關特洛伊戰爭的起源與過程，詳見本書頁1-8。
18. Laurence Machet, "The Portland Vase and the Wedgwood copies: the story of a scientific and aesthetic challenge," *Miranda*, Issue 7 (2012), https://miranda.revues.org/4406.
19. Robert C. Allen著，毛立坤譯，《近代英國工業革命揭密：放眼全球的深度透視》(杭州：浙江大學出版社，2012年)，頁218-220。
20. Brian Dolan, *Wedgwood: The First Tycoon* (New York: Viking, 2004), pp. 296-298.
21. Nikolaus Pevsner著，陳平譯，《美術學院的歷史》，頁142，註4。
22. Donald Preziosi主編，易英等譯，《藝術史的藝術：批評讀本》(上海：上海人民出版社，2016年)，頁25-34。十八世紀末、十九世紀初，歐洲人對藝術家角色定位的轉變過程，參考Frank M. Turner, *European Intellectual History: From Rousseau to Nietzsche* (New Haven: Yale University Press, 2016)，pp. 136-154.
23. Robert Pogue Harrison著，梁永安譯，《我們爲何膜拜青春：年齡的文化史》(北京：三聯書店，2018年)，頁146。
24. Matthew Craske著，彭筠譯，《歐洲藝術：1700-1830——城市經濟空前增長時代的視覺藝術史》，頁36；Adam Smith著，石小竹、孫明麗譯，《亞當·斯密哲學文集》(北京：商務印書館，2016年)，頁188、190。
25. 漢彌爾頓爵士將駐那不勒斯期間大量蒐集的古希臘羅馬文物，贈送給大英博物館，日後成爲該館希臘羅馬部門的基礎，爲草創時期的大英博物館館藏奠定做出重大貢獻。有關漢彌爾頓爵士與大英博物館的淵源，詳見出口保夫著，呂理州譯，《大英博物館的故事》(臺北：麥田出版，2009年)。
26. Barbara and Hensleigh Wedgwood, *The Wedgwood Circle, 1730-1897: Four Generations of a Family and Their Friends* (New Jersey: Eastview Editions, Inc., 1980).
27. Margaret C. Jacob and Larry Stewart, *Practical Matter: Newton's Science in the Service of Industry and Empire, 1687–1851* (Mass: Harvard University Press, 2004) , p.59.
28. Ileana Baird, ed., *Social Networks in the Long Eighteenth Century: Clubs, Literary Salons, Textual Coteries* (Newcastle: Cambridge Scholars Publishing, 2014).
29. 有關月光社的成員及其生平，可參考Jenny Uglow, *The Lunar Men: Five Friends Whose Curiosity Changed the World* (New York: Farrar, Straus and Giroux,

泓墓石槨浮雕畫寓意對比〉。

4. Nikolaus Pevsner著，陳平譯，《美術學院的歷史》（北京：商務印書館，2016年），頁141-142。爲求政治的獨立，英國倫敦皇家美術學院一直維持經濟上的自主，是屬於私人性質的學校，活動並沒有受到宮廷與貴族階級的干預。
5. Jean Starobinski著，張亘、夏燕譯，《自由的創造與理性的象徵》（上海：華東師範大學出版社，2015年），頁329。
6. Umberto Eco著，彭淮棟譯，《美的歷史》（臺北：聯經出版社，2006年），頁37-97。
7. Jan Divis著，熊寥譯，《歐洲瓷器史》（杭州：浙江美術學院出版社，1991年），頁131。
8. Edmund de Waal著，林繼谷譯，《白瓷之路》（臺北：活字出版，2015年）。
9. 在西方的文獻中，因拼音的緣故，「Chit-qua」又作「Chit Qua」、「Chetqua」、「Chet-qua」、「Che Qua」，但由於史料闕如，其中文名字無法確證。甚至，「qua」並非名字，有可能是「官」，乃中國南方沿海地區對人使用的一種敬稱，如十八世紀廣州知名行商、怡和行的「伍浩官」，他的本名叫「伍秉鑒」。
10. 有關Tan Chit-qua的生平及他在倫敦的活動歷程，詳見David Clarke, *Chinese Art and Its Encounter with the World* (Hong Kong: Hong Kong University Press, 2011), pp. 15-84.
11. Jonathan D. Spence著，朱慶葆等譯，《太平天國》（桂林：廣西師範大學出版社，2011年），頁19-21。
12. 程美寶，〈Whang Tong的故事——在域外撿拾普通人的歷史〉，《史林》，2003年第2期，頁106-110；David Clarke, *Chinese Art and Its Encounter with the World*, p. 30.
13. 有關波特蘭瓶這件古羅馬文物的歷史，以及約書亞．瑋緻活的複製過程，詳見Robin Reilly, *Wedgwood Jasper* (Singapore: Thames and Hudson, 1989).
14. Bernard Ashmole, "A New Interpretation of the Portland Vase," *The Journal of Hellenic Studies* 87 (November 1967), pp. 1-17.
15. Bernard Ashmole, "A New Interpretation of the Portland Vase," *The Journal of Hellenic Studies* 87, p. 9.
16. E. Doyle McCarthy, *Knowledge as Culture: The New Sociology of Knowledge* (London: Routledge, 1996), pp. 55-60.

43. Linda Colley著，周玉鵬、劉耀輝譯，《英國人：國家的形成，1707-1837年》（北京：商務印書館，2017年），頁258。
44. 凱薩琳大帝統治三十四年間，共有二十一位情夫，若再加上在位之前的二位，總計有二十三人。土肥恆之著，林琪禎譯，《搖擺於歐亞間的沙皇們：俄羅斯．羅曼諾夫王朝的大地》（臺北：八旗文化，2016年），頁178。
45. 凱薩琳大帝給伏爾泰的信，參見Michael Raeburn, "The Frog Service and Its Source," in Hilary Young, ed., *The Genius of Wedgwood* (London: Victoria and Albert Museum, 1995), pp. 139-140. 有關凱薩琳大帝與伏爾泰的交往互動，詳見Robert K. Massie著，徐海幈譯，《葉卡捷琳娜大帝：通往權力之路》（北京：時代出版傳媒股份有限公司，2014年）。
46. Arthur O. Lovejoy著，張傳有、高秉江譯，《存在巨鏈》（北京：商務印書館，2015年），頁21；以及Arthur O. Lovejoy, "The Chinese Origin of Romanticism" 這篇收錄在*Essays in History of Ideas* (New York: George Braziller, 1955)的文章，從中西交流的情境，以英國的園林審美情趣爲例，解析了浪漫主義對中國文化涵化的軌跡。
47. Nancy F. Koehn, *Brand New: How Entrepreneurs Earned Consumers' Trust from Wedgwood to Dell* (Boston: Harvard Business School Publishing Corporation, 2001), p. 11.
48. Michael Raeburn, "The Frog Service and Its Source," p. 148.

第二章　波特蘭瓶

1. 1796年，約書亞．瑋緻活的長女Susannah嫁給科學家、也是約書亞的好友伊拉斯謨斯．達爾文的兒子Robert。Susannah和Robert的兒子、即約書亞的孫子查爾斯．達爾文（Charles Darwin）於1809年出生。查爾斯．達爾文三十歲時，與約書亞．瑋緻活的孫女、自己的表妹Emma Wedgwood結婚。瑋緻活家族的龐大財富支持查爾斯．達爾文登上「小獵犬號」（Beagle）進行著名的海外航行，成就他日後創作《物種的起源》（*The Origin of Species*）重要的部分研究。
2. Nancy F. Koehn, *Brand New: How Entrepreneurs Earned Consumers' Trust from Wedgwood to Dell* (Massachusetts: Harvard Business School Press, 2001), p. 28.
3. D. H. Lawrence著，何悅敏譯，《伊特魯利亞人的靈魂》（上海：上海人民出版社，2016年），有關伊特魯里亞人的歷史和文明，可參考本書譯者的後記〈迷人的伊特魯利亞人及其文化藝術〉、〈伊特魯利亞墓壁畫與盧

30. William Davies, *The Happiness Industry: How the Government and Big Business Sold Us Well-Being* (London: Verso, 2015)；有關宗教信仰與英國科學、工業發展的關聯性，可參考知識社會學經典 Robert K. Merton 著，范岱年等譯，《十七世紀英格蘭的科學、技術與社會》（北京：商務印書館，2007年）。
31. Jean-Jacques Rousseau 著，李平漚譯，《愛彌兒（上）（下）》（北京：商務印書館，2016年），頁270、420。
32. Peter Gay 著，劉北成譯，《啓蒙運動（上）：現代異教精神的興起》（上海：上海人民出版社，2015年），頁180。
33. 有關休謨協助盧梭流亡英國的細節，詳見 David Edmonds、John Eidinow 著，周保巍、楊杰譯，《盧梭與休謨：他們的時代恩怨》（上海：上海人民出版社，2013年）。
34. Randal Keynes 著，洪佼宜譯，《達爾文，他的女兒與進化論》（臺北：貓頭鷹出版社，2009年），頁123-125。
35. Ian Buruma 著，劉雪嵐、蕭萍譯，《伏爾泰的椰子：歐洲的英國文化熱》（北京：三聯書店，2014年），頁30-75。
36. Daniel Roche 著，楊亞平、趙靜利、尹偉譯，《啓蒙運動中的法國》（上海：華東師範大學出版社，2011年），頁135-136。
37. Jean-Jacques Rousseau 著，何兆武譯，《社會契約論》（北京：商務印書館，2017年），頁121。
38. Jean-Jacques Rousseau 著，李平漚譯，《愛彌兒（上）》（北京：商務印書館，2016年），頁293。
39. Jean-Jacques Rousseau 著，李平漚譯，《論科學與藝術的復興是否有助於使風俗日趨純樸》（北京：商務印書館，2016年）；James Swenson, *On Jean-Jacques Rousseau: Considered as One of the First Authors of the Revolution* (Stanford: Stanford University Press, 2000), pp. 64-75.
40. Roy Porter 著，殷宏譯，《啓蒙運動》（北京：北京大學出版社，2018年），頁76-77。
41. 有關盧梭的性格特質與思想，參考 Frank M. Turner, *European Intellectual History: From Rousseau to Nietzsche* (New Haven: Yale University Press, 2014), pp. 1-20.
42. 有關英王喬治三世人格特質、癖好和兩極評價的變化，詳見 Andrew Jackson O'Shaughnessy 著，林達豐譯，《誰丟了美國：英國統治者、美國革命與帝國的命運》（北京：北京大學出版社，2016年），頁2-27。

22. Paul Mantoux 著，楊人楩等譯，《十八世紀產業革命：英國近代大工業初期的概況》，頁99。
23. Eric Hobsbawm 著，梅俊杰譯，《工業與帝國：英國的現代化歷程》（北京：中央編譯出版社，2016年），頁18。
24. 英國人似乎很擅長針對各類議題撰寫出版小冊子表達意見，Richard S. Dunn 在描述英國十七世紀內戰時提到，「在整個十七世紀四〇年代，前所未有的小冊子洪流達到平均每年一千五百冊的程度，通過多種方式表達了對實現英格蘭政治、宗教或社會重生的狂熱追求。」Richard S. Dunn 著，康睿超譯，《宗教戰爭的年代：1559-1715》（北京：中信出版集團，2017年），頁255。
25. 1759年，布林德利為布里奇沃特公爵規劃開鑿沃爾斯利（Worsley）運河，這是英國的第一條運河。開鑿運河的目的，是要把沃爾斯利的煤礦和新興工業城市曼徹斯特連結起來，以降低煤的運輸成本。正如法國經濟史家芒圖的分析，英國十八世紀的內河航運史，與煤業的發展史緊密相依。Paul Mantoux 著，楊人楩等譯，《十八世紀產業革命：英國近代大工業初期的概況》，頁105-106。而像布里奇沃特公爵這樣的貴族地主，之所以願意支持運河的開鑿，主要原因是工業利益不僅不違背，甚至是符合貴族的利益。例如，貴族領地下可能剛好蘊藏豐富的煤礦，與歐洲大陸不同的是，開採煤礦的「開採費」是歸地主而不是國王所有。英國貴族地主支持開鑿運河等交通建設，更期待的是礦藏和工業產品能夠更方便、更廉價的運輸。Eric Hobsbawm 著，梅俊杰譯，《工業與帝國：英國的現代化歷程》，頁18。
26. 以十八世紀煤產地新堡（Newcastle）為例，當地生產的煤炭價格是倫敦市場的八分之一，根據經濟學家Robert C. Allen的解釋，這就意味著運費對於銷往遠方市場的煤炭而言，將在其最終售價中占有極大的比例。Robert C. Allen 著，毛利坤譯，《近代英國工業革命揭密：放眼全球的深度透視》（北京：浙江大學出版社，2012年），頁124。
27. Peter M. Jones 著，李斌譯，《工業啓蒙：1760-1820年伯明翰和西米德蘭茲郡的科學、技術與文化》（上海：上海交通大學出版社，2017年），頁29-33。
28. Joel Mokyr, *The Enlightened Economy: An Economic History of Britain 1700-1850* (New Haven: Yale University Press, 2009), p. 415.
29. Ben Wilson 著，聶永光譯，《黃金時代：英國與現代世界的誕生》（北京：社會科學文獻出版社，2018年），頁72。

8. Richard Sennett著，李繼宏譯，《匠人》（上海：上海譯文出版社，2015年），頁53-65。就經濟學的角度，有學者認爲歐洲的行會制度能夠確保知識與技術的世代傳遞，保持勞動力市場和產品市場的穩定，保障了產品的品質，但也有學者認爲，行會制度有其陰暗面，例如排擠外來者如女性，壟斷市場，抑制創新。詳見Jan Luiten van Zanden著，隋福民譯，《通往工業革命的漫長道路：全球視野下的歐洲經濟，1000－1800年》（杭州：浙江大學出版社，2016年），頁22。另外，還可參考《國富論》（北京：中華書局，2013年），第十章，第二節，亞當．斯密對學徒制的批評。
9. 英國行會制度的控制力在十八世紀時已經減弱了。Jan Luiten van Zanden著，隋福民譯，《通往工業革命的漫長道路：全球視野下的歐洲經濟，1000-1800年》，頁195-198。
10. Lawrence Stone著，刁筱華譯，《英國的家庭、性與婚姻1500-1800》，頁50。
11. Samuel Smiles, *Josiah Wedgwood: His Personal History*, p. 26.
12. Samuel Smiles, *Josiah Wedgwood: His Personal History*, p. 26.
13. 轉引自E. P. Thompson著，賈士蘅譯，《英國工人階級的形成（上）》（臺北：麥田出版社，2001年），頁509。
14. E. P. Thompson著，沈漢、王加豐譯，《共有的習慣》（上海：上海人民出版社，2002年），頁384。
15. Max Weber著，閻克文譯，《新教倫理與資本主義精神》（上海：上海人民出版社，2012年），頁188-189、187。
16. Jacques Le Goff著，周莽譯，《試談另一個中世紀：西方的時間、勞動和文化》（北京：商務印書館，2014年），頁53-76。
17. Neil McKendrick, "Josiah Wedgwood and Factory Discipline, "*The Historical Journal* 4:1 (March 1961), pp. 30-55.
18. 轉引自Paul Mantoux著，楊人楩等譯，《十八世紀產業革命：英國近代大工業初期的概況》，頁101。
19. Paul Mantoux著，楊人楩等譯，《十八世紀產業革命：英國近代大工業初期的概況》，頁102。
20. Isser Woloch and Gregory S. Brown著，陳蕾譯，《18世紀的歐洲：傳統與進步，1715-1789》（北京：中信出版集團，2016年），頁47-56。
21. H. T. Dickinson著，陳曉律等譯，《十八世紀英國的大衆政治》（北京：商務印書館，2015年），特別參見第二章。J. C. D. Clark著，姜德福譯，《1660-1832年的英國社會》（北京：商務印書館，2014年）。

出版社，2012），頁59。

7. 伊特魯里亞一度曾與古希臘羅馬文明相抗衡，英國文豪D. H.勞倫斯（D. H. Lawrence）的考古遊記《伊特魯利亞人的靈魂》（上海：上海人民出版社，2016）對該文明有細膩的介紹。有關伊特魯里亞文明，另可參考David Abulafia著，宋偉航譯，《偉大的海：地中海世界人文史》（臺北：廣場出版，2017年），頁147-169。
8. Jenny Uglow, "Vase Mania," in Maxine Berg and Elizabeth Eger, eds., *Luxury in the Eighteenth Century: Debates, Desires and Delectable Goods* (New York: Palgrave Macmillan, 2003), pp. 151-162.
9. Simon Winchester著，潘震澤譯，《愛上中國的人：李約瑟傳》（臺北：時報出版社，2010年），頁129。
10. Neil MacGregor著，周全譯，《德意志：一個國家的記憶》（臺北：左岸文化，2017年），頁323。

第一章　瑋緻活王國崛起

1. 有關約書亞．瑋緻活的生平傳記，主要參考自Brian Dolan, *Wedgwood: The First Tycoon* (New York: Viking, 2004)；Samuel Smiles, *Josiah Wedgwood: His Personal History* (Wiltshire: Routledge/Thoemmes Press, 2009)；Barbara and Hensleigh Wedgwood, *The Wedgwood Circle 1730-1897 : Four Generations of a Family and Their Friends* (New Jersey: Eastview Editions, Inc., 1980).
2. Paul Mantoux著，楊人楩等譯，《十八世紀產業革命：英國近代大工業初期的概況》（北京：商務印書館，2012年），頁97。
3. Robert Allen, "Technology," in Roderick Floud, Jane Humphries and Paul Johnson, eds., *The Cambridge Economic History of Modern Britain, Volume 1, 1700-1870* (Cambridge: Cambridge University Press, 2014), p. 308.
4. Lawrence Stone著，刁筱華譯，《英國的家庭、性與婚姻1500-1800》（北京：商務印書館，2011年），頁41。
5. Lawrence Stone著，刁筱華譯，《英國的家庭、性與婚姻1500-1800》，頁22-55。
6. Lawrence Stone著，刁筱華譯，《英國的家庭、性與婚姻1500-1800》，頁29。
7. 英國的學徒制，契約的標準年限是七年，年齡從十四歲到二十一歲。Jan Luiten van Zanden著，隋福民譯，《通往工業革命的漫長道路：全球視野下的歐洲經濟，1000-1800年》，頁190。

的分析，頁65。
11. Axel Honneth著，羅名珍譯，《物化：承認理論探析》（上海：華東師範大學出版社，2018年），頁20。
12. Arjun Appadurai著，夏瑩譯，〈商品與價值的政治〉，收錄在孟悅、羅鋼主編，《物質文化讀本》，頁12-58。
13. Sidney W. Mintz著，王超、朱健剛譯，《甜與權：糖在近代史上的地位》（北京：商務印書館，2010年）。
14. Theodor W. Adorno and Max Horkheimer, *Dialectic of Enlightenment* (London: Verso, 1999), pp. 120-167.
15. Mary Douglas、Baron Isherwood著，蕭莎譯，〈物品的用途〉，收錄在羅鋼、王中忱主編，《消費文化讀本》（北京：中國社會科學出版社，2003年），頁51-66。
16. Thorstein Veblen著，李華夏譯，《有閒階級論》（臺北：左岸文化，2007年）；Pierre Bourdieu, *Distinction: A Social Critique of the Judgment of Taste* (London: Routledge, 2010)；中文翻譯見劉暉譯，《區分：判斷力的社會批判（上）（下）》（北京：商務印書館，2015年）。
17. Igor Kopytoff著，杜寧譯，〈物的文化傳記：商品化過程〉，收錄在羅鋼、王中忱主編，《消費文化讀本》，頁397-427。
18. Fernand Braudel著，顧良、施康強譯，《十五至十八世紀的物質文明、經濟和資本主義（第二卷）：形形色色的交換》（北京：商務印書館，2017年）。

序幕：圓明園獻禮

1. 馬戛爾尼著、劉半農譯，《乾隆英使覲見記》（天津：百花文藝出版社，2010年），頁64。
2. 有關圓明園的建築結構與美學布局，詳見汪榮祖著，鍾志恆譯，《追尋失落的圓明園》（臺北：麥田出版，2004年）
3. George L. Staunton著，葉篤義譯，《英使謁見乾隆紀實》（北京：群言出版社，2014年），頁352。
4. Cynthia Klekar, "'Prisoners in Silken Bonds': Obligation, Trade, and Diplomacy in English Voyages to Japan and China," *Journal of Early Modern Cultural Strudie* 6:1 (Spring/Summer 2006), pp. 96-99.
5. Alain Peyrefitte, *The Immobile Empire* (New York: Vintage Books, 2013), p. 140.
6. 轉引自出口保夫著，呂理州譯，《大英博物館的故事》（杭州：浙江大學

注釋

前言

1. 「Wedgwood」的中文譯法不一，本書採取Wedgwood臺灣分公司的譯名。
2. Peer Vries著，郭金興譯，《國家、經濟與大分流：17世紀80年代到19世紀50年代的英國與中國》（北京：中信出版集團，2018年），頁3。
3. 詳見Svetlana Alpers著，馮白帆譯，《倫勃朗的企業：工作室與藝術市場》（南京：江蘇鳳凰美術出版社，2014年）。
4. David Frisby著，盧暉臨等譯，《現代性的碎片》（北京：商務印書館，2013年），頁112-113。
5. Georg Simmel著，費勇等譯，〈交際社會學〉，《時尚的哲學》（廣州：花城出版社，2017年），頁23。
6. Robert C. Allen著，毛立坤譯，《近代英國工業革命揭祕：放眼全球的深度透視》（杭州：浙江大學出版社，2012年），頁4-11。
7. 孟悅、羅鋼主編，《物質文化讀本》（北京：北京大學出版社，2008年）；John Brewer & Roy Porter, eds., *Consumption and the World of Goods* (London: Routledge, 1994)；Craig Clunas著，高昕丹、陳恆譯，《長物：早期現代中國的物質文化與社會狀況》（北京：三聯書店，2015年）；Jonathan Hay著，劉芝華、方慧譯，《魅惑的表面：明清的好玩之物》（北京：中央編譯出版社，2017年）。
8. Frank Trentmann, *Empire of Things: How We Became a World of Consumers, from the Fifteenth Century to the Twenty-First* (London: Penguin, 2017).
9. Karl Marx著，中共中央編譯局譯，《資本論（第一卷）》（北京：人民出版社，2008年），頁88。
10. Karl Marx著，中共中央編譯局譯，《資本論（第一卷）》，頁90；詳見David Harvey著，張寅譯，《資本的限度》（北京：中信出版集團，2017年）

in English Voyages to Japan and China." *Journal of Early Modern Cultural History* 6:1 (Spring/Summer 2006): 84-105.

McKendrick, Neil. "Josiah Wedgwood and Cost Accounting in the Industrial Revolution." *The Economic History Review* 23:1 (April 1970): 45-67.

McKendrick, Neil. "Josiah Wedgwood and Factory Discipline." *The Historical Journal* 4:1 (March 1961): 30-55.

Sahlins, Marshall. "Cosmologies of Capitalism: The Trans-Pacific Sector of the 'World-System'." *Proceedings of the British Academy* 74 (1988): 1-51.

網路期刊

Joseph J. Portanova, "Porcelain, the Willow Patterns, and *Chinoiserie*." http://www.nyu.edu/projects/mediamosaic/madeinchina/pdf/Portanova.pdf.

Laurence Machet, "The Portland Vase and the Wedgwood copies: the story of a scientific and aesthetic challenge." *Miranda, Issue* 7 (2012), https://miranda.revues.org/4406.

王宏志，〈張大其詞以自炫其奇巧：翻譯與馬嘎爾尼的禮物〉，政治大學「知識之禮：再探禮物文化學術論壇」，2013年，http://nccur.lib.nccu.edu.tw/handle/140.119/80257。

New York: Farrar, Straus and Giroux, 2002.

Vries, Jan de. *The Industrious Revolution: Consumer Behavior and the Household Economy, 1650 to the Present.* Cambridge: Cambridge University Press, 2008.

Waley-Cohen, Joanna. *The Sextants of Beijing: Global Currents in Chinese History.* New York: W. W. Norton & Company, 1999.

Wedgwood, Barbara, and Hensleigh Wedgwood. *The Wedgwood Circle 1730-1897 : Four Generations of a Family and Their Friends.* New Jersey: Eastview Editions, Inc., 1980.

Wills, John E. Jr., ed. *China and Maritime Europe, 1500-1800: Trade, Settlement, Diplomacy, and Mission.* Cambridge: Cambridge University Press, 2011.

Wolin, Richard. *The Wind from the East: French Intellectuals, the Cultural Revolution, and the Legacy of the 1960s.* New Jersey: Princeton University Press, 2010.

Wong, R. Bin. *China Transformed: Historical Change and the Limits of European Experience.* Ithaca: Cornell University Press, 2000.

Yan, Yunxiang. *The Flow of Gifts: Reciprocity and Social Networks in a Chinese Village.* Stanford: Stanford University Press, 1996.

Yang, Chi-Ming. *Performing China: Virtue, Commerce, and Orientalism in Eighteenth-Century England, 1660-1760.* Baltimore: The Johns Hopkins University Press, 2011.

Young, Hilary, ed. *The Genius of Wedgwood.* London: Victoria and Albert Museum, 1995.

Zhang, Longxi. *Mighty Opposites: From Dichotomies to Differences in the Comparative Study of China.* Stanford: Stanford University Press, 1998.

Zhao, Gang. *The Qing Opening to the Ocean: Chinese Maritime Policies, 1684-1757.* Honolulu: University of Hawai'i Press, 2013.

英文期刊論文

Ashmole, Bernard. "A New Interpretation of the Portland Vase." *The Journal of Hellenic Studies* 87 (November 1967): 1-17.

Berg, Maxine. "Britain, industry and perceptions of China: Matthew Boulton, 'useful knowledge' and the Macartney Embassy to China 1792-94." *Journal of Global History* 1:2 (July 2006): 269-288.

Klekar, Cynthia. "'Prisoners in Silken Bonds': Obligation, Trade, and Diplomacy

Porter, David. *The Chinese Taste in Eighteenth-Century England*. Cambridge: Cambridge University Press, 2010.

Reilly, Robin. *Wedgwood Jasper*. Singapore: Thames and Hudson, 1989.

Reilly, Robin. *Wedgwood: The New Illustrated Dictionary*. Woodbridge: Antique Collectors' Club, 1995.

Rotberg, Robert I., ed. *Patterns of Social Capital: Stability and Change in Historical Perspective*. Cambridge: Cambridge University Press, 2001.

Rowe, William T. *China's Last Empire: The Great Qing*. Cambridge: Harvard University Press, 2009.

Runciman,David. *Political Hypocrisy: The Mask of Power, From Hobbes to Orwell and Beyond*. New Jersey: Princeton University Press, 2008.

Schama, Simon. *The Embarrassment of Riches: An Interpretation of Dutch Culture in the Golden Age*. New York: Vintage, 1987.

Schofield, Robert E. *The Lunar Society of Birmingham: A Social History of Provincial Science and Industry in Eighteenth-Century England*. Oxford: Oxford University Press, 1963.

Schumpeter, Joseph A. *Capitalism, Socialism and Democracy*. London: Routledge, 2010.

Shapin, Steven. *The Scientific Life: A Moral History of Late Modern Vocation*. Chicago: Chicago University Press, 2008.

Skinner, Quentin. *Hobbes and Republican Liberty*. Cambridge: Cambridge University Press, 2008.

Smiles, Samuel. *Josiah Wedgwood: His Personal History*. Wiltshire: Routledge / Thoemmes Press, 2009.

Swenson, James. *On Jean-Jacques Rousseau: Considered as One of the First Authors of the Revolution*. Stanford: Stanford University Press, 2000.

Teng, Emma Jinhua. *Taiwan's Imagined Geography*: Chinese Colonial Travel Writing and Pictures, 1683-1895. Cambridge: Harvard University Press, 2004.

Trentmann, Frank. *Empire of Things: How We Became a World of Consumers, from the Fifteenth Century to the Twenty-First*. London: Penguin, 2017.

Turner, Frank M. *European Intellectual History: From Rousseau to Nietzsche*. New Haven: Yale University Press, 2016.

Uglow, Jenny. *The Lunar Men: Five Friends Whose Curiosity Changed the World*.

Making. Cambridge: Harvard University Press, 2004.

Liu, Lydia H., ed. *Tokens of Exchange: The Problem of Translation in Global Circulations*. Durham and London: Duke University Press, 1997.

Losurdo, Domenico. *Liberalism : A Counter-History*. London: Verso, 2011.

Lovejoy, Arthur O. *Essays in History of Ideas*. New York: George Braziller, 1955.

Lury, Celia. *Consumer Culture*. Cambridge: Polity Press, 2011.

Marcuse, Herbert. *One-Dimensional Man: Studies in the Ideology of Advanced Industrial Society*. London: Routledge, 2002.

Markley, Robert. *The Far East and the English Imagination, 1600-1730*. Cambridge: Cambridge University Press, 2006.

McCarthy, E. Doyle. *Knowledge as Culture: The New Sociology of Knowledge*. London: Routledge, 1996.

McKendrick, Neil, ed. *Historical Perspectives: Studies in English Thought and Society in Honour of J. H. Plumb*. London: Europa Publications, 1974.

McKendrick, Neil, John Brewer, and J. H. Plumb. *The Birth of a Consumer Society: The Commercialization of Eighteenth-Century England*. Bloomington: Indiana University Press, 1982.

Mokyr, Joel. *A Culture of Growth: The Origins of the Modern Economy*. New Jersey: Princeton University Press, 2017.

Mokyr, Joel. *The Enlightened Economy: An Economic History of Britain 1700-1850*. New Heaven: Yale University Press, 2012.

Mokyr, Joel. *The Gifts of Athena: Historical Origins of the Knowledge Economy*. New Jersey: Princeton University Press, 2002.

Mungello, David E. *The Great Encounter of Chinese and the West, 1500-1800*. London: Rowman & Littlefield Publishers, Inc., 1999.

Nadler, Steven. *The Philosopher, the Priest, and the Painter: A Portrait of Descartes*. New Jersey: Princeton University Press, 2013.

Nozick, Robert. *Anarchy, State, and Utopia*. Oxford: Blackwell, 1997.

Peter J. Kitson, *Forging Romantic China: Sino-British Cultural Exchange, 1760-1840*. Cambridge: Cambridge University Press, 2013.

Peyrefitte, Alain. *The Immobile Empire*. New York: Vintage Books, 2013.

Pollard, Sidney. *The Genesis of Modern Management*. London: Penguin, 1968.

Pomeranz, Kenneth. *The Great Divergence: China, Europe, and the Making of the Modern World Economy*. New Jersey: Princeton University Press, 2000.

Habermas, Jurgen. *The Structural Transformation of the Public Sphere*. Cambridge, MA: MIT Press, 1989.

Hamashiya, Takeshi. *China, East Asia and the Global Economy: Regional and Historical Perspectives*. London: Routledge, 2008.

Harding, Sandra, ed. *The Postcolonial Science and Technology Studies Reader*. Durham: Duke University Press, 2011.

Hayden, Arthur. *Chats on English China*. London: T. Fisher Unwin, 1907.

Hayot, Eric, Haun Saussy, and Steven G. Yao, eds. *Sinographies: Writing China*. Minneapolis: University of Minnesota Press, 2008.

Hevia, James L. *Cherishing Men From Afar: Qing Guest Ritual and the Macartney Embassy of 1793*. Durham: Duke University Press, 1995.

Hirschman, Albert O. *The Passions and the Interests: Political Arguments for Capitalism Before Its Triumph*. New Jersey: Princeton University Press, 2013.

Jacob, Margaret C., and Larry Stewart. *Practical Matter: Newton's Science in the Service of Industry and Empire 1687-1851*. Massachusetts: Harvard University Press, 2004.

Jenkins, Eugenia Zuroski. A *Taste for China: English Subjectivity and the Prehistory of Orientalism*. Oxford: Oxford University Press, 2013.

Jensen, Lionel M. *Manufacturing Confucianism: Chinese Traditions and Universal Civilization*. Durham and London: Duke University Press, 1997.

Johns, Christopher M. S. *China and the Church: Chinoiseri in Global Context*. Oakland: University of California Press, 2016.

Jones, Peter M. *Industrial Enlightenment: Science, Technology and Culture in Birmingham and the West Midlands 1760-1820*. Manchester: Manchester University Press, 2008.

Koehn, Nancy F. *Brand New: How Entrepreneurs Earned Consumers' Trust from Wedgwood to Dell*. Massachusetts: Harvard Business School Press, 2001.

Laurence, Patricia. *Lily Briscoe's Eyes: Bloomsbury, Modernism and China*. Columbia: University of South Carolina Press, 2003.

Liedman, Sven-Eric. *A World to Win: The Life and Works of Karl Marx*. London: Verso, 2018.

Lin, Nan. *Social Capital: A Theory of Social Structure and Action*. Cambridge: Cambridge University Press, 2002.

Liu, Lydia H. *The Clash of Empires: The Invention of China in Modern World*

Press, 1999.

Calhoun, Craig, ed. *Habermas and the Public Sphere*. Cambridge: The MIT Press, 1992.

Chang, Elizabeth Hope. *Britain's Chinese Eye: Literature, Empire, and Aesthetics in Nineteenth-Century Britain*. Stanford: Stanford University Press, 2010.

Clark, Peter. *British Clubs and Societies 1580-1800: The Origins of an Associational World*. Oxford: Oxford University Press, 2000.

Clarke, David. *Chinese Art and Its Encounter with the World*. Hong Kong: Hong Kong University Press, 2011.

Clarke, J. J. *Oriental Enlightenment: The Encounter Between Asian and Western Thought*. London: Routledge, 1997.

Cowan, Brian. *The Social Life of Coffee: The Emergence of the British Coffeehouse*. New Haven: Yale University Press, 2005.

Currid, Elizabeth. *The Warhol Economy*. New Jersey: Princeton University Press, 2007.

Davies, William. *The Happiness Industry: How the Government and Big Business Sold Us Well-Being*. London: Verso, 2015.

Dobbin, Frank, ed. *The New Economic Sociology: A Reader*. New Jersey: Princeton University Press, 2004.

Dolan, Brian. *Wedgwood: The First Tycoon*. New York: Viking, 2004.

Elman, Benjamin A. A *Cultural History of Modern Science in China*. Cambridge: Harvard University Press, 2006.

Elman, Benjamin A. *On Their Own Terms: Science in China, 1550-1900*. Cambridge: Harvard University Press, 2005.

Erikson, Emily. *Between Monopoly and Free Trade: The English East India Company, 1600-1757*. New Jersey: Princeton University Press, 2014.

Floud, Roderick, Jane Humphries, and Paul Johnson, eds. *The Cambridge Economic History of Modern Britain, Volume 1, 1700-1870*. Cambridge: Cambridge University Press, 2014.

Frank, Andre Gunder. *ReOrient: Global Economy in the Asian Age*. Berkeley: University of California Press, 1998.

Gleeson-White, Jane. *Double Entry: How the Merchants of Venice Created Modern Finance*. New York: W. W. Norton & Company, 1912.

Goody, Jack. *The Eat in the West*. Cambridge: Cambridge University Press, 1996.

（2017年5月），頁78-89。

程美寶，〈Whang Tong的故事－在域外撿拾普通人的歷史〉，《史林》，2003年第2期，頁106-115。

韓琦，〈禮物、儀器與皇帝：馬嘎爾尼使團來華的科學使命及其失敗〉，《科學文化評論》，第2卷第5期（2005年），頁11-18。

英文專書

Abrams, M. H. *How to Do Thing with Texts: Essays in Criticism and Critical Theory*. New York: Norton, 1989.

Adorno, Theodor W., and Max Horkheimer. *Dialectic of Enlightenment*. London: Verso, 1999.

Arendt, Hannah. *The Human Condition*. Chicago: Chicago University Press, 1998.

Arrighi, Giovanni. *Adam Smith in Beijing: Lineages of the Twenty-First Century*. London: Verso, 2007.

Baird, Ileana, ed. *Social Networks in the Long Eighteenth Century: Clubs, Literary Salons, Textual Coteries*. Newcastle: Cambridge Scholars Publishing, 2014.

Baird, Ileana, ed. *Social Networks in the Long Eighteenth Century: Clubs, Literary Salons, Textual Coteries*. Newcastle: Cambridge Scholars Publishing, 2014.

Berg, Maxine, and Elizabeth Eger, eds. *Luxury in the Eighteenth Century: Debates, Desires and Delectable Goods*. New York: Palgrave Macmillan, 2003.

Berg, Maxine. *Luxury & Pleasure: In Eighteenth-Century Britain*. Oxford: Oxford University Press, 2005.

Berman, Marshall. *All That Is Solid Melts into Air: The Experience of Modernity*. London: Verso, 1995.

Blaszczyk, Regina Lee. *Imagining Consumers: Design and Innovation from Wedgwood to Corning*. Baltimore: The Johns Hopkins University Press, 2000.

Blusse, Leonard. *Canton, Nagasaki, and Batavia and the Coming of the Americans*. Cambridge: Harvard University Press, 2008.

Bourdieu, Pierre. *Distinction: A Social Critique of the Judgment of Taste*. London: Routledge, 2010.

Brewer, John, and Roy Porter, eds. *Consumption and the World of Goods*. London: Routledge, 1994.

Brook, Timothy, and Gregory Blue, eds. *China and Historical Capitalism: Genealogies of Sinological Knowledge*. Cambridge: Cambridge University

William Rosen 著，王兵譯，《世界上最強大的思想：蒸汽機、產業革命和創新的故事》，北京：中信出版集團，2016 年。

Young-tsu Wong 著，鍾志恆譯，《追尋失落的圓明園》，臺北：麥田出版，2004 年。

Yukari Iwatani Kane 著，錢峰譯，《後帝國時代：喬布斯之後的蘋果》，北京：中信出版集團，2018 年。

ΝΑΣΙΑ ΓΙΑΚΩΒΑΚΗ 著，劉瑞洪譯，《歐洲由希臘走來：歐洲自我意識的轉折點，17 至 18 世紀》，廣州：花城出版社，2012 年。

上田信著，高瑩瑩譯，《海與帝國：明清時代》，桂林：廣西師範大學出版社，2014 年。

土肥恆之著，林琪禎譯，《搖擺於歐亞間的沙皇們：俄羅斯．羅曼諾夫王朝的大地》，臺北：八旗文化，2016 年。

中野京子著，俞雋譯，《名畫之謎：歷史故事篇》，北京：中信出版集團，2015 年。

井野瀨久惠著，黃鈺晴譯，《大英帝國的經驗：喪失美洲，帝國的認同危機與社會變遷》，臺北：八旗文化，2018 年。

文基營著，殷瀟雲、曹慧譯，《紅茶帝國》，武漢：華中科技大學出版社，2016 年。

出口保夫著，呂理州譯，《大英博物館的故事》，杭州：浙江大學出版社，2012 年。

平野聰著，林琪禎譯，《大清帝國與中華的混迷：現代東亞如何處理內亞帝國的遺產》，臺北：八旗文化，2018 年。

羽田正著，林詠純譯，《東印度公司與亞洲的海洋：跨國公司如何創造二百年歐亞整體史》，臺北：八旗文化，2017 年。

孟悅、羅鋼主編，《物質文化讀本》，北京：北京大學出版社，2008 年。

淺田實著，顧姍姍譯，《東印度公司：巨額商業資本之興衰》，北京：社會科學文獻出版社，2016 年。

濱下武志著，朱蔭貴、歐陽菲譯，《近代中國的貿易契機：朝貢貿易體系與近代亞洲經濟圈》，北京：中國社會科學出版社，1999 年。

羅鋼、王中忱主編，《消費文化讀本》，北京：中國社會科學出版社，2003 年。

中文期刊論文

余佩瑾，〈清宮傳世「仿洋瓷瓶」及相關問題〉，《故宮文物》，，第 410 期

Steven Shapin 著，趙萬里等譯，《眞理的社會史：17 世紀英國的文明與科學》，南昌：江西教育出版社，2002 年。

Susan Bush 著，皮佳佳譯，《心畫：中國文人畫五百年》，北京：北京大學出版社，2017 年。

Sven Beckert 著，林添貴譯，《棉花帝國：資本主義全球化的過去與未來》，臺北：遠見天下文化出版股份有限公司，2017 年。

Svetlana Alpers 著，馮白帆譯，《倫勃朗的企業：工作室與藝術市場》，南京：江蘇鳳凰美術出版社，2014 年。

Terence Kealey 著，王耀德等譯，《科學研究的經濟定律》，石家莊市：河北科學技術出版社，2002 年。

Thomas Kuhn 著，程樹德、傅大爲、王道還、錢永祥譯，《科學革命的結構》，臺北：遠流出版事業股份有限公司，1991 年。

Thorstein Veblen 著，李華夏譯，《有閒階級論》，臺北：左岸文化，2007 年。

Timothy Brook 著，方駿、王秀麗、羅天佑譯，《縱樂的困惑——明朝的商業與文化》，臺北：聯經出版社，2004 年。

Timothy Brook 著，張華譯，《爲權力祈禱：佛教與晚明士紳社會的形成》，南京：江蘇人民出版社，2008 年。

Tzvetan Todorov 著，曹丹紅譯，《日常生活的頌歌：論十七世紀荷蘭繪畫》，上海：華東師範大學出版社，2012 年。

Umberto Eco 著，彭淮棟譯，《美的歷史》，臺北：聯經出版社，2006 年。

Victor H. Mair、Erling Hoh 著，高文海譯，《茶的世界史》，香港：商務印書館，2013 年。

Walter Benjamin 著，張旭東、魏文生譯，《發達資本主義時代的抒情詩人論波特萊爾》，臺北：臉譜出版，2010 年。

Walter Isaacson 著，洪慧芳譯，《班傑明．富蘭克林：美國心靈的原型》，臺北：臉譜出版社，2017 年。

Werner Sombart 著，王燕平、侯小河譯，《奢侈與資本主義》，上海：上海人民出版社，2005 年。

William Alexander 著，趙省偉、邱麗媛編譯，《西洋鏡：中國衣冠圖解集》，北京：北京理工大學出版社，2016 年。

William George Hoskins 著，梅雪芹、劉夢霏譯，《英格蘭景觀的形成》，北京：商務印書館，2018 年。

William N. Goetzmann 著，張亞光、熊金武譯，《千年金融史》，北京：中信出版集團，2017 年。

史》，北京：三聯書店，2018年。

Robert Swinhoe著，鄒文華譯，《1860年華北戰役紀要》，上海：中西書局，2011年。

Roger Osborne著，曾磊譯，《鋼鐵、蒸汽機與資本》，北京：電子工業出版社，2016年。

Roy Porter著，殷宏譯，《啓蒙運動》，北京：北京大學出版社，2018年。

S. A. M. Adshead著，姜智芹譯，《世界歷史中的中國》，上海：世紀出版集團，2009年。

Sally Dugan、David Dugan著，孟新譯，《劇變：英國工業革命》，北京：中國科學技術出版社，2018年。

Sarah Maza著，郭科、任舒懷譯，《法國資產階級：一個神話》，杭州：浙江大學出版社，2018年。

Sarah Rose著，孟馳譯，《茶葉大盜：改變世界史的中國茶》，北京：社會科學文獻出版社，2016年。

Scott Hamilton著，程祥鈺譯，《理論的危機：E. P. 湯普森、新左派和戰後英國政治》，上海：上海人民出版社，2018年。

Shirley Ganse著，張關林譯，《中國外銷瓷》，香港：三聯書店，2008年。

Sidney W. Mintz著，王超、朱健剛譯，《甜與權：糖在近代史上的地位》，北京：商務印書館，2010年。

Simon Winchester著，潘震澤譯，《愛上中國的人：李約瑟傳》，臺北：時報出版社，2010年。

Sir William Chambers著，邱博舜譯注，《東方造園論》，臺北：聯經出版社，2012年。

Stacey Pierson著，趙亞靜譯，《中國陶瓷在英國（1560-1960）：藏家、藏品與博物館》，上海：上海書店出版社，2017年。

Stephen Gaukroger著，羅暉、馮翔譯，《科學文化的興起：科學與現代性的塑造（1210-1685）（上）》，上海：上海交通大學出版社，2017年。

Stephen Jones著，錢乘旦譯，《劍橋藝術史：十八世紀藝術》，南京：譯林出版社，2009年。

Steven Shapin、Simon Schaffer著，蔡佩君譯，《利維坦與空氣泵浦：霍布斯、波以耳與實驗生活》，臺北：行人出版社，2006年。

Steven Shapin著，林巧玲、許宏彬譯，《科學革命》，臺北：左岸文化，2016年。Herbert Butterfield著，張卜天譯，《現代科學的起源》，上海：上海交通大學出版社，2017年。

Philip Ball 著，何本國譯，《明亮的泥土：顏料發明史》，南京：譯林出版社，2018 年。

Pierre Bourdieu 著，劉暉譯，《區分：判斷力的社會批判（上）（下）》，北京：商務印書館，2015 年。

R. H. Tawney 著，趙月瑟、夏鎮平譯，《宗教與資本主義的興起》，上海：上海譯文出版社，2013 年。

R. P. Henri Bernard 著，管鎮湖譯，《利瑪竇神父傳（上、下）》，北京：商務印書館，1998 年。

R. Po-Chia Hsia 著，向紅艷、李春園譯，《利瑪竇：紫禁城裡的耶穌會士》，上海：上海古籍出版上，2012 年。

Randal Keynes 著，洪佼宜譯，《達爾文，他的女兒與進化論》，臺北：貓頭鷹出版社，2009 年。

Richard E. Caves 著，康蓉等譯，《創意產業經濟學：藝術的商品性》，北京：商務印書館，2017 年。

Richard Rorty 著，李幼蒸譯，《哲學和自然之鏡》，北京：商務印書館，2003 年。

Richard S. Dunn 著，康睿超譯，《宗教戰爭的年代：1559-1715》，北京：中信出版集團，2017 年。

Richard Sennett 著，李繼宏驛，《公共人的衰落》，上海：上海譯文出版社，2014 年。

Richard Sennet 著，李繼宏譯，《匠人》，上海：上海譯文出版社，2015 年。

Robert C. Allen 著，毛立坤譯，《近代英國工業革命揭祕：放眼全球的深度透視》，杭州：浙江大學出版社，2012 年。

Robert Darnton 著，葉桐、顧杭譯，《啓蒙運動的生意：《百科全書》出版史（1775-1800）》，北京：三聯書店，2005 年。

Robert Finlay 著，鄭明萱譯，《青花瓷的故事》，臺北：貓頭鷹出版社，2011 年。

Robert K. Massie 著，徐海幈譯，《葉卡捷琳娜大帝：通往權力之路》，北京：時代出版傳媒股份有限公司，2014 年。

Robert K. Merton 著，范岱年等譯，《十七世紀英格蘭的科學、技術與社會》，北京：商務印書館，2007 年。

Robert K. Merton 著，魯迅東、林聚任譯，《科學社會學（上）》，北京：商務印書館，2010 年。

Robert Pogue Harrison 著，梁永安譯，《我們爲何膜拜青春：年齡的文化年2017年。

Nikolaus Pevsner著，陳平譯，《美術學院的歷史》，北京：商務印書館，2016年。Jean Starobinski著，張亘、夏燕譯，《自由的創造與理性的象徵》，上海：華東師範大學出版社，2015年。

Norbert Elias著，王佩莉、袁志英譯，《文明的進程：文明的社會發生與心理發生的研究》，上海：上海譯文出版社，2018年。

Norton Reamer、Jesse Downing著，張田、舒林譯，《投資：一部歷史》，北京：中信出版集團，2017年。

Olav Velthuis著，何國卿譯，《藝術品如何定價：價格在當代藝術市場中的象徵意義》，南京：譯林出版社，2018年。

Olivier Assouly著，黃琰譯，《審美資本主義：品味的工業化》，上海：華東師範大學出版社，2013年。

Paco Underhill著，繆青青、劉尚焱譯，《顧客爲什麼要購買》，北京：中信出版集團，2017年。

Patricia Fara著，李猛譯，《性、植物學與帝國》，北京：商務印書館，2017年。

Paul A. Van Dyke著，江瀅河、黃超譯，《廣州貿易：中國沿海的生活與事業（1700-1845）》，北京：社會科學文獻出版社，2018年。

Paul Claudel著，周皓譯，《傾聽之眼》，上海：華東大學出版社，2018年。

Paul Mantoux著，楊人楩等譯，《十八世紀產業革命：英國近代大工業初期的概況》，北京：商務印書館，2012年。

Peer Vries著，郭金興譯，《國家、經濟與大分流：17世紀80年代到19世紀50年代的英國與中國》，北京：中信出版集團，2018年。

Perry Anderson著，章永樂、魏偉杰主編，《大國協調及其反抗者》，北京：北京大學出版社，2018年。

Peter Ackroyd著，翁海貞等譯，《倫敦傳》，南京：譯林出版社，2016年。

Peter Burke著，汪一帆等譯，《知識社會學（下卷）：從《百科全書》到維基百科》，杭州：浙江大學出版社，2016年。

Peter Burke著，楊元、蔡玉輝譯，《文化雜交》，南京：譯林出版社，2016年。

Peter Gay著，劉北成譯，《啓蒙運動（上）：現代異教精神的興起》，上海：上海人民出版社，2015年。

Peter Hanns Reill、Ellen Judy Wilson著，劉北成、王皖強譯，《啓蒙運動百科全書》，上海：上海人民出版社，2004年。

Peter M. Jones著，李斌譯，《工業啓蒙：1760-1820年伯明翰和西米德蘭茲郡的科學、技術與文化》，上海：上海交通大學出版社，2017年。

Mariet Westermann 著，張永俊、金菊譯，《荷蘭共和國藝術（1585-1718）》，北京：中國建築工業出版社，2008 年。

Marita Sturken、Lisa Cartwright 著，陳品秀、吳莉君譯，《觀看的實踐：給所有影像世代的視覺文化導論》，臺北：臉譜出版社，2013 年。

Mark B. Brown 著，李正鳳等譯，《民主政治中的科學：專業知識、制度與代表》，上海；上海交通大學出版社，2015 年。

Mark C. Elliott 著，青石譯，《乾隆帝》，北京：社會科學文獻出版社，2014 年。

Mark C. Taylor 著，文晗譯，《爲什麼速度越快、時間越少：從馬丁·路德到大數據時代的速度、金錢與生命》，北京：中國政法大學出版社，2018 年。

Matteo Ricci、Nicolas Trigault 著，何高濟、王遵仲、李申譯，《利瑪竇中國札記》，桂林：廣西師範大學出版社，2001 年。

Matteo Ripa 著，李天綱譯，《清廷十三年：馬國賢在華回憶錄》，上海：上海古籍出版社，2004 年。

Matthew Craske 著，彭筠譯，《歐洲藝術：1700-1830——城市經濟空前增長時代的視覺藝術史》，上海：上海人民出版社，2016 年。

Max Weber 著，閻克文譯，《新教倫理與資本主義精神》，北京：上海人民出版社，2012 年。

Michael Kwass 著，江晟譯，《走私如何威脅政府：路易·瑪德林的全球性地下組織》，杭州：浙江大學出版社，2017 年。

Michael Sullivan 著，趙瀟譯，《東西方藝術的交會》，北京：世紀出版集團，2014 年。

Michel de Certeau 著，方琳琳、黃春柳譯，《日常生活實踐：1. 實踐的藝術》，南京：南京大學出版社，2015 年。

Michel Foucault 著，莫偉民譯，《詞與物：人文科學的考古學》，上海：上海三聯書店，2016 年。

Michel Foucault 著，謝強、馬月譯，《馬奈的繪畫：米歇爾·福柯，一種目光》，鄭州：河南大學出版社，2017 年。

Nathan Rosenberg、L. E. Birdzell Jr. 著，曾剛譯，《西方現代社會的經濟變遷》，北京：中信出版集團，2009 年。

Neil MacGregor 著，周全譯，《德意志：一個國家的記憶》，臺北：左岸出版社，2017 年。

Nicholas Mirzoeff 著，徐達艷譯，《如何觀看世界》，上海：上海文藝出版社，

帝國》，北京：社會科學文獻出版社，2016年。

Karl Marx著，中共中央編譯局譯，《資本論（第一卷）》，北京：人民出版社，2008年。

Kathy Willis、Carolyn Fry著，珍櫟譯，《綠色寶藏：英國皇家植物園史話》，北京：三聯書店，2018年。

Kee-long So著，李潤強譯，《刺桐夢華錄：近世前期閩南的市場經濟（946-1368）》，杭州：浙江大學出版社，2012年。

Laura J. Snyder著，熊亭玉譯，《哲學早餐俱樂部：四個傑出科學家如何改變世界》，北京：電子工業出版社，2017年。

Lawrence Stone著，刁筱華譯，《英國的家庭、性與婚姻1500-1800》，北京：商務印書館，2011年。

Lewis Mumford著，陳允明等譯，《技術與文明》，北京：中國建設工業出版社，2009年。

Liam Matthew Brockey著，毛瑞方譯，《東方之旅：1579-1724耶穌會傳教團在中國》，南京：江蘇人民出版社，2017年。

Linda Colley著，周玉鵬、劉耀輝譯，《英國人：國家的形成，1707-1837年》，北京：商務印書館，2017年。

Lisa A. Lindsay著, 楊志譯，《海上囚徒：奴隸貿易四百年》，北京：中國人民大學出版社，2014年。

Lothar Ledderose著，張總等譯，《萬物：中國藝術中的模件化和規模化生產》，北京：三聯書店，2012年。

Louis Pfister著，馮承鈞譯，《入華耶穌會列傳》，北京：商務印書館，1938年重版。

Louis PFister著，馮承鈞譯，《在華耶穌會士列傳及書目》，北京：中華書局，1995年。

Louise Le Lomte著，郭強、龍雲、李偉譯，《中國近事報導，一六八七至一六九二》，鄭州：大象出版社，2004年。

Luc Ferry著，曾明譯，《神話的智慧》，上海：華東師範大學出版社，2017年。

Marcel Mauss著，余碧平譯《社會學與人類學》，上海：上海譯文出版社，年2014年。

Marco Polo著，沙海昂注，馮承鈞譯，《馬可波羅行紀》，北京：商務印書館，2012年。

Margaret C. Jacob著，李紅林、趙立新、李軍平譯，《科學文化與西方工業》，上海：上海交通大學出版社，2017年。

Jean Starobinski 著，張亙、夏燕譯，《自由的創作與理性的象徵》，上海：華東師範大學出版社，2015年。

Jean-Baptiste Du Halde 編，鄭德弟譯，《耶穌會士中國書簡集：中國回憶錄II》，鄭州：大象出版社，2001年。

Jean-Jacques Rousseau 著，何兆武譯，《社會契約論》，北京：商務印書館，2017年。

Jean-Jacques Rousseau 著，李平漚譯，《愛彌兒（上）（下）》，北京：商務印書館，2016年。

Jean-Jacques Rousseau 著，李平漚譯，《論科學與藝術的復興是否有助於使風俗日趨純樸》，北京：商務印書館，2016年。

Jean-Jacques Rousseau 著，范希衡等譯，《懺悔錄》，北京：人民出版社，2012年。

Jerry Weinberger 著，張新樟譯，《科學、信仰與政治：弗蘭西斯·培根與現代世界的烏托邦根源》，北京：三聯書店，2008年。

Jerry Z. Muller 著，余曉成、蘆畫澤譯，《市場與大師：西方思想如何看待資本主義》，北京：社會科學文獻出版社，2016年。

John Berger 著，戴行鉞譯，《觀看之道》，桂林：廣西師範大學出版社，2015年。

John Haddad 著，何道寬譯，《中國傳奇：美國人眼裡的中國》，廣州：花城出版社，2015年。

John Heskett 著，丁玨譯，《設計，無處不在》，南京：譯林出版社，2013年。

John King Fairbank、劉廣京編，《劍橋諸國晚清史：1800-1911年（上卷）》，北京：中國社會科學出版社，1985年。

Jonathan D. Spence 著，朱慶葆等譯，《太平天國》，桂林：廣西師範大學出版社，2011年。

Jonathan D. Spence 著，阮淑梅譯，《大汗之國：西方眼中的中國》，臺北：臺灣商務印書館，2001年。

Jonathan D. Spence 著，章可譯，《利瑪竇的記憶宮殿》，桂林：廣西師範大學出版社，2015年。

Jonathan Hay 著，劉芝華、方慧譯，《魅惑的表面：明清的好玩之物》，北京：中央編譯出版社，2017年。

Joyce Appleby 著，宋非譯，《無情的革命：資本主義的歷史》，北京：社會科學文獻出版社，2014年。

Jurgen Osterhammel 著，劉興華譯，《亞洲的去魔化：18世紀的歐洲與亞洲

2018年。Francis Fukuyama著，郭華譯，《信任：社會美德與創造經濟繁榮》，桂林：廣西師範大學出版社，2016年。

Hosea Ballou Morse著，區宗華、林樹惠譯，《東印度公司對華貿易編年史第一、二卷》，廣州：中山大學出版社，1991年。

Hugh Honour著，劉愛英、秦紅譯，《中國風：遺失在西方800年的中國元素》，北京：北京大學出版社，2017年。

Ian Buruma著，劉雪嵐、蕭萍譯，《伏爾泰的椰子：歐洲的英國文化熱》，北京：三聯書店，2014年。

Ines Murat著，梅俊杰譯，《科爾貝：法國重商主義之父》，上海：上海遠東出版社，2012年。

Isser Woloch、Gregory S. Brown著，陳蕾譯，《18世紀的歐洲：傳統與進步，1715-1789》，北京：中信出版集團，2016年。

J. C. D. Clark著，姜德福譯，《1660-1832年的英國社會》，北京：商務印書館，2014年。

J. G. A. Pocock著，馮克利譯，《德行、商業和歷史：18世紀政治思想與歷史論輯》，北京：三聯書店，2012年。

Jack Goldstone著，關永強譯，《為什麼是歐洲？世界史視角下的西方崛起（1500-1850）》，杭州：浙江大學出版社，2010年。

Jacqueline de Romilly著，高建紅譯，《古希臘悲劇研究》，上海：華東師範大學出版社，2017年。

Jacques Gernet著，耿昇譯，《中國與基督教：中西文化的首次撞擊》，北京：商務印書館，2013年。

Jacques Le Goff著，周莽譯，《試談另一個中世紀：西方的時間、勞動和文化》，北京：商務印書館，2014年。

Jacques Le Goff著，楊嘉彥譯，《我們必須給歷史分期嗎？》，上海：華東師範大學出版社，2018年。

James Vernon著，張祝馨譯，《遠方的陌生人：英國是如何成為現代國家的》，北京：商務印書館，2017年。

Jan Divis著，熊寥譯，《歐洲瓷器史》，杭州：浙江美術學院出版社，1991年。

Jan Luiten van Zanden著，隋福民譯，《通往工業革命的漫長道路：全球視野下的歐洲經濟，1000-1800年》，杭州：浙江大學出版社，2016年。

Jane Pettigrew著，邵立榮譯，《茶設計》，濟南：山東畫報出版社，2013年。

Jean Baudrillard著，夏瑩譯，《符號政治經濟學批判》，南京：南京大學出版社，2015年。

北京：中國人民出版社，2011年。
Fernand Braudel著，顧良、施康強譯，《十五至十八世紀的物質文明、經濟和資本主義（第二卷）：形形色色的交換》，北京：商務印書館，2017年。
Fernand Braudel著，顧良、施康強譯，《十五至十八世紀的物質文明、經濟和資本主義（第三卷）：世界的時間》，北京：商務印書館，2017年。
Frances Wood著，方永德、宋光麗、方思源譯，《中國的魅力：趨之若鶩的西方作家與收藏家》，香港：三聯書店，2009年。
Francis Henry Taylor著，秦傳安譯，《藝術蒐藏的歷史》，北京：北京大學出版社，2013年。
Francoise Barbe-Gall著，鄭柯譯，《如何看一幅畫》，北京：中信出版集團，2014年。
G. W. Bowersock著，于海生譯，《從吉本到奧登：古典傳統論集》，北京：華夏出版社，2017年。
Gavin Weightman著，賈士衡譯，《你所不知道的工業革命：現代世界的創建1776-1914年》，臺北：五南圖書出版有限公司，2013年。
George H. Dunne著，余三樂、石蓉譯，《從利瑪竇到湯若望：晚明的耶穌會傳教士》，上海：上海古籍出版社，2003年。
George L. Staunton著，葉篤義譯，《英使謁見乾隆紀實》，北京：群言出版社，2014年。
George Macartney、John Barrow著，何高濟、何毓寧譯，《馬戛爾尼使節團使華觀感》，北京：商務印書館，2013年。
George Macartney著，劉半農譯，《乾隆英使覲見記》，天津：百花文藝出版社，2010年。
George Ritzer著，羅建平譯，《賦魅於一個祛魅的世界：消費聖殿的傳承與變遷》，北京：社會科學文獻出版社，2015年。
Giorgio Riello著，劉媺，《棉的全球史》，上海：上海人民出版社，2018年。
Giuliano Bertuccioli、Federico Masini著，蕭曉玲、白玉崑譯，《義大利與中國》，北京：商務印書館，2002年。
H. T. Dickinson著，陳曉律等譯，《十八世紀英國的大眾政治》，北京：商務印書館，2015年。
Hermann Simon著，蒙卉薇、張雨熙譯，《精準訂價：在商戰中跳脫競爭的獲利策略》，臺北：天下雜誌股份有限公司，2018年。
Hilton L. Root著，劉寶成譯，《國家發展動力》，北京：中信出版集團，

Deyan Sudjic著，莊靖譯，《設計的語言》，桂林：廣西師範大學出版社，2015年。
Donald Preziosl主編，易英等譯，《藝術史的藝術：批評讀本》，北京：北京世紀文景文化傳播責任有限公司，2016年。
Douglass C. North 著，劉瑞華譯，《經濟史的結構與變遷》，臺北：聯經出版事業股份有限公司，2017年。
Douglass C. North、Robert Paul Thomas著，劉瑞華譯，《西方世界的興起》，臺北：聯經出版事業股份有限公司，2017年。
E. P. Thompson著，沈漢、王加豐譯，《共有的習慣》，上海：上海人民出版社，2002年。
E. P. Thompson著，賈士蘅譯，《英國工人階級的形成（上）》，臺北：麥田出版，2001年。
Edmund de Waal著，林繼谷譯，《白瓷之路》，臺北：活字出版，2016年。
Edward Dolnick著，黃珮玲譯，《機械宇宙：艾薩克·牛頓、皇家學會與現代世界的誕生》，北京：社會科學文獻出版社，2016年。
Edward Gibbon著，戴子欽譯，《吉本自傳》，上海：上海世紀出版股份有限公司，2013年。
Edward Wadie Said著，王宇根譯，《東方學》，北京：三聯書店，2007年。
Eliza Marian Butler著，林國榮譯，《古希臘對德意志的暴政：論希臘藝術與詩歌對德意志偉大作家的影響》，北京：社會科學文獻出版社，2017年。
Emma Rothschild著，趙劲松、別曼譯，《經濟情操論：亞當·斯密、孔多塞與啓蒙運動》，北京：社會科學文獻出版社，2013年。
Eric Hayot著，袁劍譯，《假想的『滿大人』：同情、現代性與中國疼痛》，南京：江蘇人民出版社，2012年。
Eric Hobsbawm著，梅俊杰譯，《工業與帝國：英國的現代化歷程》，北京：中央編譯出版社，2016年。
Eric J. Hobsbawm著，謝宜剛譯，《非凡小人物：反對、造反及爵士樂》，北京：社會科學文獻出版社，2015年。
Erik S. Reinert著，楊虎濤、陳國濤等譯，《富國爲什麼富，窮國爲什麼窮》，北京：中國人民大學出版社，2010年。
Etiemble著，耿昇譯，《中國文化西傳歐洲史（下冊）》，北京：商務印書館，2013年。
Fa-ti Fan著，袁劍譯，《清代在華的博物學家：科學、帝國與文化遭遇》，海：中西書局，2011年。
Craig Clunas著，高昕丹、陳恆譯，《長物：早期現代中國的物質文化與社會狀況》，北京：三聯書店，2015年。
Cynthia J. Brokaw著，杜正貞、張林譯，《功過格：明清社會的道德秩序》，杭州：浙江人民出版社，1999年。
D. H. Lawrence著，何悅敏譯，《伊特魯利亞人的靈魂》，上海：上海人民出版社，2016年。
Daniel J. Boorstin著，呂鳳英等譯，《發現者——人類探索世界和自我的歷史（上）》，上海：上海譯文出版社，2014年。
Daniel Roche著，楊亞平、趙靜利、尹偉譯，《啓蒙運動中的法國》，上海：華東師範大學出版社，2011年。
Dany-Robert Dufour著，趙颯譯，《西方的妄想：後資本主義時代的工作、休閒與愛情》，北京：中信出版集團，2017年。
David Abulafla著，宋偉航譯，《偉大的海：地中海世界人文史》，臺北：廣場出版，2017年。
David C. Kang著，陳昌煦譯，《西方之前的東亞：朝貢貿易五百年》，北京：社會科學文獻出版社，2016年。
David Edmonds、John Eidinow著，周保巍、楊杰譯，《盧梭與休謨：他們的時代恩怨》，上海：上海人民出版社，2013年。
David Frisby著，盧暉臨等譯，《現代性的碎片》，北京：商務印書館，2013年。Georg Simmel著，費勇等譯，《時尚的哲學》，廣州：花城出版社，2017年。
David Harvey著，張寅譯，《資本的限度》，北京：中信出版集團，2017年。
David Landes著，謝懷筑譯，《解除束縛的普羅米修斯：1500年迄今西歐的技術變革與工業發展》，北京：華夏出版社，2007年。
David N. Livingston著，孟鍇譯，《科學知識的地理》，北京：商務印書館，2017年。
David S. Landes, Joel Mokyr and William J. Baumol編著，姜井勇譯，《歷史上的企業家精神：從古代美索不達米亞到現代》，北京：中信出版集團，2016年。
Deborah E. Harkness著，張志敏、姚利芬譯，《珍寶宮：伊麗莎白時代的倫敦與科學革命》，上海：上海交通大學出版社，2017年。
Deirdre N. McCloskey著，沈路等譯，《企業家的尊嚴：爲什麼經濟學無法解釋現代世界》，北京：中國社會科學出版社，2018年。

書館，年2016年。
Andrew Jackson O'Shaughnessy著，林達豐譯，《誰丟了美國：英國統治者、美國革命與帝國的命運》，北京：北京大學出版社，2016年。
Anna Stilz著，童稚超、顧純譯，《自由的忠誠》，北京：中央編譯出版社，2017年。
Arnold Hauser著，黃燎宇譯，《藝術社會學》，北京：商務印書館，2015年。
Arthur O. Lovejoy著，張傳有、高秉江譯，《存在巨鏈》，北京：商務印書館，2015年。
Asa Briggs著，陳叔平等譯，《英國社會史》，北京：商務印書館，2015年。
Ashok Som、Christian Blanckaert著，謝綺紅譯，《奢侈品之路：頂級奢侈品品牌戰略與管理》，北京：機械工業出版社，2016年。
Austin Harrington著，周計武、周雪娉譯，《藝術與社會理論：美學中的社會學論爭》，南京：南京大學出版社，2010年。
Axel Honneth著，羅名珍譯，《物化：承認理論探析》，上海：華東師範大學出版社，2018年。
Ben Wilson著，聶永光譯，《黃金時代：英國與現代世界的誕生》，北京：社會科學文獻出版社，2018年。
Bernard Mandeville著，肖聿譯，《蜜蜂的寓言》（北京：商務印書館，2017年）
Charles P. Kindleberger、Robert Z. Aliber著，朱雋、葉翔、李偉杰譯，《瘋狂、驚恐和崩潰：金融危機史》，北京：中國金融出版社，2017年。
Charles Taylor著，張容南等譯，《世俗時代》，上海：上海三聯書店，2016年。
Charles Taylor著，張國清、朱進東譯，《黑格爾》，南京：譯林出版社，2009年。
Christine L. Corton著，張春曉譯，《倫敦霧：一部演變史》，北京：中信出版集團，2017年。
Christopher Berry著，江紅譯，《奢侈的概念：概念及歷史的探究》，上海：世紀出版集團，2005年。
Christopher Hibbert著，馮琁譯，《美第奇家族的興衰》，北京：社會科學文獻出版社，2017年。
Chun-fang Yu著，陳懷宇等譯，《觀音：菩薩中國化的演變》，北京：商務印書館，2012年。
Colin Campbell著，何承恩譯，《浪漫倫理與現代消費主義精神》，臺北：國家教育研究院，2016年。
Cousin de Montauban著，王大智、陳娟譯，《蒙托邦征戰中國回憶錄》，上化出版公司，1996年。
郭建中，《郭建中講笛福》，北京：北京大學出版社，2013年。
陳國棟，《東亞海域一千年》，臺北：遠流出版社，2013年。
陳進海，《世界陶瓷（第三卷）》，瀋陽：萬卷出版公司，2006年。
曾玲玲，《瓷話中國：走向世界的中國外銷瓷》，北京：商務印書館，2014年。
熊文華，《荷蘭漢學史》，北京：學苑出版社，2012年。
關詩珮，《譯者與學者：香港與大英帝國中文知識建構》，香港：牛津大學出版社，2017年。

中文譯著

Abraham Wolf著，周宗昌等譯，《十六、十七世紀科學、技術和哲學史（上）（下）》，北京：商務印書館，2016年。
Abraham Wolf著，周宗昌等譯，《十八世紀科學、技術和哲學史（上）（下）》，北京：商務印書館，2016年。
Adam Smith著，石小竹、孫明麗譯，《亞當·斯密哲學文集》，北京：商務印書館，2016年。
Adam Smith著，陳福生、陳振驊譯，《亞當·斯密全集（第六卷）》，北京：商務印書館，2014年。
Adam Smith著，謝宗林譯《道德情感論》，臺北：五南圖書出版股份有限公司，2013年。
Adam Smith著，謝祖鈞譯，焦雅君校訂，《國富論（上）》，北京：中華書局，2013年。
Adrian Forty著，苟婀煦譯，《欲求之物：1750年以來的設計與社會》，南京：譯林出版社，2014年。
Alain Peyrefitte著，邱海嬰譯，《信任社會》，北京：商務印書館，2016年。
Alan Macfarlane主講，清華大學國學研究院主編，《現代世界的誕生》，上海：世紀出版集團，2013年。
Alan Macfarlane、Iris Macfarlane著，扈喜林譯，《綠色黃金：茶葉帝國》，北京：社會科學文獻出版社，2016年。
Albert O. Hirschman著，馮克利譯，《欲望與利益：資本主義勝利之前的政治爭論》，杭州：浙江大學出版社，2005年。
Alexandre Koyre著，張卜天譯，《牛頓研究》，北京：商務印書館，年2016年。
Alexandre Koyre著，張卜天譯，《從封閉世界到無限宇宙》，北京：商務印

參考書目

中文著作

上海博物館編，《利瑪竇行旅中國記》，北京：北京大學出版社，2010年。
王笛，《茶館：成都的公共生活和微觀世界，1900-1950》，北京：社會科學文獻出版社，2011年。
田曉菲，《神遊：早期中古時代與十九世紀中國的行旅寫作》，北京：三聯書店，2015年。
朱維錚主編，《利瑪竇中文著譯集》，上海：復旦大學出版社，2001年。
余春明，《中國名片：明清外銷瓷探源與收藏》，北京：三聯書店，2011年。
巫仁恕，《奢侈的女人：明清時期江南婦女的消費文化》，北京：商務印書館，2016年。
李大光，《科學傳播史》，北京：中國科學技術出版社，2016年。
肖坤冰，《茶葉的流動：閩北山區的物質、空間與歷史敘事，1644-1949)》，北京；北京大學出版社，2013年。
林滿紅，《銀線：十九世紀的世界與中國》，臺北：臺大出版中心，2016年。
姜進、李德英主編，《近代中國城市與大塚文化》，北京：新星出版社，2008年。
故宮博物院掌故部編，《掌故叢編》，北京：中華書局，1990年。
袁泉、秦大樹，《走向世界的明清陶瓷》，上海：上海古籍出版社，2015年。
張麗等著，《經濟全球化的歷史視角：第一次經濟全球化與中國》，杭州：浙江大學出版社，2012年。
第一歷史檔案館編，《英使馬嘎爾尼訪華檔案史料匯編》，北京：國際文

春山之聲　002

獻給皇帝的禮物：
WEDGWOOD瓷器王國與漫長的十八世紀

作　　者　溫洽溢
總 編 輯　莊瑞琳
責任編輯　盧意寧
行銷企畫　甘彩蓉
封面設計　徐睿紳
內文排版　丸同連合 Un-Toned Studio
出　　版　春山出版有限公司
地址：11670臺北市文山區羅斯福路六段297號10樓
電話：(02) 2931-8171　傳真：(02) 8663-8233
總 經 銷　時報文化出版企業股份有限公司
電話：(02)23066842
地址：桃園市龜山區萬壽路二段351號
製　　版　瑞豐電腦製版印刷股份有限公司
初版一刷　2019年3月

定　　價　550元

Email　SpringHillPublishing@gmail.com
Facebook　www.facebook.com/springhillpublishing/

填寫本書線上回函

國家圖書館預行編目資料

獻給皇帝的禮物：Wedgwood瓷器王國
與漫長的十八世紀／溫洽溢作
一初版. 一臺北市：春山出版，2019.03
面；　公分.一(春山之聲002)
ISBN　978-986-97359-1-9(平裝)
1. 文化史 2. 文物交流 3. 英國史
741.25　　108001945

Drawn from
the fragments